光明社科文库
GUANGMING DAILY PRESS:
A SOCIAL SCIENCE SERIES

·经济与管理书系·

# 新会陈皮村三产融合理论
# 实践与创新

吴宗建 ｜ 著

光明日报出版社

**图书在版编目（CIP）数据**

新会陈皮村三产融合理论实践与创新 / 吴宗建著
. -- 北京：光明日报出版社，2021.4
ISBN 978－7－5194－5904－8

Ⅰ.①新… Ⅱ.①吴… Ⅲ.①农业发展—研究—新会
区 Ⅳ.①F327.655

中国版本图书馆 CIP 数据核字（2021）第 060577 号

---

**新会陈皮村三产融合理论实践与创新**
XINHUI CHENPICUN SANCHAN RONGHE LILUN SHIJIAN YU CHUANGXIN

| | | | |
|---|---|---|---|
| 著　　者：吴宗建 | | | |
| 责任编辑：宋　悦 | | 责任校对：陈永娟 | |
| 封面设计：中联华文 | | 责任印制：曹　净 | |

出版发行：光明日报出版社

地　　址：北京市西城区永安路 106 号，100050

电　　话：010－63169890（咨询），010－63131930（邮购）

传　　真：010－63131930

网　　址：http：//book. gmw. cn

E－mail：songyue@ gmw. cn

法律顾问：北京德恒律师事务所龚柳方律师

印　　刷：三河市华东印刷有限公司

装　　订：三河市华东印刷有限公司

本书如有破损、缺页、装订错误，请与本社联系调换，电话：010－63131930

开　　本：170mm×240mm

字　　数：360 千字　　　　　　印　　张：20

版　　次：2021 年 4 月第 1 版　　印　　次：2021 年 4 月第 1 次印刷

书　　号：ISBN 978－7－5194－5904－8

定　　价：98.00 元

# 序

新会陈皮村并不是一个自然村或行政村，而是一家创建于 2013 年的特色农产品市场。它的建设与岭南新会地区两个国家地理标志保护产品有关，一是新会柑，另一个是新会陈皮。

新会陈皮产业在 1996 年产值仅有 300 万元，到了 2016 年开始取得快速的发展，年产值超 50 亿元。2017 年，农业农村部、财政部联合开展了国家现代农业产业园创建工作，新会陈皮现代农业产业园成为第二批创建的名录。2018 年，新会陈皮全产业总产值达 66 亿元，农户种植新会柑直接收益达 10 亿元。同年，在中国品牌价值评价中，新会陈皮以 877 品牌强度位列全国地理标志产品第 41位，品牌价值为 89.1 亿元。新会陈皮产业取得这些成绩，与新会陈皮村的创建发展有着密切的关联。而现代农业开始走上时代的舞台，更为陈皮村的发展提供了广阔的空间。

目前农村三产融合发展方式灵活多变，形式不拘一格，表现为：1. 组成合作社、同一农产品品种在同一区域内推进农业一产向二三产业自然延伸；2. 农产品加工流通企业向前延伸建设基地带动农户，向后延伸发展物流和营销体系；3. 休闲农业和乡村旅游将一二三产业在自身内部融为一体，打造农业与文化生态休闲旅游融合发展新业态；4. 新技术、新业态、新模式向农业各个环节渗透融合，将产业边界逐步模糊化。在实践当中，一种新型农贸市场——产业融合型农产品市场——已经具有涵盖上述四种模式的特征。产业融合型农产品市场是以特色农产品加工销售为核心，通过产业联动、技术渗透、设计创新和资源要素跨界配置等方式，将农产品加工仓储、销售和特色文化旅游三大功能融合，形成复合型产业结构，是紧密连接农业种植与加工、销售服务和休闲旅游的新型产业形态和消费业态。

产业融合型农产品市场是产地交易市场的一种表现形式，是新时代下农产品市场由规模扩张发展到内涵提升阶段的一种创新模式。作为新会陈皮国家现代农业产业园三产融合示范园，新会陈皮村是产业融合型农产品市场的典型模式，也是模式理论的初创者和实践者。作为一个与传统农贸市场不一样的农产品市场，陈皮村的发展模式进入国家层面的视野，说明陈皮村成为农村供给侧结构性改革中可供借鉴的一个案例。

在现代农业产业园三产融合的实践上，国家制定了指导性政策，鼓励各地根据实际情况进行探索，要达到更好的效果，就要考虑每个地方的实际情况和能力，考虑到每个案例本身在实际环境下取得的经验，这种基于实践经验的创新和理论总结非常重要。

本书作者是陈皮村创建的全程参与者。作者针对陈皮村案例从设计、实施、运营全过程进行长期的勘察和采访记录，采集第一手资料，为研究的客观性奠定基础。只有深挖陈皮村从创建构想到实现的过程细节，将之连贯起来进行分析和研究，在现有三产融合理论下进行运用和总结，才能构建一套理论方法供更多产业园创建者借鉴，这套理论方法称为"陈皮村模式"。研究扎根农业产业现状发展，对现有文献进行梳理，运用产业融合发展理论，探讨产业融合型农产品市场艺术设计与农产品商业模式融合的创新理论。

本书分别从现代农业产业园三产融合发展模式、新会陈皮国家现代农业产业园三产融合空间布局、产业融合型农产品市场的陈皮村模式、陈皮村理论实践与创新、陈皮村模式的推广六部分展开阐述，理论结合实践，图文并茂，力求深入浅出。

作者尝试从艺术设计学、建筑学、材料学、美学、生态学和经济学等多学科角度总结陈皮村模式，以艺术设计学作为视角探索适用性强的乡村产业融合理论。这必然不是将诸多学科进行简单的综合，而是从整体发展观出发思考乡村产业发展的具体模式。作者并不是经济学专业也不是研究市场的专家，试图从多个自己并不那么擅长的领域去完成这本书，难免会陷入肤浅和一般性错误。但是比起局限在某一领域去完成陈皮村的理论总结，对作者来讲，这种挑战或许可以获得意想不到的可能。

希望本书能引起大家对产业融合型农产品市场研究的兴趣和关注。

吴宗建
2020 年春

# 目 录
## CONTENTS

# 图　录

# 表　录

# 第一章

# 现代农业园与三产融合

20 世纪 90 年代初，中国农业生产力的发展水平大大提高，要求生产要素在组织形式上有所突破。1994 年，首次在北京建立了以展示以色列农业和节水技术为主体的示范园和示范农场，同年在上海建立了孙桥现代农业科技园区，经过 10 年的努力与创新，形成了具有中国特色的农业科技园。这两个农场通过全套引进国外的温室设施、优良品种、高效栽培技术和计算机管理等技术并进行示范，使国人看到了世界现代农业的崭新风貌。[1] 现代农业园具有科技含量高、科技成果转化率高、综合经济效益高、经营管理机制新四个基本特征，它的出现为农业新技术推广、农业科技与农村经济紧密结合找到了一条有效的途径。

## 第一节　现代农业园

### 一、现代农业园的概念与功能

现代农业园（Modern Agricultural Parks）是指相关经济主体根据农业生产特点和农业高新技术特点，以调整农业生产结构、展示现代农业科技为主要目标，利用已有的农业科技优势、农业区域优势和自然社会资源优势，以高新技术的集体投入和有效转化为特征，以企业化管理为手段，进行研究、试验、示范、推广、生产和经营等活动的农业试验基地。[2]

园区以技术密集为主要特点，以科技开发、示范、辐射和推广为主要内容，以促进区域农业结构调整和产业升级为目标，不断拓宽园区建设的范围，同时，围绕主导产业和优势区域，促进农民增收。以广东省新会陈皮现代农业产业园为例，园区以市场为导向，以效益为中心，利用五大园区有选择地介入新会柑种植、加工、流通和销售环节，形成新技术引进、标准化种植、加工、营销、物流等多种形式的示范园网络，有效促进新会陈皮增值，积极推进农业产业化经营，促进农民收入的增加。四川省眉山市东坡区现代农业产业园以泡菜加工为龙头，融合原料基地、龙头企业、博览展销、文化旅游一体发展，把园区建设成全国第一个规模最大、功能最全、工艺最新的泡菜产业园，并通过高新科技支撑泡菜产业链延伸，提高产品附加值。

农业产业园区和工业园区不同，除了投资企业本身的经济效益外，还具有科技创新、机制创新、示范辐射、服务农民等多种社会功能。归纳起来具有社会公益性、企业营利性和生态环保性 3 大功能：（1）社会功能包括展示示范、导向、服务、培训、辐射带动功能，展示最新的农业科技成果和企业经营管理、最先进的农业管理手段、最具活力的农业经营方式；确定优势产业，体现区域特色，选择要符合区域比较优势的建设内容，对区域产业结构调整发挥导向作用；根据不同层次的园区有不同的服务功能，培养造就具有一定的科技水平、能基本使用现代技术、了解社会信息的新型农民（图 1-1）；将新品种、新技术、新机制辐射，带动农村经济向更高层次迈进。（2）经济功能包括生产加工、孵化试验和企业赢利功能。产品的生产和加工是其基本功能，为了能够更好地适应国内外消费市场与结构的变化，培育知名品牌，强化农产品的市场竞争能力，园区内生产的农产品是选用最新品种，通过最好培育技术和加工技术而生产出来的优质精品；项目孵化的对象主要是研究开发的科研成果和科技人员；企业孵化对象是已注册的中小型科技企业法人，实现由中小型科技企业向大中型科技企业的迅速转变，进而开拓国际市场；园区以市场为导向，追求效益最大化。（3）生态功能包括休闲观光功能。农业园本身具有科学性、知识性、趣味性和可参与性，既可观光，又可参与。通过现代设施工程、国内外优良品种、最新农业高新科技成果及相关技术的展示示范，园林化的整体设计，加上独特

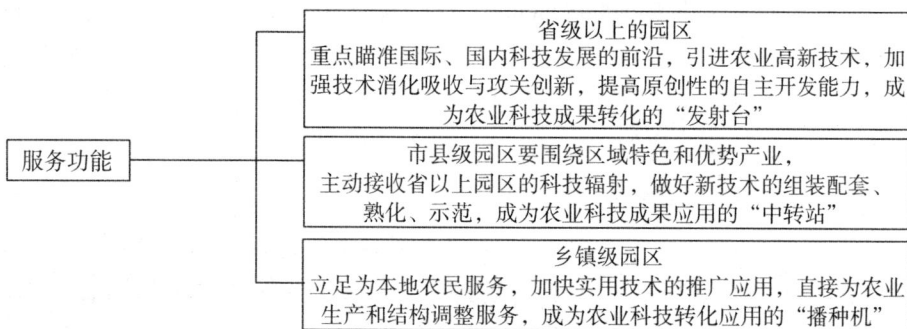

图 1-1　不同层面的现代农业园的服务功能

的农业文化、历史、博览、农事参与及生态休闲等功能的设计,农业园区可以成为融科学性、艺术性、文化性为一体的现代生态农业观光景点。

## 二、现代农业园类型和发展模式

现代农业园园区可分为新农村家园、农村科技园区、农业旅游园区、农业产业化园区、城市型生态农业园、生态餐厅园区、农产品物流园区等类型,本书研究的对象是以陈皮生产产业化的现代农业园区。(图1-2)

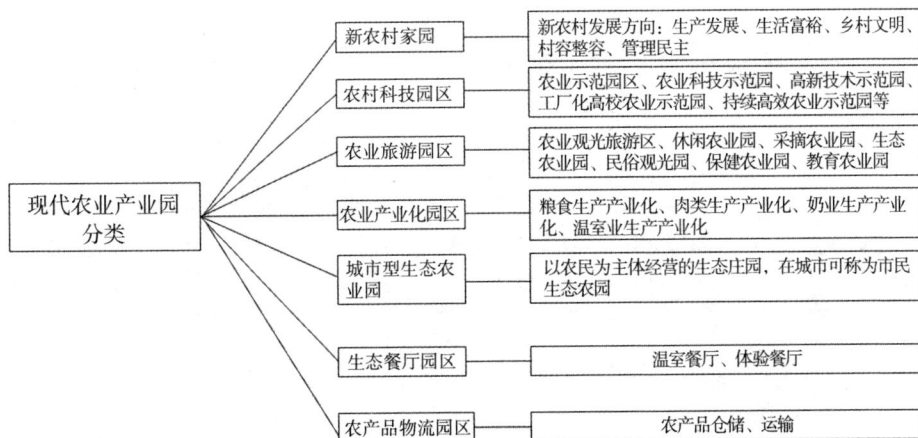

图1-2 现代农业园园区分类

现代农业园的发展也有着不同的模式,可大致归纳为五大发展模式。(表1-1)五大模式都是以市场为核心,有符合乡村时代发展主题的理念。(图1-3)

表1-1 现代农业园五大发展模式

| 类型 | 主要内容 |
|---|---|
| 理念主导型模式 | 1. 在于依托创意理念,结合时代发展潮流与时尚元素,赋予农业与乡村时代特色的发展主题;2. 要求项目区具有相关农业品牌基础、理念文化基础;3. 区位上,多位于大都市郊区,这样才能既有文化底蕴,又有市场基础。 |
| 文化创意型模式 | 1. 以传统民俗文化为基础,抽提核心元素,对接社会发展趋势,针对区域市场需求,依托休闲旅游,开发以民俗文化休闲为发展形式的创意农业发展模式;2. 要求项目区具有一项或者多项突出的农业文明与民俗文化的积淀;3. 区位上,多选择拥有丰富的民俗文化传统,可创意开发,符合消费需求的地区。 |

续表

| 类型 | 主要内容 |
|---|---|
| 产品导向型模式 | 1. 重点在于特色农产品的创意开发；2. 要求通过产品设计与营销上的创意，保留农产品自然、生态的优良品质，融入文化创意元素，对接时下流行的健康、品质的消费潮流，将原有的农副产品进行品质与品牌的双重提升，赋予农产品新时代的荣誉标签；3. 区位上，多选择特色产品的产地。 |
| 市场拓展型模式 | 1. 由旺盛的市场需求而促进发展，受区域市场的引导；2. 发展特定的受市场热捧的乡村农产品或相关乡村休闲活动；3. 摆脱了资源消耗型的价格战，实现农民与消费者共赢。 |
| 产业融合型模式 | 1. 利用乡村既有的农业产业基础延伸发展，选择二三产业中的适宜实体，提升原有农业产业的层次，延长原有农业产业链条，实现产业的进化与创意发展；2. 要求形成农业与二三产业交融的现代产业体系；3. 区位上，多选择具有产业基础的地区。 |

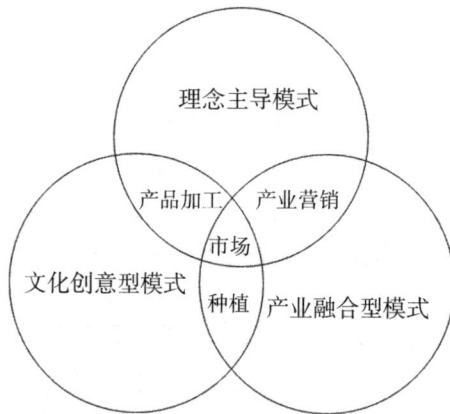

图 1-3　特色农产品现代农业产业园的开发理念

## 三、现代农业产业园的基本特征

现代农业产业园具有"三高一新"的特征：（1）科技含量高，瞄准国内外最新科技成果，加强引进、消化、创造，推动农业科技总体水平的提高；（2）科技成果转化率高，重点突出科技与市场、科技与经济的结合，促进农业高新技术转化为现实生产力；（3）综合经济效益高，充分发挥园区的资源优势和区位优势，采用新品种、新设施、新技术，获得高效益；（4）经营管理机制新，建立企业化经营管理运行制度，推进"产权清晰、责权明确、政企分开，管理科学"的现代企业制度。从产业园总体规划上看，体现科学性和先进性的基本特征，如表1-2[3]：

表1-2　现代农业产业园总体规划的主要特征

| 主要特征 | 内容阐述 |
| --- | --- |
| 规划编制科学 | 示范区建设规划应符合当地经济社会和农业发展规划的要求，布局开放，形式多样，资源条件和生态环境具有代表性。 |
| 主导产业清晰 | 示范区主导产业能够体现当地农产品生产优势与特色，产业化水平高，产业拉动作用明显。 |
| 建设规模合理 | 示范区建设规模与生产条件、环境承载能力、技术应用和管理水平相匹配，其中核心示范区规模应处于本省领先水平，辐射带动区规模应达到一定的覆盖范围。 |
| 科技水平先进 | 示范区具有稳定的技术依托单位，具有一定规模的新品种、新技术的展示示范场所，引进示范成效显著，土地产出率、资源利用率和劳动生产率明显高于周边地区，已培育和带动一批科技示范户、种养大户和农机大户。 |
| 运行机制顺畅 | 示范区建设主体清晰，管理部门明确，规章制度健全；已建立科学的组织管理机制、高效的经营管理机制和健全的社会化服务机制；当地政府重视，切实加强领导，支持示范区发展，农民群众欢迎，发展环境良好。 |

参考来源：中华人民共和国农业农村部《农业部关于创建国家现代农业示范区的意见》（农计发〔2009〕33号）。

### 四、国家现代农业产业园

大规模产业特征的现代农业园建设成为未来发展的方向与重点。"五区一园四平台"成为推进农业供给侧结构性改革的重点，这里的"一园"指的是现代农业园。

2017年中央财政继续加大支农投入，强化项目统筹整合，在农业部、财政部共同实施的重点强农惠农政策中提出现代农业产业园的建设。按照发布的国家现代农业产业园创建标准，在省级推荐基础上，创建一批国家现代农业产业园，中央财政通过"以奖代补"方式给予适当支持。[4]目前已批准创建了62个国家现代农业产业园（国家级现代农业产业园的情况与特点详见附录1）。2019年12月10日，农业农村部网站发布《关于第二批国家现代农业产业园认定名单的公示》，广东共有3个现代农业产业园入选拟认定名单，其中，新会陈皮现代农业产业园经过三年的创建正式成为国家级现代农业产业园。

（一）创建国家现代农业示范区的意义

创建国家现代农业示范区对示范和引领现代农业建设具有重大意义：（1）为加快传统农业向现代农业转变，提高优势农产品综合生产能力，保障国家粮食等主要农产品有效供给发挥重要作用；（2）推广现代农业技术，促进农业发展方式转变开辟新途径；（3）培养新型农民，提高农民增收致富能力打造新基地，为提升区域农业整体素质和发展后劲提供人力资源保障；（4）推动建立符合区域实际和产业特点的现代农业生产经营组织形式，促进农户与市场的有效对接搭建新平台；（5）拓展农业功能，为农业增效和农民增收开辟新渠道。

（二）国家现代农业示范区的创建原则

创建国家现代农业示范区应坚持以示范引领现代农业建设为根本方向，以保护耕地和尊重农民意愿为前提，以多种形式并举的产业发展为主线，以多元化生产经营单位为建设主体。在创建中：（1）必须坚持因地制宜，突出区域优势产业和特色产品的发展，坚决杜绝"形象工程"；（2）必须严格保护耕地，不得改变土地性质和用途；（3）必须坚持在优先发展粮食、畜牧、水产等主要农产品的基础上，大力发展高效经济作物、农产品加工等产业，加速推进现代农业产业体系建设；（4）鼓励农户、农民专业合作社、农业产业化龙头企业、农村集体经济组织和科研推广机构等生产经营单位参与示范区建设，按照产业化的组织形式，引导创建主体开展多渠道、多形式的联合与合作，结成利益共享、风险共担的共同体，努力形成多方参与、共同推进的良好格局。[5]

（三）申报国家级现代农业产业园的条件

有基础的现代农业产业园要申请创建国家现代农业产业园（国家级条件[6]参见表1-3），可遵循先省级再到国家级的路径（以广东省省级条件[7]为例，参见表1-4）产业园创建要有新思路，创建方案包括发展现状、功能定位、思路目标、创建内容、带动农民、支持政策、运行管理机制、报账措施、相关证明材料九个内容。具体程序是由产业园所在地人民政府提出申请，省级农业和财政厅（委、局）核报省级政府同意后报农业部、财政部，开展申请创建工作。符合下面条件的，可批准创建国家现代农业产业园：（1）主导产业特色优势明显；（2）规划布局科学合理，产业园种养、加工、物流、研发、服务等一二三产业板块已经形成，且相对集中、联系紧密；（3）建设水平区域领先；（4）绿色发展成效突出；（5）带动农民作用显著；（6）政策支持措施有力；（7）组织管理健全完善。

表1-3 国家级现代农业产业园申报条件

| 分类 | 条件 | 主要内容 |
|---|---|---|
| 产业特色 | 主导产业特色优势明显 | 1. 主导产业为本县（市、区）特色优势产业和支柱产业，在本省区乃至全国具有较强的竞争优势。2. 主导产业集中度高、上下游连接紧密、产业间关联度强，原则上数量为1~2个，产值占产业园总产值的比重达50%以上。3. 主导产业符合"生产+加工+科技"的发展要求，种养规模化、加工集群化、科技集成化、营销品牌化的全产业链开发的格局已经形成，实现了一二三产业融合发展。 |
| 产业特色 | 绿色发展成效突出 | 1. 种养结合紧密，农业生产清洁，农业环境突出问题得到有效治理，"一控两减三基本"全面推行并取得实效。2. 生产标准化、经营品牌化、质量可追溯。3. 产品优质安全，绿色食品认证比重较高。4. 农业绿色、低碳、循环发展长效机制基本建立。 |
| 产业特色 | 组织管理健全完善 | 1. 产业园运行管理机制有活力，方式有创新，有适应发展要求的管理机制和开发运行机制。2. 政府引导有力，多企业、多主体建设产业园的积极性充分调动，形成了产业园持续发展的动力机制。 |
| 硬件设施与政策优势 | 规划布局科学合理 | 1. 已制定产业园专项规划，并经所在地县级或以上政府批准同意，明确了产业园发展布局和区域范围。2. 产业园种养、加工、物流、研发、服务等一二三产业板块已经形成，且相对集中、联系紧密。3. 产业园专项规划与村镇建设、土地利用等相关规划相衔接，产业发展与村庄建设、生态宜居统筹谋划、同步推进，形成农村一体、产业融合的格局。 |

续表

| 分类 | 条件 | 主要内容 |
|---|---|---|
| 硬件设施与政策优势 | 建设水平区域领先 | 1. 产业园生产设施条件良好,高标准农田占比较高,主要农作物耕种收综合机械化率高于本省平均水平,生产经营信息化水平高。2. 现代要素集聚能力强,技术集成应用水平较高,职业农民和专业人才队伍初步建立,吸引人才创新创业的机制健全。3. 生产经营体系完善,规模经营显著,新型经营主体成为园区建设主导力量。 |
| | 政策支持措施有力 | 1. 地方政府支持力度大。2. 统筹整合财政专项、基本建设投资等资金用于产业园建设,并在用地保障、财政扶持、金融服务、科技创新应用、人才支撑等方面有明确的政策措施。3. 政策含金量高,有针对性和可操作性。4. 水、电、路、讯、网络等基础设施完备。 |
| 社会效益 | 带动农民作用显著 | 1. 产业园积极创新联农带农激励机制,推动发展合作制、股份制、订单农业等多种利益联结方式,推进资源变资产、资金变股金、农民变股东,农民分享二三产业增值收益有保障。2. 在帮助小农户节本增效、对接市场、抵御风险、拓展增收空间等方面,采取了有针对性的措施,促进小农户和现代农业发展有机衔接。3. 园区农民可支配收入原则上应高于当地平均水平的30%。 |

注释:参考来源:《农业农村部办公厅财政部办公厅关于开展国家现代农业产业园创建绩效评价和认定工作通知》。

表1-4 广东省省级产业园申报条件

| 分类 | 条件 | 内容 |
|---|---|---|
| 产业特色 | 主导产业突出 | 1. 以优势特色农产品生产为基础,建设能够提供满足加工原料需求的高标准规模化种养生产基地,特别是农产品加工基础较好,建立了从种苗供应、生产加工、技术服务到仓储物流、营销推介等关键环节的全产业链体系。<br>2. 农业科技创新能力强、成果转化率高,农业机械装备设施、先进技术普遍推广应用,"互联网＋"现代农业得到较快发展。 |

| 分类 | 条件 | 内容 |
|---|---|---|
| 产业特色 | 生产方式绿色 | 1. 全面推行"一控两减三基本"，实现农药化肥使用量负增长，农业生产废弃物资源化利用模式广泛应用。<br>2. 加强农业投入品管理，实行标准化生产，符合动植物疫病虫害绿色防控要求，养殖业布局位于适养区且符合国家和省相关规定。<br>3. 为加工、物流企业集聚形成一个核心园区着力创造条件，重点解决环保污染问题。 |
| | 品牌营销突出 | 1. 建立了区域公用品牌培育、发展、监管和保护制度，品牌影响力、知名度不断提高。<br>2. 农产品产后商品化处理与销售网络健全，质量效益水平较高。<br>3. 建立了严格高效的优势特色农产品质量安全管控机制，实现优势特色农产品生产、加工、流通全程可监控、质量可追溯、风险可控制、重大质量安全事件不发生。 |
| 硬件设施与政策优势 | 规模经营适度 | 1. 通过农民承包地入股、托管、土地流转等方式，促进规模化土地资源向新型经营主体集中，有效解决土地碎片化、生产松散化问题。<br>2. 生产性社会化服务业与土地适度规模经营相匹配，农产品加工储藏、物流、服务业等产后环节社会化服务体系健全。 |
| | 规划布局合理 | 1. 产业园有明确地理界限和一定区域范围，经县（市、区）人民政府批准确定。每个产业园必须有建设规划，经县（市、区）人民政府批准实施，建设思路清晰，发展方向明确，全面统筹布局生产、加工、研发、示范、服务、旅游等功能板块，配套发展物流、电商等产业。<br>2. 与当地产业优势、发展潜力、经济区位、环境容量和资源承载力相匹配，符合当地经济社会、生态保护红线和农业发展规划的要求，并与有关规划相衔接。<br>3. 水、电、路、网络、通讯等基础设施完备。 |

| 分类 | 条件 | 内容 |
|---|---|---|
| 硬件设施与政策优势 | 管理机制健全 | 1. 建立政府领导挂帅的现代农业产业园工作协调机制和市场化运作机制。<br>2. 形成政府引导、市场主导、企业运营、多方投入的建设格局。 |
| | 政策支持有力 | 1. 主导产业与产业园建设政策体系较为完善。<br>2. 在用地保障、财政扶持、金融服务、科技创新、人才支撑等方面有明确的政策措施,有针对性和可操作性。 |
| 社会效益 | 农民增收显著 | 1. 着力发展一村一品、一镇一业,做强富民兴村产业。<br>2. 产业园实施主体与农民构建了稳定利益联结机制,农民增收显著。 |

注释:参考来源:广东省农业农村厅《2019－2020年全省现代农业产业园建设工作方案》。

## 第二节　产业融合

**一、一二三产的概念**

在人类早期的经济活动中,人们主要从事农业生产活动,产业经济学把这种经济活动称之为第一产业。第一产业指各类职业农民和各类水生、土生等农业原始产品,生产出人类所需要的不必经过深度加工就可消费的产品或工业原料的一类行业。在我国国家统计局对三次产业的划分规定中,第一产业指农民和农业、林业、牧业、渔业等。

进入工业社会以后,对第一次产业的产品进行加工的工业生产活动和制造业活动,成为社会再生产的主要经济活动,产业经济学把这种经济活动称之为第二产业。按"三次产业分类法"划分为采矿业,制造业,电力、燃气及水的生产和供应业、建筑业。

随着社会生产的迅速提高,出现了为第一次产业和第二次产业服务的商业、运输业、金融业、信息、科研等新兴产业,并逐步发展成为社会再生产的重要经济活动部门，产业经济学把它称之为第三次产业，即各类服务或商品、公共服务业、个体商人服务业、综合服务业等。

## 二、产业融合的理论发展与研究

产业融合的思想最早源于1963年，美国学者罗森伯格（Rosenberg）对美国机械设备业演化的研究。但直到20世纪70年代末，产业融合现象才得到广泛关注。早在1978年，麻省理工学院媒体实验室的尼古路庞特（Negouponte）用三个重叠圆来描述计算、印刷和广播三者的技术边界，认为三个圆的交叉处将成为成长最快、创新最多的领域。学术界对产业融合的讨论，就始于尼古路庞特关于数字技术的出现导致产业之间交叉的开创性思想。此后，众多学者从各自专业的角度广泛展开对产业融合问题的研究，主要涵盖了产业融合的概念界定、发展动因、演进过程以及经济效益这四大方面。

（一）产业融合概念的界定

产业融合的研究最早是从技术视角展开的，美国学者罗森伯格在对美国机器工具产业演化的研究中发现同一技术向不同产业扩散的现象，并将其定义为"技术融合"[8]。此后，盖恩斯（Gaines）、辉·费利西亚（Fai, Felicia）和尼克尔森（Nicholson）、乔纳斯·林德（Jonas Lind）对产业融合的研究均沿用了技术融合的思路，[9][10][11] 此外，根据欧洲委员会《绿皮书》的定义，融合是指"产业联盟和合并、技术网络平台和市场等三个角度的融合"，尤弗亚（Yoffie）从产品视角出发，将融合定义为"采用数字技术后原来各自独立产品的整合"[12]。

国内学者主要从产业视角展开研究，如植草益认为产业融合是通过技术创新和放宽限制降低行业间壁垒，加强行业企业间的竞争合作关系[13]。厉无畏认为产业融合是指不同产业或同一产业内的不同行业，通过相互渗透交叉而融为一体，逐步形成新产业的动态发展过程[14]。周振华系统研究产业融合的现象和本质，认为"产业融合以数字融合为基础，为适应产业增长而发生的产业边界的收缩或消失"[15]。马健将技术、产品、产业三大视角综合起来，将产业融合的定义概括为：产业边界和交叉处的技术融合，在经过不同产业或行业间的资源整合后，改变了原有产业产品和市场需求的特征，导致产业内的企业间竞争合作关系发生改变，从而导致产业界限的模糊化甚至重划产业界限[16]。此外，还有一些学者从创新视角、模块理论、产业分离与融合的关系、系统自组织理论等方面定义产业融合。

根据不同的研究目的，学者们对产业融合进行了不同角度的划分。从市场角度分类可以分为供给方面融合和需求方面融合，供给方面主要是技术融合，需求方面主要是产品融合。马健根据产业融合的程度和市场效果，将产业融合分为完全融合、部分融合和虚假融合[17]。聂子龙、李浩提出产业融合有四种主要形式：高新技术的渗透融合、产业间的延伸融合、产业内部的重组融合、全新产业取代传统旧产业进行融合[18]。胡汉辉和邢华将产业融合分为产业渗透、产业交叉、产业重组三种形式[19]。胡永佳从产业融合的方向上，将产业融合分为横向融合、纵向融合和混合融合；从产业融合的结果上可分为吸收型融合和扩展型融合[20]。

由此可见，国外主要是从技术融合与产品融合视角定义产业融合，国内学者主要是从产业视角来进行阐述并多角度对产业融合进行划分。

（二）产业融合的发展动因

多数学者认为技术进步与政府管制的放松是产业融合的动因。欧洲委员会绿皮书也强调技术和放松规制是产业融合发生的基本原因[21]。Lei 认为，产业之间具有共同的技术基础是产业融合发生的前提条件[22]。Yoffie 认为，半导体与数字通信技术发展、政府放松规制以及管理创新是信息产业融合的三个最主要驱动力[12]。植草益认为，产业融合源于技术进步和规制的放松[13]。

另外，有些学者持不同观点，认为技术因素并非产业融合产生的根本动因，而在于其他方面。The Australian Convergence Review 指出，产生融合的必要条件是数字技术。国内学者张磊指出，管理创造性与技术进步和放松管制相结合，才使得电信、广播、电视诸产业的边界处融合成为现实[23]。还有部分学者认为多因素共同驱动是产业融合出现的原因。于刃刚等认为，产业融合是在技术创新、政策放松经济性规制、企业跨产业并购、组建战略联盟以及四者之间的相互作用下产生的[24]。陈柳钦认为，产业融合的动因主要有四个方面：技术创新、竞争合作的压力、跨国公司的发展以及放松管制[25]。

由此可知，产业融合的产生是多种因素相互作用、相互影响的结果，基本上可分为内在因素与外在因素两方面。外在因素主要有产业管制政策的放松、经济全球化等，内在因素包括技术创新、管理创新、企业模块化等。

（三）产业融合的演进过程

产业创新研究的权威 Freeman 所指出的产业创新过程包括：技术和技能创新、产品和流程创新、管理和市场创新等阶段，Alfonso 和 Salvatore 提出产业融合全过程包括了技术融合、业务与管理融合、市场融合三个阶段，且三者前后相互衔接或同步相互促进[26]。Stieglitz 指出产业融合是一个包含三个具体阶段的动态化过程。第一阶段是由外部因素（如创新新技术发明、政府管制放松）所激发的融合过程；第二阶段是市场结构和公司行为所引起的产业融合；第三阶段是这两个产业的相关性市场稳定化。国内学者基本认同产业融合需经过技术融合、业务与管理融合、市场融合三个阶段的观点。何立胜、李世新认为产业融合是非同一产业的不同行业，在技术与制度创新的基础上相互融合形成新产业形态的过程，在此过程中有产业面临着退化、萎缩乃至消失[27]。

此外，有些学者对产业融合过程提出不同看法，Collis 等基于产业结构视角的分析认为，产业融合的过程就是传统纵向产业结构向横向产业结构发展的过程。Hooper 认为，产业融合包括了基础技术融合、网络融合、设备融合、企业融合和管制融合五个维度的内容，而非"一维空间"的概念[28]。胡金星认为产业融合的产生过程是在开放系统中，不同产业企业主体之间非线性竞争与协同的相互作用，导致新兴产业出现与发展的过程[29]。王惠芬、赖旭辉、郑江波认为，产业融合作为产业演进中的重要裂变过程，将刺激新产品的出现、创造新的市场机会，转变产业结构、催生新的市场领域，以及重组价值链[30]。

由此可得，产业融合是动态发展的过程，此过程涉及技术融合、产品融合、企业融合、市场融合等阶段，新业态的出现和既有业态的退出是产业融合的最终效果。

（四）产业融合的影响和经济效应

在产业融合的影响研究上，国外学者偏向于产业融合对企业战略管理的影响。Malhotra 针对商业银行的产业融合战略进行系统阐述，认为"融合多元化"和"产业内收购"是企业对产业融合做出的两大重要意义的战略反应[31]。Estabrooks 认为，面对规制和技术变化时，企业的跨产业融合的多元化战略反应，使规模经济和范围经济得以实现[32]。Hackler、Jopling、Pringle 认为技术融合的效应可被视为现有商业模式的碰撞，即企业间现有技术解决方案概念的重叠，引起累积性的竞争环境出现[33]。Hacklin 认为由于技术融合会破坏企业现有价值，要求企业在规划之前必须采取有效的战略回应[34]。Pennings 和 Puranam 认为融合现象在关于技术变革、创新和公司战略方面的研究中具有中心地位[35]。

国内学者中，马健认为产业融合不仅从微观上改变了产业的市场结构和产业绩效，而且从宏观上改变了一个国家的产业结构和经济增长方式[16]。胡永佳认为产业融合从企业的微观层面上能够带来成本节约效应；从产业组织的中观层面上能够产生竞争合作效应；从经济社会的宏观层面上促进产业结构的升级和经济的持续增长[20]。陈柳钦认为产业融合具有六大效应：创新性优化效应、竞争性结构效应、组织性结构效应、竞争性能力效应、消费能力效应和区域效应[24]。

综上所述，产业融合对现有产业间资源重新整合利用，通过多层次融合产生 1+1>2 的经济效应，提高了产业绩效。以此类推，整体国民经济中众多产业融合交织而成的融合经济效应将是巨大的乘数效应，推动着国家经济持续增长。

（五）产业融合理论对农业产业融合的启发

产业融合理论是 20 世纪 60 年代以来，在西方国家产生和发展起来的产业经济学前沿理论，为我国现代农业产业融合发展提供了强而有力的理论支撑与借鉴。

产业关联是指产业之间错综复杂的生产技术联系和经济联系，这种联系随着社会化大生产和国民经济的不断发展也在不断地深化与发展。在我国随着农业产业化的发展，第一产业加快了同第二产业、第三产业的融合。例如：在都市农业和生态旅游业的产业整合上，位于北京市西山海淀区的妙峰山景区，开发了特有的登山运动休闲、观光采摘、民俗文化与旅游基地相结合的商业模式，这隶属于第一产业和第三产业的融合。《国民经济和社会发展第十一个五年规划纲要》明确提出，要实施生物产业专项工程，努力实现包括生物农业在内的生物产业关键技术和重要产品研制的新突破。国内学者梁伟军从融合纵横的方向、融合的纵横目标、融合的最终目标三个维度建立起现代农业发展的产业融合理论解释模型，提出现代农业发展中纵向与横向产业融合的最终目标是形成纵向上趋于延长、横向上趋于拓宽的块状农业产业链。牛若峰提出农业产业化是以市场为导向，将农业再生产过程中的产前、产中、产后诸环节联结为一个完整的产业系统，在纵向上增加农业的价值增值环节以延长农业产业链[36]。

## 三、产业融合的类型

产业融合的分类是将产业融合理论研究引向深入的基础，学者们从不同角度对产业融合进行了多种形式的分类。

（一）替代性融合与互补性融合

按产品或产业的性质进行分类，可将产业融合分成替代性融合（当一项技术能替代另一项技术时即发生了替代性融合）与互补性融合（当两种技术共同使用比各自单独使用更好时即为互补性融合）（ Greenstein and Khanna，1997）。在这一分类的基础上，又将产业融合划分为四类：需求替代性融合、需求互补性融合、供给替代性融合和供给互补性融合（ Pennings and Puranam，2001）。类似的分类是把供给性/需求性融合改为技术性/产品性融合，这样也将产业融合分为四种基本类型：技术替代性融合、技术互补性融合、产品替代性融合和产品互补性融合（Stieglitz，2003）。而当替代型产品融合之后也可能同时会出现技术融合。相对而言，供给性、需求性融合划分清晰。以徐闻现代农业产业园为例，其在菠萝大数据系统这一版块上属于供给性融合，突出技术进步对产业融合的推动作用。园区启动了菠萝大数据系统的软硬件开发，利用大数据持续提升徐闻国家现代农业产业园的经营服务水平，通过徐闻菠萝流通大数据系统，更新每日行情信息，纵览全国菠萝供求关系变化、徐闻菠萝采购商指数走势、产地及批发市场价格走势等。供给性、需求性融合的区分在于，指导生产引领销售。

供给性融合强调的是技术进步对产业融合的影响，而需求性融合强调的是需求变化和商业模式创新对于产业融合的影响。新会陈皮现代农业产业园在特色农产品销售上创新的陈皮银行商业模式则属于需求性融合。

（二）功能融合与机构融合

按产业融合的过程进行分类，可将产业融合区分为功能融合和机构融合。当顾客认为两个产业的产品具有替代性或互补性时即发生了功能融合（functional convergence）；当企业认为两个产业的产品之间存在联系并生产或销售这两个产业的产品时，即发生了机构融合（institutional convergence）。从功能融合和机构融合出发，又可以区分产业融合的三种不同程度（Malhotra，2001）。（1）功能和机构的高度融合。这类融合可看成"纯粹"的产业融合，从需求方来看，可能包含有替代性、互补性，或者是既有替代性又有互补性的融合；从供给方来看每个产业的企业都生产另一个产业的产品。伴随着两个产业功能融合的发生，机构融合也出现了。（2）高功能和低机构融合。这类融合的例子有山东省金乡县现代农业产业园采用的智能大蒜精量播种机和一般性播种机的替代融合。智能技术的发展使得智能精量播种机和一般性播种机产生了高度的替代性功能融合，但是两个产业间的企业却并未提供彼此的服务产品，因而没有产业间的机构融合发生。这类融合主要是从需求的角度来识别，因为两大产业提供的服务产品的功能相同，具替代性，因而可看成是需求驱动的融合。（3）低功能和高机构融合。这类融合主要是从企业层面上来看，企业能利用其拥有的资源或技术进行跨产品的生产。例如，在新会陈皮现代农业产业园中，台湾阳明大学生化暨分子生物研究所将生物科技方面的专利技术运用于新会陈皮精深加工产品的研发生产，其与新会新宝堂生物科技有限公司共同研发生产陈皮酵素，这便是发生了机构的融合。

（三）应用融合、横向融合与潜在融合

按融合技术的新奇性程度进行分类可以分为三种类型：应用融合、横向融合和潜在融合（Hacklin，2005）。（1）应用融合：当两种以上已知技术融合，产生的突破可被视为是基于创新者将已有解决方案整合成新附加值的创造力。这种基于几种累积性技术应用的突破性创新在2015年新会陈皮与云南普洱茶的结合进而带动陈皮销量的快速增长例子中有所体现。（2）横向融合：当一种以上已知技术和一种以上新技术合并，产生的新技术可以横向加强已知技术，引起已有解决方案的突破，极大地增加了对于消费者的吸引力。这种横向模式的例子有：新会陈皮村将陈皮标准仓储与金融理财整合进入一个新业态——成立全国首创的"陈皮银行"，实现新会陈皮的质押服务，期货、现货交易，使陈皮村标准仓储不仅有标准化储藏和农产品溯源的功能，更是成为具有新会陈皮投资市场分析等功能的综合性服务平台。（3）潜在融合：假设有两种或以上的新技术，其本身并没有任何突破性特征，而它们的结合产生了新的技术概念，带来突破性解决方案和这些技术的累积性发展。这种潜在融合体现在福建安溪县现代农业产业园，开展茶叶有机肥替代化肥、茶园节水灌溉等减量化行动，将多种茶叶种植新技术及管理新模式相结合，共同打造了安溪有机茶园新模式，提高了茶叶质量与品牌价值。

表1-5　产业融合三大标准类型

| 按产品或产业性质分类 | 替代性融合 | | 互补性融合 | |
|---|---|---|---|---|
| | 一项技术能替代另一项技术 | | 两种技术一起使用比单独使用更好 | |
| 维度引入 | 需求—供给两维度 | | 技术—产品两维度 | |
| | 需求替代性融合 | 需求互补性融合 | 技术替代性融合 | 技术互补性融合 |
| | 供给替代性融合 | 供给互补性融合 | 产品替代性融合 | 产品互补性融合 |
| 按产业融合过程分类 | 功能融合 | | 机构融合 | |
| | 两个产业的产品具有替代性或互补性 | | 两个产业的产品之间存在联系并生产或销售这两个产业的产品 | |

| | 需求方 | | 供给方 |
|---|---|---|---|
| 程度区分 | 功能和机构的高度融合 | 替代性/互补性/替代性＋互补性 | 每个产业的企业都生产另一个产业的产品 |
| | 高功能和低机构融合 | 需求驱动产品替代性互补性 | —— |
| | 低功能和高机构融合 | —— | 供给驱动资源或技术投入跨产品生产 |
| 按融合技术新奇性程度分类 | 应用融合 | | 技术 A＋技术 B＝新技术 |
| | 横向融合 | | 旧技术 A＋新技术 B＝强化技术 A |
| | 潜在融合 | | 技术 A＋技术 B＝突破性技术 C |

## 四、产业融合的特点与优势

### (一) 产业融合的特点

产业融合源于技术进步和管制的放松,是相互之间具有一定程度的产业关联性或技术与产品的替代性。产业融合发生的前提条件是产业之间具有共同的技术基础,能够首先发生技术的融合,即一产业的技术革新或发明开始有意义地影响和改变其他产业产品的开发特征、竞争和价值创造过程,因而产业融合一般发生在产业之间的边界和交叉处,而不是发生在产业的内部;技术的融合并不意味着产业的融合,产业融合应以市场融合为导向,一般要经过技术融合、产品与业务融合、市场融合三个阶段,最后才能完成产业融合的全过程。产业融合的结果是改变了原有产业企业之间的竞争合作关系,从而导致产业界限的模糊化,甚至于重划产业界限。

### (二) 产业融合的优势

1. 从理论上来看,产业融合的出现带来了一系列产业经济的变革,推动全新的理论视角和框架的构建,而这些变革是传统产业经济学理论框架下所无法阐述的。如产业边界模糊化促使产业系统结构的重建;企业竞争由产业内转向产业边界;传统服务业的自然垄断属性弱化;传统制造业在服务化进程中重现无限活力等。

2. 从实践上来看，产业融合的出现，带给后发达国家追赶发展的机会，充分挖掘产业融合的潜能，促进产业经济的持续稳定发展。

### 五、一二三产业融合发展模式

有以下典型的模式：农业内部有机融合模式、农业功能拓展融合模式、科技渗透发展融合模式、全产业链发展融合模式、产业链延伸融合模式、产业集聚型发展融合模式[37]。

表1-6　产业发展融合模式

| 模式类型 | 主要内容和特征 |
| --- | --- |
| 农业内部有机融合模式 | 1. 以农牧结合、农林结合、循环发展为导向，调整优化农业种植养殖结构，发展高效、绿色农业；2. 特征是"一高三新"农业，以高效益、新品种、新技术、新模式为主要内容的蓬勃发展，农业潜力被激发。 |
| 全产业链发展融合模式 | 1. 从建设种植基地，到农产品加工制作，到仓储智能管理、市场营销体系打造，再到农业休闲、乡村旅游，品牌建设，行业集聚等；2. 特征是"全产业链"。 |
| 产业链延伸融合模式 | 1. 根据产业主体不同可细分为三个类别：（1）以一产为基础，以现代种养业为主导，向产前延伸开展良种繁育、农资供销等，向产后拓展加工储藏、物流销售、休闲观光等二三产业，形成三次产业互促并进、互利共赢的发展格局；（2）以二产为纽带，以农产品加工业为依托，将产业链向前后两端延伸，由单纯的加工向生产、流通、研发、服务等领域交融发展，实现产加销、贸工农一体化，提升价值链；（3）以三产为引领，依托农产品流通、电子商务、乡村旅游和农业社会化服务等，建立农产品原料、加工、销售、物流基地，拓展服务范围，增加农业附加值。2. 特征是延长产业链条。 |
| 农业功能拓展融合模式 | 1. 在稳定传统农业的基础上，不断拓展农业功能，打造具有历史、地域、民族特点的旅游村镇或乡村旅游示范村，积极开发农业文化遗产，推进农耕文化教育进学校；2. 特征是推进农业与旅游、教育、文化、健康养生等产业深度融合。 |

| 模式类型 | 主要内容和特征 |
|---|---|
| 科技渗透发展融合模式 | 1. 在推动现代农业发展中，大力推广引入互联网技术、物联网技术，引进先进技术生产栽培模式等，实现现代先进科技与农业产业的融合发展；2. 特征是技术革新和信息化技术发展。 |
| 产业集聚型发展融合模式 | 1. 随着农业产业发展规模的逐步提高，产业发展呈现集聚态势，产业、产品品牌和价值不断壮大，实现产业发展与经济发展的协调推进；2. 特征是一乡（县）一业、一村一品的发展。 |

注释：参考来源：中华人民共和国中央人民政府《财政部公布 2016 年农村一二三产业融合发展试点实施情况》。

表 1-7　农业产业三产融合实施要点

| 融合方式 | 融合模式 | 重点 | 核心 | 关键 | 根本途径 | 实施方式 |
|---|---|---|---|---|---|---|
| 1+3 融合 | 农业内部有机融合模式 | 形成农业与二三产业交融的现代产业体系 | 完善产业链与农民利益联结机制 | 运用现代理念、现代技术加快农业现代化进程 | 充分发挥市场机制作用和更好发挥政府作用 | 发展多类型的农村产业融合方式 |
| 1+2 融合 | 全产业链发展融合模式 | 着力推进新型城镇化 | 创新产业链与农户利益联结模式 | 加强农业科技研发和推广 | 始终坚持市场和消费导向 | 培育多元化的农村产业融合经营主体 |
| 2+3 融合 | 农业功能拓展融合模式 | 加快农业内部融合 | 提高农户对等协商能力 | 培养农村产业融合人才 | 完善多层次公共服务 | —— |

续表

| 融合方式 | 融合模式 | 重点 | 核心 | 关键 | 根本途径 | 实施方式 |
|---|---|---|---|---|---|---|
| 1+2+3融合 | 科技渗透发展融合模式 | 促进农业产业链延伸 | 发展行业协会和产业联盟 | 大力发展农村新型业态 | 保障合理用地需求 | —— |
| | 产业集聚型发展融合模式 | 积极开发农业多种功能 | 健全风险防范机制 | 发挥供销合作社及农垦综合服务优势 | 加大投资支持力度 | —— |

注释：参考来源：中华人民共和国中央人民政府《财政部公布2016年农村一二三产业融合发展试点实施情况》。

## 第三节　农村三产融合发展

### 一、农村三产融合理论研究

农村三产融合源于产业融合理论。魏后凯（2014）认为一些地理位置优越、文化资源丰富、村民积极性高的村庄适合发展乡村旅游[38]。刘刚（2015）认为产业融合视角下的农产品流通模式创新驱动力包括技术驱动、需求驱动和生产组织驱动，农产品消费正在进行着由"数量满足型"向"质量追求型"的转变，催生了一大批多产业融合的新型业态和商业模式[39]。于少康（2015）提出乡村旅游本身也是一种产业融合现象，将乡村自有的特点与旅游业相结合，充分发挥乡村的自然优势与旅游业的服务优势，带动其他产业进步[40]。史书强（2018）提出三产融合是以农业为基本依托，以新型经营主体为引领，以利益联结为纽带，通过产业链延伸、产业功能拓展和要素集聚、技术渗透及体制创新等方式，实现资本、技术和资源要素的跨界集约配置，从而促进农业生产、农产品加工流通、农资生产销售和休闲旅游等服务业的有机整合[41]。吴素素（2018）提出拓展农产品的渠道，加强开展农村精细化品牌战略研究，加大科技创新，实现在"互联网＋"背景下农村三产的融合发展[42]。张恒、瞿继文、王广和（2019）提出延伸农业链条、提升农业价值、坚持三产融合的发展策略，构建"核心、支撑、配套、衍生"三产融合体系。核心产业以锚固本地农业特色为目的，形成包括农产品的研发、加工、农业展示、贸易、信息服务五大细分产业综合服务，使农业产业形成从生产到休闲的完整产业链[43]。

### 二、农村三产融合发展的意义

（一）产业融合是推动农业高质量发展的关键

对于生产者而言，产业融合可以解决人多地少致使单纯农业生产效率很难提高的根本矛盾：对于消费者而言，产业融合能更好地满足人民日益增长的美好生活需要。这突出表现在两个方面，一是从规模化标准化的农产品需求更多地向个性化具有地理标志特征农产品、绿色有机农产品转变；二是从单纯农产品更多向与农业关联的服务需求拓展，比如，农业体验式旅游、休闲养生、民俗文化等。

开展农村三产融合发展，最终目的是要使农业、农村与农民获得较以往更多的收益。根据对三产融合的定义，三产融合将给农业、农村与农民带来资源的有效利用、交易成本的降低及经济能量倍增的效应。这些效应通过使农业参与到全社会的分工中从而分享全社会分工的成果的方式，使农业、农村与农民获得相较于传统的农业产业化更大的收益。

（二）农村三产融合通过提高资源的利用率来使农业获益

农业的另一大特性是季节性。农业生产的季节性所导致的一大问题就是资产和要素无法在全年的时间内得到充分和反复的利用。而农村三产融合通过使农业整体地参与到全社会产业间分工中，使得一些因季节性而闲置的资产和要素得到了充分和反复的利用，进而给拥有资产和要素的农民带来收入。比如，当旅游业没有与农业进行融合时，大量的农用汽车、农用厂房、牲畜和农业劳动力在农闲时节是闲置的；而当旅游业与农业相融合后，这些农业汽车、厂房和牲畜不仅在农忙时需要投入于农业生产，在农闲时还能继续投入于旅游服务，像农闲时农用汽车可以用于接送游客，厂房可以提供农家乐的住宿，牲畜可以供游客体验和观赏，农民自身作为劳动力可以充当导游或者服务员。山东省栖霞市现代农业产业园中的元古道场休闲观光园，充分挖掘果园的休闲娱乐属性，综合考虑水果季节性问题而合理安排果园的种植种类与空间分布，推出垂钓园、体能拓展基地及桑椹、苹果、大樱桃等500余亩果品采摘园，成为人们亲近自然、休闲娱乐、体验田园生活的理想场所。元古道场成为山东省首批生态休闲农业示范园区，大力推动了栖霞市传统果业转型升级，有效提升"苹果之都、甜美栖霞"的城市品牌形象。这些原本在农闲时闲置的资产和生产要素，由于农业与旅游业的融合，得到了充分和反复的利用，使得拥有这些资产和生产要素的农民能够因为资产和要素的反复投入而获得持续的产出，进而实现收入的增长。

（三）农村三产融合通过降低交易费用来使农业获益

具体表现为两个方面：其一，农村三产融合实现了组织对市场的大规模替代。由于产业间分工的内部化，大量企业的边界出现了扩张，本质上体现了组织对市场的大规模替代。新制度经济学的鼻祖罗纳德·哈里·科斯（Ronald H. Coase）在其代表作《企业的性质》和《社会成本问题》中，首次创造性地通过提出"交易费用"来解释企业存在的原因以及企业扩展的边界问题。结合科斯的观点，组织对市场发生替代，表明了市场分工中存在较高的交易成本，因此市场分工会向另一层次的分工转化，即产业间分工向产业内分工转化，以实现交易成本的降低。其二，农村三产融合缩短了农业生产与消费者之间的距离。在农村三产融合发生后，农业和消费产业间的分工被内部化，从而供需之间的界限开始模糊，并出现了供需一体化的倾向。这使得农民可以通过像互联网这样的技术低成本地获得需求方的信息，进而实现对消费者的精准供给，大大降低了交易费用。

以杨梅、茯苓为主导产业的湖南省靖州县现代农业产业园，早在2016年园区入驻企业21家；有农民专业合作组织69家、种养大户668户、家庭农场157家，基本上形成了产加销、科工贸于一体的新型产业业态。产业园拉近农业生产与消费者之间的距离，使农户接近市场、洞察市场、把握市场，减少中间层次的交易成本。

（四）农村三产融合通过促进产业升级与经济增长实现农业的获益

农村三产融合出于必须使农业、农村和农民获益的目的，更多呈现为吸收型融合。在吸收型融合中，融合后主体所生产的新型产品（简称"融合产品"）将与融合前原产业所生产的产品形成互补、替代或互补替代兼有的关系。融合产品的出现能够延长参与融合的具体产业的生命周期，从而在更长时间内提升农业的收入，改善农业中企业和相关组织的盈利状况，促进了农业自身水平的提升。从经济增长的角度讲，产业融合本身会推动经济的大幅度增长，而农村三产融合又将农业整体地纳入了推动经济增长的分工合作中，使农业从更宽广的平台中汲取了经济增长的成果，实现了农业的增效、农村的繁荣与农民的增收。

作为新会陈皮产业"大融合"发展的示范性企业，早在2013年，新会陈皮村在成立之初，就将自身的发展定位为服务、推动新会陈皮一二三产业交叉大融合，比国家政策提早了近 3 年。陈皮村总结出"一个新会陈皮村，两个地理标志，三产融合，四大价值，五大标准，六大服务"的特色经营模式，推动"陈皮产业＋文化""陈皮产业＋旅游"发展，发力三产融合。2019 年 4 月 20日，农业农村部部长韩长赋调研新会陈皮国家现代农业产业园，对新会陈皮国家现代农业产业园的建设情况表示肯定，并对新会陈皮村的发展模式表示了认可。[44]韩长赋对此充分肯定并指出，产业的良性发展一定要有物质、有文化、有故事。新会从产品、文化、故事到全产业链，打造陈皮品牌，经验值得借鉴。[45]

### 三、三产融合理论定性研究

#### （一）背景

城乡差距扩大，乡村出现衰退现象。中国"三产融合"发展是在整体经济持续快速增长和城乡收入差距居高不下背景下提出的。党的十九大报告提出"我国社会主要矛盾已经转化为人民日益增长的美好生活需要和不平衡不充分的发展之间的矛盾"，而"我国发展不平衡不充分问题在乡村最为突出"（见 2018年中央"1 号文件"）。在这样的前提下，"三产融合"发展显然不能以单纯的优化资源配置目标来衡量，更重要的是要符合"农民增收和农村繁荣"的要求，属于防止农村衰败和城乡收入差距扩大的平衡战略。我国农村农业经济社会发展巨变的同时，出现了留守农民老龄化、土地利用非农化、农村空心化等诸多乡村衰退的现象，"三农"问题成为我国全面建成小康和实现现代化的短板之一。

#### （二）内涵

"三产融合"的内涵是延伸农业产业链，实现农民增收及乡村繁荣。三产融合理论指以农业为基本依托，通过产业联动、产业集聚、技术渗透、体制创新等方式，将资本、技术以及资源要素进行跨界集约化配置，使农业生产、农产品加工和销售、餐饮、休闲以及其他服务业有机地整合在一起，使得农村一二三产业之间紧密相连、协同发展，最终实现农业产业链延伸、产业范围扩展和农民增加收入的产业发展模式。

#### （三）性质

"三产融合"的性质是"产业政策＋社会政策"。新技术、新理念、新模式给农村的一二三产业带来融合契机，在一定程度上有利于资源优化配置，但以农业为基础的、以农民为主体的"三产融合"发展目标是多元的，其核心目标除了"农业增效"，还要实现"农民增收和农村繁荣"（引自国务院办公厅发布的《关于推进农村一二三产业融合发展的指导意见》），以上三个目标并不总是一致的，因此，该政策不仅是一项产业政策，还是一项社会政策，甚至后者比前者更重要。

（四）本质

三产融合发展的本质是一二三产业聚集的过程。产业聚集不光需要成熟的市场体制，还需要依靠产业集群的力量发展。"三产融合"发展需要具有较高的产业集聚力，"三产融合"发展实际上是第一、第二和第三产业集聚的过程。实现三产融合首先要以农村一二三产业之间的融合渗透和交叉重组为路径，以产业链延伸，产业范围拓展和产业功能转型为表征，以产业发展和发展方式转变为结果，通过形成新技术、新业态、新商业模式，带动资源、要素、技术、市场需求在农村的整合集成和优化重组。

（五）渊源

农村三产融合源于产业融合理论。所谓产业融合，是指不同产业或同一产业内的不同行业相互渗透、相互交叉，最终融为一体，逐步形成新产业的动态发展过程。产业融合的思想最早起源于美国学者 Rosenberg 对于美国机械设备业演化的研究。20 世纪 70 年代之后，随着信息技术革命及其产业的快速发展，国际信息产业呈现出快速融合发展的趋势，实践的发展最终推动了产业融合理论的创新。而学术界真正开始对产业融合的讨论始于 1978 年麻省理工学院（MIT）媒体实验室的创始人 Nicholas Negroponte 关于数字技术的出现导致产业间交叉的开创性思想。

（六）借鉴

三产融合理论借鉴了日本六次产业理论。为转变日本农业发展的固有模式，东京大学名誉教授、农业专家今村奈良臣于 1996 年首次提出农业六次产业的概念。今村奈良臣认为，农业一直以来只是简单地负责农产品生产，在二次产业和三次产业部分创造的价值却大量流失，大部分的利润都被转移到了农业以外的部门。六次产业化的目的就是将农业作为主体，将农产品的附加值尽可能地留给农村、农业和农民。根据这一主旨，将第一、第二、第三产业相加（1 + 2 + 3）或相乘（1 × 2 × 3），都等于 6，因而称作六次产业。六次产业的内涵是农业生产向二、三产业延伸，通过三产之间的相互融合，让农民分享二三产业创造的利润，促进农业的可持续发展和多样化发展。

### 四、目前我国农村产业融合面临的问题

总的来说，目前我国农村产业融合仍处于起步阶段，发展面临诸多问题和挑战。突出表现在以下几个方面。

**（一）产业融合面临明显的要素瓶颈**

一些专用原料基地、初加工设施用地和仓储用地等土地流转困难；农村金融产品、服务和贷款抵押方式偏少，农业主体直接融资渠道窄，融资难、融资贵等问题依然突出；产业融合方面的专业型人才和复合型人才缺乏，农民文化素质和技能水平普遍偏低等。在农村金融这一问题上，金融机构发放贷款一般都需要贷款人提供相应的担保，其中又以物的抵押担保为主。对农民而言，可供抵押的权益只有流转到的土地使用权、土地收益和农机农具农资等财产所有权等，但这些物权由于缺乏相应的政策和制度支撑，其抵押价值难以得到金融机构的认可。首先是土地收益抵押缺乏相应的评估、鉴定制度，其次是农机农具农资抵押缺乏相应的登记、交易市场，其流动性令人担忧，至于流转土地抵押受限则与我国的土地制度有关，我国虽然允许土地承包经营权流转，但却没有赋予流转土地以抵押与担保的权能。

**（二）产业融合度不深，农业产业链短、附加值偏低**

按照世界工业化国家经济发展的一般规律，农产品加工业产值与农业产值的比值可以反映出农产品的增值程度和对 GDP 的贡献程度，发达国家的平均比值为 2.0∶1~4.0∶1，日本 2.4∶1，英国 3∶1，法国 4∶1，荷兰 2.4∶1。发达国家粮油类农产品加工转化率超过 80%，果蔬类农产品加工转化率超过 50%。农产品产后加工的经费投入比例要大于产中的投入，基本实现了农产品保鲜、储藏及加工环节的产业化。总体看，我国农产品加工水平不高，与国外差距较大。我国农产品加工率只有 55%，低于发达国家的 80%，果品加工率只有 10%，低于世界 30% 的水平，肉类加工率只有 17%，低于发达国家的 60%，2.1∶1 的加工和农业产值的比值与发达国家 3~4∶1 和 8~9∶1 的理论值差距很大[46]。

发达国家很重视副产品再加工的综合利用，提高附加值，如淀粉厂的废水、废渣经酵母发酵生产单胞蛋白。果品加工中的果皮进行加工生产果酸、果胶。而在中国，大多数副产品都作为废弃物丢掉，既污染了环境，又浪费了资源。美国市场上含玉米或玉米副产品的产品品种多达 4000 多种。其中玉米深加工产品达 3000 个品种，广泛应用到化工、纺织、印染、造纸等各个领域，而中国玉

米深加工产品只有 100 多种。可见由于中国农业产业融合度不深且农业产业链短而导致农产品附加值偏低，在技术含量低和产品同质化的条件下，中国农产品只能是低水平的价格竞争[47]。

**（三）新型农业经营主体的带动作用有待加强**

新型农业经营主体是产业融合的"火车头"，但我国新型农业经营主体发展仍处于成长阶段，市场竞争力偏弱，同时面临风险保障不足、农业基础设施配套落后、缺乏抵押物导致信贷难等困难，新型农业经营主体发展空间受限，主动参与产业融合的积极性不强，对小农户的辐射带动作用偏弱[48]。

产业融合碰到的问题，通过现代产业园的建设可以得到很好的解决。2017 年新会陈皮产业园在成功申报创建国家现代农业产业园后，加快"大融合"，培育全产业链新动能。新会陈皮国家现代农业产业园建成了陈皮村、小冈香等农村一二三产业融合体，融合体带动超过 5000 多人创业就业，年接待游客超 200 万人次，带动实现销售收入超 6.2 亿元，实现一二三产的产值比例为 15：68：17。

位于苏皖边界的竹镇，是农业主导型乡镇，近年来以土地综合整治为先导、美丽乡村建设为抓手、乡村振兴实施为机遇，创出了一条在现代生态农业主导下、三次产业融合突破的"绿色崛起"之路。在全国重点镇、国家生态镇、国家特色景观旅游名镇、国家首批农村产业融合发展示范园四块"国字头"牌子基础上，2018 年再添国家农业产业强镇新招牌。据相关数据显示，竹镇三次产业结构比为 38：11：51，其中第三产业占比最高。这对于一个传统农业镇来说，几乎是个奇迹。

## 五、农村三产融合发展模式

**（一）农村三产融合发展的四种模式**

农村一二三产业着力开发挖掘农业的多种功能和多重价值，通过交叉融合形成新技术、新业态、新商业模式，使综合效益高于每个单独的产业之和，并将农业流出到工商业的就业岗位和附加价值留在本地、留给农民。目前农村三产融合发展共有四种融合模式（如表 1 - 8）[49]。

表1-8　农村三产融合发展四大融合模式

| 模式类型 | 主要内容 |
|---|---|
| 组成合作社，同一农产品品种在同一区域内推进农业一产向二三产业自然延伸 | 主要是引导农民以资金、土地经营权、交售农产品入社或入股的方式组建合作社发展加工流通。目前农民合作社达到147.9万家，其中产加销一体化或专门从事加工流通的占到50%以上。 |
| 农产品加工流通企业向前延伸建设基地带动农户，向后延伸发展物流和营销体系 | 企业向农户和新型经营主体注资，农户向农民合作社和企业注资或以土地经营权入股。企业、合作社和农户将长期形成的订单关系、契约关系固定下来。农村一二三产业融合发展是农业产业化的升级版，目前农业产业化组织达到33.41万个，龙头企业达12.34万家，销售收入突破7.86万亿元，各类产业化组织带动农户1.22亿户，户均增收3097元。 |
| 休闲农业和乡村旅游将一二三产业在自身内部融为一体，打造农业与文化生态休闲旅游融合发展新业态 | 2014年，全国休闲农业经营主体超过180万家，规模以上企业超过4万家，年接待人数达10亿人次，营业收入达3000亿元，带动3000万农民就业增收。 |
| 新技术、新业态、新模式向农业各个环节渗透融合，将产业边界逐步模糊化 | 将"大数据"和"互联网＋"等新一代信息技术向农业生产、经营、服务领域渗透，发展农村电子商务、农商直供、产地直销、食物短链、社区支农、会员配送、个性化定制等新型经营模式，其中农产品电商总数达到3.1万家，涉农电子商务交易额达到15万亿元。 |

注释：参考来源：付俊红，张淑荣《一二三产业融合型农产品发展模式研究》。

（二）基于产业融合的传统农业与乡村旅游互动发展模式

传统农业与乡村旅游之间的良性互动和转型升级不仅有利于传统农业产业化的发展，更是促进乡村旅游的升级，进而实现传统农业区域可持续发展。传统农业与乡村旅游的共同发展必然出现产业融合的现象，如何在产业融合的基础上形成并升级传统农业与乡村旅游的互动发展模式成为当前急需解决的问题。国内学者张伟进通过对传统农业与乡村旅游互动发展的前提条件、动力机制以及多重效益的分析，提出了五种传统农业与乡村旅游融合的互动发展模式（如表1-9），包括：农业文化旅游创意模式、农业文化遗产游览模式、农业科技科普模式、农业生态养生模式和休闲农场体验模式[50]。

表1-9　产业融合下传统农业与乡村旅游互动发展模式

| 类型 | 主要内容 |
|---|---|
| 农业文化旅游创意模式 | 在传统农业的发展历程当中保留很多有关原始工艺技术和传统内涵理念等，其中不乏农村手工艺品、农业编织产品、刺绣艺术、银饰制造等多种类型，这些都是具有较高市场价值的传统文化，理应进行技艺的传承与推广。将农业文化中的优良品质充分应用到传统农业与乡村旅游的互动发展，同时结合现代产业模式，深层次挖掘农业文化。 |
| 农业文化遗产游览模式 | 传统农业是一种独特的农业文化遗产。一是加强对农业文化遗产的重视程度，对当地农业文化遗产区域进行合理建设和保护；二是可以在保护的农业文化遗产区中，选择保留比较完整的区域设置为游览园，为游客提供朴素的空间；三是做好对游览园内的内部门、生态环境、农业设施等相关保护工作，实现农业文化遗产展示、旅游发展、科研研究三者的共同发展。 |
| 农业科技科普模式 | 以传统农业为基础的科技科普园为现代城市居民提供认识传统农业知识、生态智慧以及文化遗产价值的学习和休闲场所。在针对这种互动发展模式的建立上，需要做好区位选择、环境创建、内部改造、观光游览、文化解说等工作，共创人与环境和谐共生关系。 |
| 农业生态养生模式 | 农业生态养生模式主要针对具有一定经济基础的高层次老年人群。其建立满足了老年人的生态养生需求，从而实现颐养天年、延年益寿的目的。 |
| 休闲农场体验模式 | 休闲农场主要接待普通大众消费群体，主要通过：第一，采用原生态的农业种植模式，并提供采摘和购买服务，为游客提供传统农业健康的农产品；第二，建立配套物流配送系统，方便为城市居民运送农产品；第三，为有农耕需求的游客提供一块属于自己的土地，由游客自己进行传统体验性耕种。休闲农场体验模式有助于传统农业与乡村旅游的融合。 |

注释：参考来源：中华人民共和国农业部《农村一二三产业融合发展呈现多种方式》。

### 六、农村产业融合的经验模式及路径

1. 从初始代表一产的农业生产经营者（农场和合作社）与代表二三产业的工商资本的行为关系划分看，存在以下两种融合模式及相应路径。[51]

（1）模式一：以工商企业为主体力量，从某一农产品产业链中、下游的农产品加工业、流通业向上游（前端）融合，发展农产品种植业、养殖业，或进一步对该农产品进行全产业链整合，将农业投入品、农业旅游业纳入其中进行深度拓展，实现要素跨界流动和资源统筹配置。在这一类产业融合过程中，新技术、新业态、新商业模式极有可能被激发出来，形成融合增值或溢价效应。同时，工商企业面对产业链上游大量存在的农业经营者，借助合同契约或股权分配完成利益关系的重建。在我国，"公司＋农户"或"公司＋合作社＋农户"的农业产业化经营模式具备这一融合特点，这也是目前农村产业融合的主导或主流模式。

新会陈皮国家现代农业产业园在创建过程中，为加强农民利益联结机制，保障农民收益，产业园通过与银行、保险公司协商研究，制定落实《新会陈皮国家现代农业产业园金融服务工作实施方案》等一系列金融服务方案，大力扶持产业园内种植户做大做强；同时，鼓励企业通过以"企业＋基地＋种植户"或"企业＋合作社＋农户"等经营模式，与新会柑农形成利益分享链接机制，保证柑农产品销售畅通，避免"果贱伤农"。2017年6月，江门丽宫国际食品有限公司召开丽宫新会陈皮产业联盟研讨会，率先公布7—8月新会柑收购价15—16元/千克，大大保障新会柑农利益，助力完善新会陈皮国家现代农业产业园联结农民分享利益机制，维护新会陈皮产业健康持续发展。

（2）模式二：以农场（农户）或其联合组织合作社为主体力量，从某一农产品产业链上游的（前端）种植业、养殖业开始向中、下游（后端）延伸融合，发展农产品储藏、加工业、流通业；也可以对该产品进行全产业链整合，向农业投入品、农业旅游业深度拓展，实现要素跨界流动和资源统筹配置。在这一类产业融合过程中，新技术、新业态、新商业模式同样极有可能被激发出来，形成融合增值或溢价效应。典型模式有："合作社＋农户""新农人＋合作社＋农户""合作社＋农户＋公司"等。在此一类模式中，农户和合作社等农业生产经营者是行为和利益的主导方，若有工商企业加入其中也只可以是锦上添花，而不是喧宾夺主。日本的"六次产业"发展模式较好地诠释了农户和合作社的利益主体地位和功能作用。

山东省栖霞市在国家现代农业产业园的创建中探索出了"双重推进、利益联结、土地流转、高效管理"四大机制，创新了"党组织＋合作社＋运营公司＋农户"的运行模式，将"政府引导、规模化生产、市场化运营"变为现实。在栽植模式上，新果园采用现代矮砧宽行密植集约模式，可以实现机械化作业，农业机械化率将达到80%，既能降低劳动强度，又能节约生产成本。杨础镇丁家寨村是典型的丘陵村，果农增收致富难度很大，村集体经济长年"空壳"。启动产业园创建工作后，村党支部在全镇率先成立了党支部领办的合作社，引导159户群众抱起团来，以土地入股，流转土地487亩建设高标准示范园。按照丰产期亩产8000斤果核算，可为村集体增收百万元。丁家寨这类村集体经济"逆袭"的例子，在栖霞产业园里比比皆是。据统计，首批39个村苹果达产后，村集体平均年收入可达400万元左右。

2. 依据产业融合的产业拉动力划分，农业种养、农产品加工业、电子商务和物流配送、农业旅游都可能是切入点和关键拉力，从产业视角观察，其融合模式和路径有以下三种：

（1）模式一：以二产切入，接一连三。从国内外发展经验看，农产品加工业在农村产业融合中优势明显，以二产带一产、促一产的功能作用不可替代。鉴于路径依赖，农业产业化经营中的工商资本型龙头企业仍将会在三产融合中担当强化农产品加工业的转型升级使命；但同时培育以农民合作社为主体的农产品加工业应是发展新趋势。

（2）模式二：从一产出发，接二连三或接三带二。从一产起步，将农业产业旅游化、生态化、文化化，为农业迎来产业升级新机遇。其主要业态包括：租赁园地、众筹消费、物联网种植、农耕文化体验等。这一路径的实施主体，包括家庭农场、农民合作社、农村集体经济组织、农业公司等。

（3）模式三：以三产切入，接二连一或接一带二。与农业一产紧密相连的三产包括农产品流通业、农业生产性服务业和乡村旅游业，从这些产业出发向前整合农业及农产品加工业，也是一类融合模式，目前呈现出的成熟业态以"互联网＋"、生态旅游等为主，吸引了各方投资主体的进入。

新会陈皮村的产业融合发展模式属于以三产切入，接二连一。陈皮村从创建开始便以休闲旅游为切入口，配套陈皮特色购物商业街、新会陈皮特色餐饮等配套旅游服务项目。陈皮村以第三产业为契机，有效聚集并优化配置资源，逐步打开新会陈皮市场，涉足新会陈皮全产业链。仅用5年，将一块小小的果皮，加工成酱料、茶类以及凉果、饮料等上千个品种，每年生意额超过千万元。陈皮村顺着三产融合的路径从第三产业扩展至第二产业，并在逐步向前整合新会陈皮产品加工业时，意识到产品的品质保障在于原料把控，在于新会柑种植的标准化与优良化。陈皮村进一步成立新会陈皮村柑橘种植专业合作社，带领建立标准化新会柑种植园区，聘请教授、专家把脉新会柑，做好病虫害防治工作，重心建立农产品溯源系统，搭建新会柑交易平台，推动鲜果交易，全方位服务果农。

如今，新会陈皮村围绕新会陈皮交易与文化发展生态休闲旅游，以二产加工业赋能第三产业，为游客带来更多选择范围的陈皮产品，以品质高、品类多、新意足的陈皮产品提高购物体验。以一产种植业背书第二、三产业，增强顾客的品牌信任度，同时为休闲旅游提供了果园"摘柑"体验的场所，丰富了陈皮村的休闲旅游项目，更是巧妙地将新会当地生活带入旅游产业中去。

# 第二章

# 新会陈皮现代农业产业园三产融合空间格局

## 第一节　新会陈皮国家现代农业产业园概况

### 一、新会柑与新会陈皮

江门市是广东省农业大市，粮食产量约占珠三角的1/3，果蔬产量约占珠三角的1/5，禽畜产量约占珠三角的1/5，水产养殖面积约占珠三角的1/3，农产品地理标志认证产品8个，其中新会柑为国家地理标志产品，由新会柑皮晒干或焙干后的陈年贮存品又称新会陈皮，2006年10月，原国家质检总局批准对"新会陈皮"实施地理标志产品保护。

新会古称冈州，是江门市辖区。新会地处珠江三角洲的银洲湖畔，在地貌上三山环抱、三水汇聚。由于西江的洪水、潭江潮水以及南海的海水共同作用，形成独有的"三水融通"的水土特色。丰富的水分、沉积有机质和海水盐类造就了新会柑生长的独特环境。新会柑学名"茶枝柑"，别称大红柑，在新会，当地人为了强调正宗新会地产之意，多称作"新会柑"。新会人从宋元时期就开始了柑橘的种植，"新会柑"最具价值的制品就是"新会陈皮"，存期不足三年的柑皮称果皮，陈化环境下保存三年或以上的新会柑皮才称为陈皮。陈皮的道地（即原产地）和陈化的时间也因此成为核心价值和品牌文化。"道地"是中药的概念，是指经过中医临床长期应用优选出来的，在特定地域通过特定生产过程所产的药材。较其他地区所产的同种药材品质佳、疗效好。如果新会柑不在新会种植，柑皮不在新会陈化就不能叫新会陈皮，因为它不具备道地新会陈皮的品质和功效。新会柑肉皮兼用，陈皮更是药食同源，陈皮具有祛湿、健脾、养胃、舒肝、行气等基本的"和药"特征 。"和"不仅表现在对食材、中药的调和作用上，更体现在调和、综合以及提升的文化内涵上。其药用记载于明清时期，应用盛名于清代。[1]

在新会陈皮文化博览中心首层大厅有一前言，是关于新会柑、新会陈皮和新会陈皮产业发展的解读："侨乡新会，得天独厚。陈皮道地，饮誉九州。地道陈皮，畅销全球。乡村振兴，陈皮产业先行展鸿猷。新会陈皮，和药之首，粤菜灵魂，药食茶同源，养生保健人康寿。制作技艺善传承，列入非遗，光前裕后。乘粤港澳大湾区发展良机，打造国家现代农业产业园，构筑世界陈皮之都，砥柱立中流。博览陈皮历史文化，自信古风新韵越千秋。"

## 二、新会陈皮产业发展历程

相传唐代开始有"陈皮"的名称。新会种柑取皮起源于宋代，距今已有700 多年的历史。《元大德南海志》是元代记载广东州府（包括新会）的地方志，可见陈皮当时已是成为南北贸易著名的"广货"之一。明代，有新会商人利用运销葵扇之便，将新会陈皮销往外省。清代乾隆、嘉庆年间，新会葵商在重庆、成都等地相继开设德隆、悦隆等9 家"隆"字商号，主营葵扇又大量经销新会陈皮。清乾隆年间，太医叶天士为皇帝、后宫嫔妃治疗风寒，开方时常特别指明用新会皮。清末光绪年间，《新会乡土志》记载了陈皮为当时主要物产之一，新会从事陈皮业的商号已多达70 余家。清末光绪三十四年（1908 年）的《新会乡土志》记载，陈皮为当时主要物产之一。清代著名医师叶天士所开的中药"二陈汤"，特别写明"新会皮"。因不是新会所产的其药效远逊，且乏香味而痹口（即苦辣味），所以新会陈皮价格较高，皮比肉贵。因此，经营新会陈皮早已成为一个行业。

在1912 年前后，会城河以南贤洲街一带（今冈州大道中原贤洲路段）集中经营陈皮的专营店30 间、兼营葵扇的商号5—6 间，其中的一些大户还在上海等地开设批发店，而小户在本地或广州卖货。当时，新会陈皮运到上海、重庆、广州3 个主要市场，然后转销到全国各地。[2] 1912 年后，新会茶楼是葵业、陈皮业的经纪商们每天品茶论商的地方。新会会城歌谣"嫁娶喜宴叙宾亭，买卖交易到冈城"正是这一场景的真实再现。当时，新会陈皮运到上海、重庆、广州3 个主要市场，然后转销到全国各地，1936 年全县的种柑面积30623 亩，产量40383 吨。抗日战争前，新会每年产陈皮量约700 吨，仍未能满足全国各地需要。这样大批量的新会陈皮，由各商号向小贩收购，而小贩则到全县各乡村作零散收购。[3]

20世纪80年代是新会柑橘种植面积的辉煌时刻，1989年新会柑总面积约达14万亩。而到了90年代初，新会柑却迎来"至暗时刻"，1991年至1997年新会柑橘产业急速下滑，年均萎缩面积近2.3万亩。主要归于四大原因：1. 政策失误。80年代的产业特点是政策与动员力度大，发展速度快，但一旦受市场打击，农民种柑亏本，则失去再投入的能力而放弃柑园管理。2. 产业缺陷。产业缺乏自我调节机制和缓冲能力。80年代的产业几乎只有农业环节。陈皮仅为副产品，缺乏高附加值制品。综合利用缺失，产品化程度低，鲜果滞销直接导致产业衰败。3. 生产者盲目跟风。80年代，柑价高一拥而上，柑价低一哄而散。4. 黄龙病病害严重。80年代，失去规范和监管的次劣带病苗木泛滥，柑贱伤农使大量柑园弃管失管，这两者导致黄龙病大暴发。

到了1996年，新会柑橘橙总面积约七百亩，新会陈皮产业产值还不到300万元。

1995年后，新会市果树研究所研究成功培育出无菌种柑苗，并在全市推广种植，使大红柑的产量逐年提高。

2000年开始，新会陈皮产业在新会区委、区政府的带动下，得到了发展。

2002年12月，由果农发起，经新会区农业局和区工商联（总商会）推动，成立了新会柑（陈皮）行业协会，这有利于新会陈皮行业的生产、销售、科研和利益保护。

2006年10月，国家质检总局正式批准并公告新会柑和新会陈皮这两个产品为国家地理标志产品。

2008年，新会全区柑种植面积7500亩，分散在8个镇（街），面积最大的种植场只有200亩，超小规模的分散经营模式难以实现集约化经营。

2011年，新会柑果种植面积约1.09万亩，果品产量达1.16万吨，加工陈皮量约583吨，陈皮主业产值2.77亿元。当年在新会举办首届陈皮文化节。

2012年新会柑的种植面积约1.5万亩，产量约20万吨。

2013年，新会柑的种植面积达到约2万亩，产量约25万吨。

2013年创建三产融合示范区新会陈皮村交易市场，简称新会陈皮村，当年11月，第二届新会陈皮文化节在新会陈皮村举办。

2014年年初，新会陈皮村第一期基本建成，正式对外营业。

2014年，全区新会柑种植面积约2万亩，新会陈皮全行业年产值约8亿元[4]。

2015年，第三届新会陈皮文化节在新会陈皮村举办。

2015 年，新会陈皮产业年产值超 50 亿元。陈皮主业年产值近 25 亿元，比 2011 年增长 9 倍；加工陈皮量约 3500 吨，比 2011 年增长 6 倍；初级产品年产值 9 亿元，比 2011 年增长 8 倍。[5]

2016 年，新会全区柑果种植面积约 6.5 万亩，果品产量达 7 万吨，年加工陈皮量约 3500 吨，新会陈皮主业年产值近 25 亿元；新会陈皮产业年产值超 50 亿元。产业园涵盖圭峰会城、三江镇和双水镇，区域面积 64.5 万亩，园区集聚与新会陈皮相关的生产、加工、研发、经销、物流、旅游等经营主体 680 多家，培育出健康食品板块、三产融合板块、精深加工板块、绿色种植板块、品牌传承板块等，形成集种苗繁育、陈皮种植、陈皮加工、文化休闲等于一体的陈皮现代产业集群。

2017 年 9 月，新会陈皮现代农业产业园入选国家现代农业产业园创建名单。

2018 年，产业园区新会柑种植面积达 5.5 万亩，比创建初期新增 1.5 万亩，带动全区新会柑种植面积达 8.5 万亩，产量超 10 万吨，新会柑茶产量 1 万吨，园区内新会陈皮全产业产值达 46 亿元，比创建初期新增 6 亿元，带动全区全产业总产值达 66 亿元。吸引企业新增投资 10 多亿元，农户种植新会柑直接收益达 10 亿元，在新会柑种植环节、陈皮及陈皮柑茶加工环节，劳务收入共 6.6 亿元，带动农民户均增收 7.5 万元。新会陈皮以 877 品牌强度位列全国地理标志产品第 41 位，品牌价值为 89.1 亿元。（2018 年中国品牌价值评价）[6]

2019 年新会陈皮全产业年产值近 70 亿元，新会陈皮上榜中国农业品牌目录。在 2019 农产品区域公用品牌评价中，新会柑茶品牌价值达 126.2 亿元。

### 三、新会陈皮国家现代农业产业园的创建与初步成果

（一）新会陈皮现代农业产业园创建目标

2017 年，经公示后批准创建国家现代农业产业园，新会陈皮现代农业产业园入选第二批国家现代农业产业园创建名单。《新会陈皮现代农业产业园创建方案》提出，把新会陈皮现代农业产业园打造成聚集现代生产要素的一二三产融合发展的特色化、标准化、产业化、绿色化的现代农业产业园，提出产业园建设目标：1. 做大做强新会陈皮特色主导产业，将产业园打造为品牌突出、业态合理、效益显著、生态良好的乡村产业兴旺引领区。2. 促进生产要素集聚，建设现代技术与装备集成区。3. 推进产加销、贸工农一体化发展，将产业园打造成为一二三产业相互渗透、交叉重组的融合发展区。4. 发展多种形式的适度规模经营，将产业园打造为新型经营主体"双创"的孵化区。5. 提升农业质量效

益和竞争力，将产业园打造成为农业高质量发展示范区。至 2020 年形成年产陈皮柑茶 2 万吨、百亿级产业规模，带动新会柑种植面积 8 万亩。

（二）新会陈皮现代农业产业园的创建成果

通过国家现代农业产业园的创建，2018 年园区的生产设施装备水平明显提升，科技进步贡献率达 75%，规模化、组织化经营水平显著提高，实现全产业发展，三产融合发展加速明显。园区通过中央财政投资 1 亿元带动地方和社会资本 7 亿元，中期带动地方和社会资本投资超 37 亿元。新会陈皮行业协会统计的数据显示，近年新会柑产业面积稳步增长，2019 年全区新会柑种植面积已达 10 万亩，种植户 5000 户，合作社 300 多家，种植点分布在全区 11 个镇街 193 个行政村，其中又以会城、三江、双水三镇街为核心种植基地。新会陈皮相关龙头企业 12 家、经营主体超 1000 家，吸引了超 30 亿元的社会投资进入新会陈皮产业，并培育首家以新会陈皮为主营产品的新三板挂牌后挂牌企业——江门丽宫国际食品股份有限公司，成为"中国陈皮第一股"，研发了新会陈皮加工产品品种 100 多个，带动陈皮产业就业 5 万人，实现农民人均增收 1.88 万元。

（三）初步形成"五位一体"的现代农业产业园格局

2019 年，初步形成"生产＋加工＋科技＋品牌＋服务""五位一体"的现代农业产业园格局：1. 建成了年产能达 200 万株的新会（柑）陈皮种植资源保护与良种苗木繁育中心，带动发展新会柑标准化种植面积达到了 10 万亩，其中 80% 属于适度规模经营，超 90% 农户加入合作社生产，实现了新会柑的绿色优质高效生产。2. 打通了三产融合关键点。园内新会柑、陈皮加工企业共有 150 多家，实现陈皮加工产值达 45 亿元，加工企业年纳税额超 1.6 亿元。3. 推动产业高质量发展。广东省、江门市和新会区政府以财政资金引导社会投资，共投入约 1.32 亿元用于全产业链科研，并积极引进科研院校及高级人才力量，建成 2 个院士站和 1 个博士后工作站，成立了 8 个与陈皮相关的研究院，共建 20 个产学研合作基地，与中山大学等 30 多家科研院校开展合作，共获得了 30 多项科研专利、发表论文超 250 篇，培育培养农村实用人才 5000 多人，以大科技推动产业园高质量发展。4. 新会陈皮国家现代农业产业园建成了陈皮村、小冈香等农村一二三产业融合体，培育全产业链新动能，融合体带动超过 5000 多人创业就业，年接待游客超 200 万人次，带动实现销售收入超 6.2 亿元，实现 15：68：17 的一二三产值比例。5. 成立了新会陈皮现代农业产业园管委会，组建了 8 个专责工作小组，出台了一套创建方案、两套管理和奖补制度，为产业园内企业、农户等创业者提供"一门式"服务，涉及陈皮相关的管理、政策、金融、科技、信息、电商、协会、农资农技等 8 大服务，鼓励了更多的主体加入并壮大新会陈皮产业。

2019 年 12 月 10 日，江门市新会区陈皮现代农业产业园入选国家级现代农业产业园拟认定名单。[7]

## 第二节　产业融合促进新会陈皮业态融合发展

产业园以新会陈皮柑茶为主导产品和主力市场带动传统食品升级，逐步启动健康食品和功能保健品开发，形成陈皮一二三产融合发展，进而构建"一皮三产六业"的全产业态势，涵盖"食药茶健文金"六大领域，形成融合经济效应。

### 一、催生多产业融合的新型业态

产业融合促使新会陈皮消费向"质量追求型"转变，催生多产业融合的新型业态。

产业园根据《广东省岭南中药材保护条例》，按照"一种，一苗，一点，一面"的规划，实施广陈皮（新会陈皮）从良种选育保存、苗木繁育、标准化种植、产品质量等各个环节的支持，总投入 1000 万元。结合产业长远发展需要，对《2017 年广东省岭南中药材保护资金新会陈皮（广陈皮）产业园建设项目实施方案》（新农计〔2017〕5 号）进一步修改和完善，实施包括 10 亩新会陈皮（广陈皮）原产地种质资源保护基地、100 亩种苗繁育基地、10 个千亩以上（总规模 1 万亩）标准示范园。另一方面，广陈皮生态种植基地与产地加工技术示范基地的设立，标志着 2017 国家科技部重点研发专项"中医药现代化研究"广陈皮（新会陈皮）子课题正式启动。

新会陈皮药膳同源，被称为"粤菜的灵魂"。元代《饮膳正要》记载陈皮使用共 28 条，印证了陈皮作为御膳食材以及保健养生宝物的极高地位。随着陈皮产业的发展壮大，新会陈皮在餐饮行业中焕发生机。新会区结合"粤菜师傅"工程，创新开展校企合作和"本地传承 + 专业培训"，大力培养陈皮美食师傅；创新打造"新会陈皮宴专门餐馆"，打造新会粤菜文化品牌，助力新会陈皮产业兴旺发展。

新会陈皮食品既展现了独具特色的岭南风味，又将健康休闲理念融于一体，在传承传统制作技艺的基础上，以创新为动力打造国民休闲食品品牌。新会陈皮老字号食品品牌，深入民心，经久不衰，享誉海内外，如：创始于 1799 年的"大有凉果"，其制作技艺是江门非物质文化遗产，陈皮梅系列、新会陈皮系列成为新会家常必备零食。新会陈皮产业以龙头企业为引领，着力发展"大加工""精深加工"。2018 年，新会区陈皮加工产业产值达 45 亿元。新会陈皮精深加工产业实行陈皮产品、食品的加工流程的透明化，提升大众对新会陈皮加工链的了解，增强对新会陈皮品质的信心。

在大健康产业成为全球最大新兴产业的时代，新会把大健康产业作为融入粤港澳大湾区建设的主导产业之一。新会陈皮由传统的农产品走向生物科技、融入大健康产业。创立于光绪三十四年（公元 1908 年）的新会本土品牌新宝堂，是一家有 110 年历史、具有深厚品牌文化底蕴的"广东老字号"企业，经过四代传人的努力，现发展成集新会柑种植基地、原材料批发、食品研发深加工、连锁专卖店、电子商务及生物科技于一体的新会陈皮实业开发公司。该企业在 2017 年 12 月启动创建广东新宝堂生物科技园，利用新会柑肉成功研发出新型保健产品——陈皮酵素。新会大健康产业体系已包含 36 家规模以上企业，产业年产值约 400 亿元。在"以游带购"工业旅游 1.0 模式的基础上，将食品开发、生产销售、旅游餐饮、健康养生融入到新型工业化中，增加体验、互动等元素，推动新会陈皮工业旅游、文化旅游步入 2.0 时代，加快了新会陈皮产业转型升级、跨越发展的步伐。

## 二、产业融合催生新的市场领域

"融合多元化"是企业对产业融合做出的重要战略反应，企业的跨产业融合的多元化战略反应，使规模经济和范围经济得以实现。新会陈皮产业跨界融合促使企业不断延伸自身产业链，打出了有力的跨界融合"组合拳"，创造更多可能。典型例子是新会陈皮和云南普洱茶两个地理标志产品的结合细分了普洱熟茶消费市场，构成产品差异化优势，并激活潜在的普洱茶消费市场。新会陈皮与茶结缘已久，随着大健康产业深入发展，高品质的养生产品将拥有巨大市场，陈皮与茶相结合，满足了养生的需求，茶文化与陈皮文化融合，也使得产品更有价值。由于陈皮普洱茶自身特殊的养生价值与独具特色的品饮体验，从 2015年开始，"柑普"推向消费市场呈爆发式增长，开辟了柑茶特色产业。2016 年新会陈皮全产业产值达 50 亿元，2017 年普洱茶综合产值高达 670 亿元。新会陈皮与普洱茶的融合产生 1 + 1 > 2 的经济效应，推动着新会陈皮全产业经济持续增长。

### 三、产业融合推动商业模式创新

产业融合将技术、生产流程、质控和商业模式相结合，把科技种植、标准化加工、双重检测、标准仓储合并，产生的新模式可以横向加强已知模式，引起已有解决方案的突破。新会陈皮产业要有更大的发展，离不开"金融活水"的浇灌。近年来，新会先后投入2400多万元支持产业园建设，累计提供贷款15亿元，主要用于开展新会陈皮"政银保""陈皮助农贷""陈皮险"等，还为种植户提供"葵乡惠农贷"贴息服务。金融服务进驻就是为了给各大农户、商户打开方便之门。

从2015年开始新会陈皮村从源头把控品质，不断探索新会陈皮质押等金融服务，首创陈皮仓单在线交易平台，推出陈皮助农贷、陈皮政银保等金融新产品，为新会陈皮经营主体提供陈皮产品质押融资、拍卖交易等金融创新服务，成为新会陈皮柑茶产业牢固市场信心、持续增值的关键。

（一）"标准种植＋标准加工＋标准仓储"，环环紧扣

以往新会柑的种植都是果农自己种植，有些果农种植经验不足，甚至有违规使用农药的现象，造成存在食品安全问题、危害环境、毁坏新会柑的名声等的不良影响。为保证新会陈皮的质量，保护新会陈皮的口碑，陈皮村从源头种植新会柑开始，成立江门市新会区陈皮村柑橘种植专业合作社，积极推动新会柑规范化种植，提高了种植技术。为保证标准化，种植的新会柑需经过陈皮村和新会检验检疫局的双重检测合格后才可以进行采摘；为保证加工标准化运回陈皮村标准加工中心的新会柑，通过清洗后，采用传统"三刀法"开皮技艺，保持新会陈皮独有的外观；为保证食品安全性，陈皮村在干皮方面采用仿太阳日晒、热风低温风干的技术风干果皮，杜绝空气污染、二次污染等问题；为保证仓储标准化，果皮通过封箱存进陈皮村新会陈皮标准仓储中心，根据四季变化采用控温控湿、通风过滤的科学陈化方式，保障陈皮的品质。

（二）开发"食品安全溯源"系统

在陈皮村储存标准仓内的新会陈皮均具有一箱一码的特点，只需要拿出手机扫描储存箱上的二维码，即可准确追踪到柑果信息和果农信息，此举保证了新会陈皮的道地性，保障了新会陈皮的质量特色，促进了种植规范和食品安全。目前，新会陈皮产业已建立"三定、三档、双检、一审、一码"的全产业链数字化追溯体系，以产业大数据中心所提供的实时数据为支撑，全面保障溯源数据从地块到生产、农资、加工、仓储全产业链过程流转的实时性和真实性。"食

品安全溯源"系统的开发有效避免了陈皮贸易中市场信息不对称的问题。早期新会陈皮收藏的流通范围较窄，而如今，新会陈皮贸易市场范围逐步走向全国，价格也随之水涨船高，市面上悄然出现大量老陈皮，仅凭其拥有者口述年份和来源，无法做到品质确定以及溯源防伪。陈皮村的溯源码能准确追溯到该箱新会陈皮的树龄、产地、年份、采摘、加工封存和入仓日期以及具体的农事活动信息。陈皮村对农产品溯源的重视，不仅令其出品的新会陈皮及柑茶产品充分赢得消费者的信赖和市场认可，更令其成为新会陈皮行业中"食品安全溯源"的发展标杆，为有效保护新会陈皮的区域公共品牌提供了可供借鉴的有效方式。

（三）探索"标准仓储＋陈皮银行"质押金融服务

（1）在陈皮村标准仓储中心，每一箱陈皮都标注了包括柑果产地、柑橘树龄、采摘时间、生产年份等"陈皮身份信息"。（2）陈皮银行实现鲜柑、陈皮投资一体，"储户"以优惠价格入手当年新收柑皮，陈皮银行为"储户"提供陈皮仓储、管理、代出售等服务。以陈皮的升值带动资金的增值，这一模式为客户提供了理想的投资增值方案，同时让客户降低了储存新会陈皮的风险，节省储存的成本，保证新会陈皮的品质，降低了储存新会陈皮的风险。（3）借鉴工业品标准仓单期货交易概念，为生产经营者和投资人解决资金流通问题。生产经营者可以将陈皮抵押在陈皮银行，并获得抵押贷款。客户在陈皮银行购买新会陈皮，也可以将陈皮作为抵押向银行贷款。在新会陈皮仓单电子交易平台上，农户可以轻松进行新会陈皮的质押服务、期货或现货交易。

陈皮村标准仓储中心因为这项金融功能，不再仅仅是一个储藏新会陈皮的地方，而是一家全国首创的"陈皮银行"。以往在人们印象中，农产品是低端的产品，是回报率低且慢的产品，一体化的商业模式不仅能给新会陈皮带来了巨大的商业效益，更能提高新会陈皮的品牌知名度，有利于新会陈皮的保护与传承利用，推动农产品向新型商业模式的市场化发展。

### 四、产业融合推动文创农业发展

新会陈皮以"和药"闻名，其"和"的价值、"和"的哲学、"和"的生活，形成独特的文化体系，成为新会的一张文化名片。未来，创意农业将通过创意满足人们精神和文化需求，摸索更多的创新式，缔造农业特有的美学经济，从而提高消费需求，开拓新的消费空间。

（一）发展大型综合文创农业项目进而带动专业文创项目的整体发展

文创农业是继观光农业、生态农业、休闲农业后，新兴起的一种农业产业模式，是将传统农业与文化创意产业相结合，借助文创思维逻辑，将文化、艺术、科技与农业要素相融合，从而开发、拓展传统农业功能，提升、丰富传统农业价值的一种新兴业态。文创农业主要有专业型文创农业项目和综合型文创农业项目两大类型，专业型文创农业项目项目主题型较强，但一般规模较小，盈利模式相对单一。新会陈皮现代农业产业园采取先发展综合项目模式进而带动专业文创项目整体发展的策略路径，以综合型文创农业项目与农业休闲旅游项目相结合，组成包括新会陈皮村、丽宫国际陈皮古道、小冈香陈皮文化创意园三大特色农产品销售综合体，以陈皮文化、健康养生、食品深加工等要素为题材，以特色建筑景观为核心，辅以花园、果园等农业生态环境，为游客提供文化欣赏、体验、游乐、休闲、养生等功能服务。新会区利用文化文创节事活动提升陈皮品牌价值，将文创农业景观、文创农产品、文创工艺品、文创农业技术展示、文创农业节事活动体验融入其中。自 2011 年开始，每两年在各个主题园区中举办一届中国·新会陈皮文化节，自 2018 年起，每年结合中国农民丰收节举办新会陈皮柑农节，从产品、文化、故事到全产业链，打造新会陈皮品牌。

新会陈皮村作为新会陈皮产业"大融合"发展的示范性企业，整体园区由具有产业融合特征的新会陈皮交易市场和具有标准化种植示范功能的生态种植园两大区域组成，总面积达到五百亩，从 2014 年正式开园起，推动"陈皮产业＋文化""陈皮产业＋旅游"发展。2018 年陈皮村共接待游客 118 万人次，带动平台整体销售额 3.2 亿元。陈皮村入驻 200 余家创新创业陈皮小微企业，当中有文创农艺工坊、文创农品专营店，以文化创意农产品、工艺品、饰品等种植、加工、创作与销售为主，成为新会陈皮品牌文化的重要展示平台。

（二）创新性地将新会陈皮与文化艺术相结合

一直以来，农产品的创新性不足、品牌意识薄弱、发展相对缓慢，特别是传统农产品包装比较粗糙，特色农产品没有一个统一的品牌标识，难以满足消费者的需求。在产业融合的助力下，新会陈皮产业依靠旅游业探索"新会陈皮"集约化文创农产品品牌建设和推广：1. 以政府为推手着力集约化文创农产品的品牌设计、包装和推广，让农产品形成一套系列的、有陈皮"和"文化、有道地陈皮地域特色的农产品品牌。通过建设新会陈皮文化博览中心、举办多层次文化节、文创农产品大赛等活动，艺术化展示新会陈皮的历史文化和产业发展，把原来杂乱的、无秩序的小作坊式变成品牌的统一化，突出"新会陈皮"品牌的推广。2. 以各个企业和创意团体为创新主体加强农产品的文化创意，主要从农产品本身外观造型入手（图 2－1），如开发陈皮玫瑰造型吸引年轻人的消费；

利用陈皮外观与餐饮菜品结合开发陈皮柑盏奶甜品;采用天然新会柑皮结合 LED 灯制作成橘灯,被大量应用在彰显陈皮文化的展示空间以及商业空间中,透过灯光可以清楚看见果皮里密集的油胞,展示了新会柑皮通透、均匀的品质特色;从农产品的包装入手让农产品成为旅游纪念品的一部分,让产品包装不仅具有实用意义,更有纪念内涵。

接下来,新会陈皮现代农业产业园将孵化创意团队,大力发展文化衍生品,如卡通吉祥物、影视动漫、服装配饰等。

图 2 - 1　在陈皮村交易市场内的陈皮文创品

## 第三节　新会陈皮国家现代农业产业园三产融合空间格局

新会陈皮国家现代农业产业园创建于 2017 年 9 月,区域面积达 430 平方公里,其中规划种植基地 16 平方公里,加工园区 2.7 平方公里。自新会陈皮国家现代农业产业园创建以来,新会区高度重视新会柑种植、新会陈皮加工等产业的转型升级,按照"一年有起色、两年见成效、四年成体系"的总体安排,以新会陈皮产业为主导产业,根据自身基础条件发展产业链延伸发展模式,规划布局"一轴、两带、三基地、四中心、五园区"产业园三产融合空间格局,分三步实施。

### 一、规划三产融合空间格局

#### （一）核心拓展轴贯穿全区

"一轴"特指陈皮产业文化创意与休闲体验轴，展示发挥陈皮产业的生态涵养与文化创意旅游等功能，位于会城街道、三江镇、双水镇三个镇区。核心轴立足于陈皮柑基地生态资源特色，借助小鸟天堂公园及周边环圭峰山旅游景区、银湖湾旅游度假区等旅游景区资源，充分发掘陈皮文化资源、生态养生资源和乡村休闲设施，建设陈皮产业农旅融合集中展示轴、文化创意产业与品牌营销升级的核心拓展轴。在陈皮产业文化创意与休闲体验轴中，涌现了以新会陈皮村为代表的陈皮文创农业。这些文创农业以传统农业与文化创意产业相结合，进一步拓展农业功能、整合资源，把传统农业发展为融生产、生活、生态为一体的现代农业新业态。"一轴"是城镇化拓展的重点区域，借力城乡融合发展，布局三产融合示范园

#### （二）以"大加工"思路建设"两带"

高度重视陈皮加工产业发展，空间上以"两带"为重点布局，包括三江—会城—开发区核心加工带、双水—七堡岛大健康加工带，作为打通三产融合的关键点，推动全产业链做大做强，创建"大基地＋大加工＋大科技＋大融合＋大服务"五位一体发展的特色农业产业园。

#### （三）以"大基地"思路构建绿色标准化种植板块

以会城、三江、双水为三大核心种植基地，成就大规模种植基地，构建现代化、规模化原料基地，带动全区种植质量的提升，引领新会陈皮的三产融合之路。会城、三江、双水三镇地处咸水和淡水交界，两岸为珠江三角洲冲积平原，土地肥沃，有机质丰富，灌溉用水是海水成分和淡水混合的特殊水质。加上三山环抱的天然屏障，三大核心种植基地的新会柑品质是其他产区无可比拟的。依托会城、三江、双水核心种植区，打造一批绿色标准化种植板块，建设集采摘体验、科普教育、购物贸易、养生饮食、生态休闲、文化旅游于一体的陈皮特色小镇，成为一二三产业相互渗透、交叉重组的融合发展区。

#### （四）以"大服务"思路建设"四中心"

"四中心"包含新会陈皮文化博览中心、新会陈皮产业园管委会公共服务中心、陈皮种质资源保护中心、陈皮检验检测中心。新会陈皮文化博览中心以"陈皮新韵"贯穿全馆，生动形象地向公众全方位展现新会陈皮的历史文化和新会陈皮产业的发展历程，强化新会陈皮文化的社会认知。新会陈皮公共服务

中心以新会陈皮国家现代农业产业园智慧农业大数据平台为支撑，全方位为陈皮产业发展提供"一门式"服务，包括管理、政策、金融、科技、数据、电商、协会、农资农技等。新会（柑）陈皮种质资源保护与良种苗木繁育中心集水肥一体化、气象监测、智慧农业、绿色防控等 4 套现代化系统。以新会柑种质资源圃、脱毒原种保存圃、一级采穗圃、二级采穗圃、无病苗繁育苗圃、砧木种子园共同组成新会柑无病苗木繁育体系。2019 年新会柑（陈皮）种植标准示范园已建成网室大棚 6208 平方米，新会柑核心种植示范区 30 亩，良种苗木繁育大棚 2340 平方米。新会陈皮质量监督检验中心通过"农检＋商检"共建，实行优势互补，在短时间内形成国家认可的检测资质和对全产业监督能力，确保新会陈皮产业持续健康发展。

（五）优势互补的实施主体企业形成定位鲜明的"五园区"

"五园区"包括陈皮村三产融合园、丽宫研发加工园、新宝堂生物科技创新示范园区、七堡岛新会陈皮保健食品产业园、小冈香陈皮文化创意园。新会陈皮产业高质量发展离不开龙头企业的带动作用。

陈皮村三产融合园由江门市新会陈皮村市场股份有限公司创建，定位新会陈皮国家现代农业产业园三产融合示范区，充分发挥平台优势。该企业作为广东省重点农业龙头企业，以"向世界传播新会陈皮文化，分享陈皮健康价值"为使命，致力打造新会陈皮三产融合生态平台。

丽宫研发加工园由江门丽宫国际食品股份有限公司作为实施企业，定位陈皮精深加工示范园，把新会陈皮从传统药用领域向保健食品领域深度延伸发展。该企业始建于 1997 年，是国家高新技术企业、农业龙头企业、广东省新会陈皮精深加工工程研究中心，拥有 9 项与新会陈皮相关的国内授权发明专利，是新会陈皮行业首家上市企业，被新会政府授予"新会陈皮第一股"的称号。

新宝堂生物科技园由"广东老字号"企业新宝堂作为实施主体，该企业创立于 1908 年，是广东省非物质文化遗产"新会陈皮制作技艺"传承人单位和省级非物质文化遗产生产性保护示范基地，也是国家科技部立项的"广陈皮种植示范基地和产地技术加工示范基地"。新宝堂生物科技园定位新会陈皮国家现代农业产业园科技创新基地，推动新会陈皮往大健康产业和循环经济方向发展。

七堡岛新会陈皮保健食品产业园定位国家级生物产业"转化—创造—交易"中心研发加工园，面积 20 余平方公里，围绕生命健康产业发展体系，积极布局"基因＋精准医疗"、新药研发、中医中药现代化建设、食品安全防控技术、新型移动医疗、介入治疗和可穿戴智能设备制造等行业。聚集着一批健康保健食品企业，向健康保健食品产业集聚体系发展。无限极作为江门市首个获省科技进步一等奖的工业企业，从事中草药健康产品的研发、生产、销售及服务。无限极（中国）有限公司扩产项目在园区内落地，在推动以新会陈皮为主的大健康产业发展中起标杆作用。

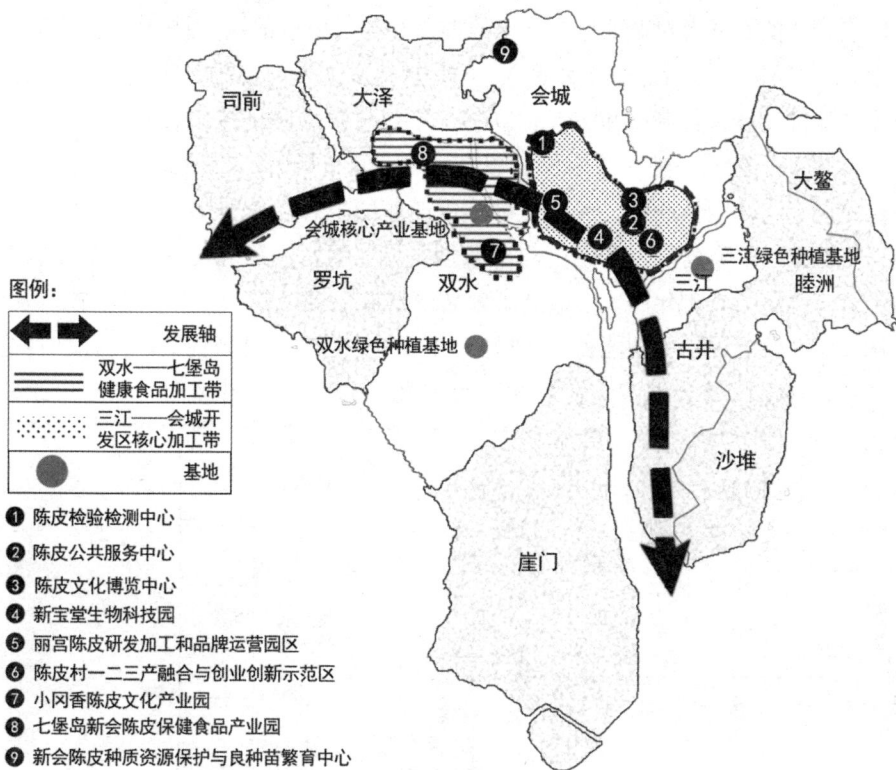

图 2-2　新会陈皮国家现代农业产业园的空间格局
呈现"一轴、两带、三基地、四中心、五园区"的布局

小冈香陈皮文化创意园以宝骏小冈香业城为园区平台，定位集新会陈皮和柑普茶销售、新会陈皮仓储、香文化博物馆、传统文化培训于一体的综合性的文化产品平台。广东陈皮仓产业投资有限公司是园区的重要组成企业，作为新会陈皮仓储大型交易平台，建设高标准的大型仓储和严格的溯源机制，以"做正宗的新会陈皮"为宗旨，集"柑果溯源、采收、加工，陈皮认证、储存、交易、开发、销售"为一体，为新会陈皮的全产业链提供优质服务和支撑。

"五园"优势互补，相互借力，发挥市场主导、企业主体作用，突出陈皮科技研发、精深加工、流通展示等功能，推进一二三产融合，延长产业链和价值链。

## 二、动态调整完善格局

从"一皮三产四业"全产业链规划到"六业"协调同步发展，可以看出新会陈皮产业的实践者对产业融合认识的加深和与时俱进的探索精神（如图 2 – 3 所示）。空间格局也不是一蹴而就的，而是从初步规划到实践，到逐步认识，再根据产业的发展进行调整和完善。2017 年年初《新会陈皮现代农业产业园创建方案》提到，在"一轴、四园、三基地"的空间布局中，"一轴"为沿陈皮产业文化创意与休闲体验轴，展示发挥陈皮产业的生态涵养与文化创意旅游等功能；"四园"即陈皮村三产融合与"双创"园、丽宫国际陈皮精深加工园、新宝堂陈皮生物科技孵化园、七堡健康食品研发加工集聚园，突出陈皮科技研发、精深加工、流通展示等功能；"三基地"主要是在陈皮柑种植优势区高标准打造的三江、双水以及会城三大陈皮柑标准种植基地，构建现代化、规模化原料基地。

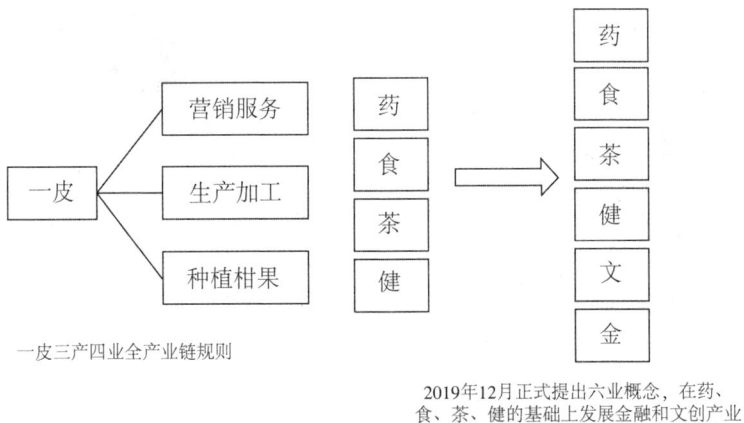

一皮三产四业全产业链规则

2019年12月正式提出六业概念，在药、食、茶、健的基础上发展金融和文创产业

**图 2 – 3　新会陈皮产业发展推导图**
**从"一皮三产四业"全产业链规划到"六业"协调同步发展**

在经历一年多的建设后，2018 年初，根据建设的情况，新会区陈皮产业园按照"一带、四心、三区、三基地"规划（如图 2 – 4 所示）提出新的"四心""三区""三基地"规划：打造以研发加工为核心的丽宫陈皮产业园三产融合产业基地；打造以"市场交易 + 文化旅游"为核心的新会陈皮村陈皮文化平台，整合带动区域三产发展；推动七堡健康岛新会陈皮健康食品园区发展。三江镇的新会陈皮柑茶加工运营区，形成规模化健康种植基地；江门大道东线的集聚区，汇聚新会陈皮柑茶生产加工和运营企业；规划中的双水新会陈皮功能食品

加工园区规模化种植。[8]

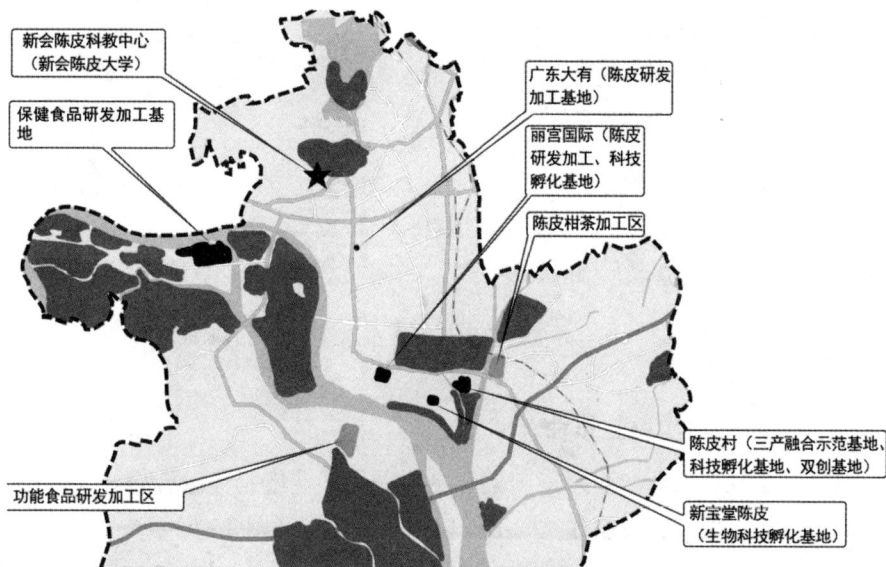

图2-4 2018年年初新会陈皮产业园示意图

2018年年底，在"四园"即陈皮村三产融合与"双创"园、丽宫国际陈皮精深加工、新宝堂陈皮生物科技孵化园、七堡健康食品研发加工集聚园发展初具规模后，重新提出园区的引领作用，并在"陈皮村三产融合园"外，打造了"小冈香陈皮文化创意园"。小冈香文化源远流长，至今已有600多年的历史，而双水镇是享誉中外的中国香业产业基地、中国三大制香基地之一。这两大融合标杆体，年销售额均超3亿元，年接待游客超过200万人次，成为旅游新地标的同时，入驻企业均超150家，以标杆体带动三产融合。

2019年，创建国家现代农业产业园的工作进入第三年，初步构建了集柑橘种植、生产加工、金融投资、仓储物流、电子商务、文化旅游于一体的产业集群，打造"中国陈皮之都·世界陈皮中心"的目标深入民心。随着2019年12月新会陈皮博览中心和陈皮种质资源保护中心的全面完成，"一轴、两带、三基地、四中心、五园区"的产业园三产融合空间格局基本形成（图2-5）。

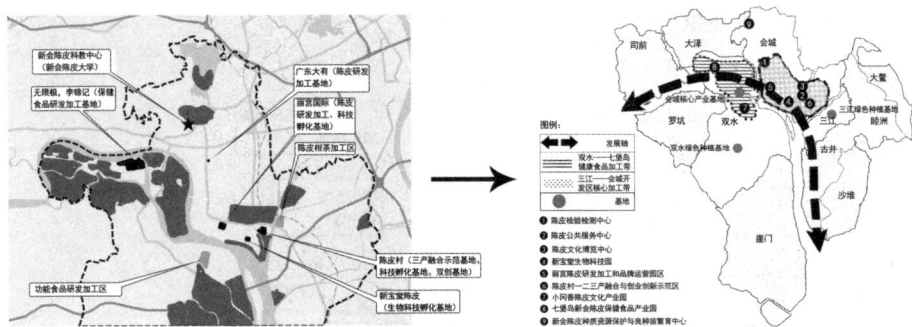

图 2-5　新会陈皮产业园从区域布点到全格局的形成

## 三、空间格局实施三步曲

新会陈皮现代农业产业园三产融合主要采用产业链延伸融合模式，该模式根据产业主体不同，在时间和空间上按以下三步实施（图 2-6）：

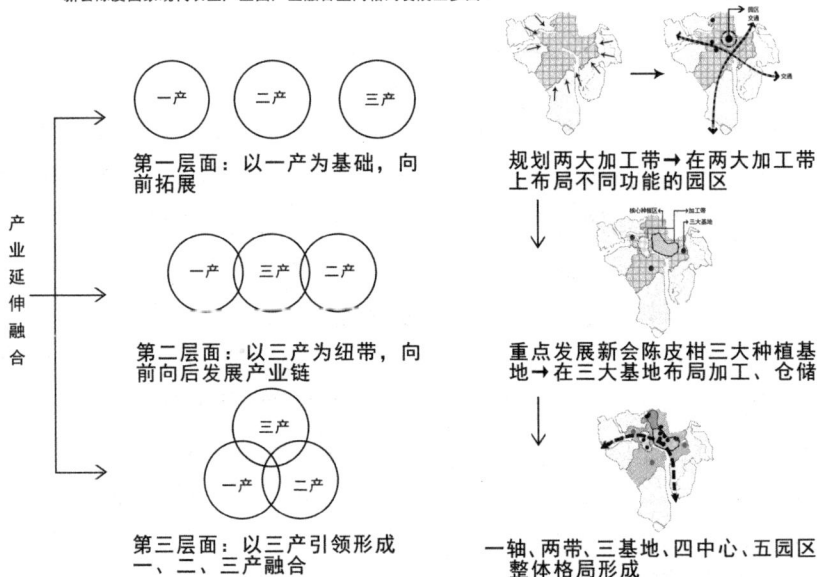

图 2-6　新会陈皮现代农业产业园三产融合的产业链延伸融合模式

（一）以一产为基础，拓展加工仓储、物流销售、休闲观光等二三产业

新会区共有会城街和三江、双水、大泽、司前、罗坑、大鳌、睦州、古井、沙滩、崖门 10 个镇街，全区新会柑种植面积达 10 万亩，种植户 5000 户，种植点分布在全区 11 个乡镇 193 个行政村，其中会城、三江、双水三镇是新会柑种

植优势区域（沿省道 S270 附近、银洲湖及潭江两侧区域）。第一步是以全区 10 万亩种植区为基础，以面汇点，融合聚力，集中发展会城、三江、双水三大基地，形成农业产业化的发展，并以三大基地为核心创建国家现代农业产业园，延长产业链条，布置加工储藏、物流销售、休闲观光等二三产业，形成核心辐射、层层相扣的系统化的新会陈皮产业的科学布局。（图 2-7）

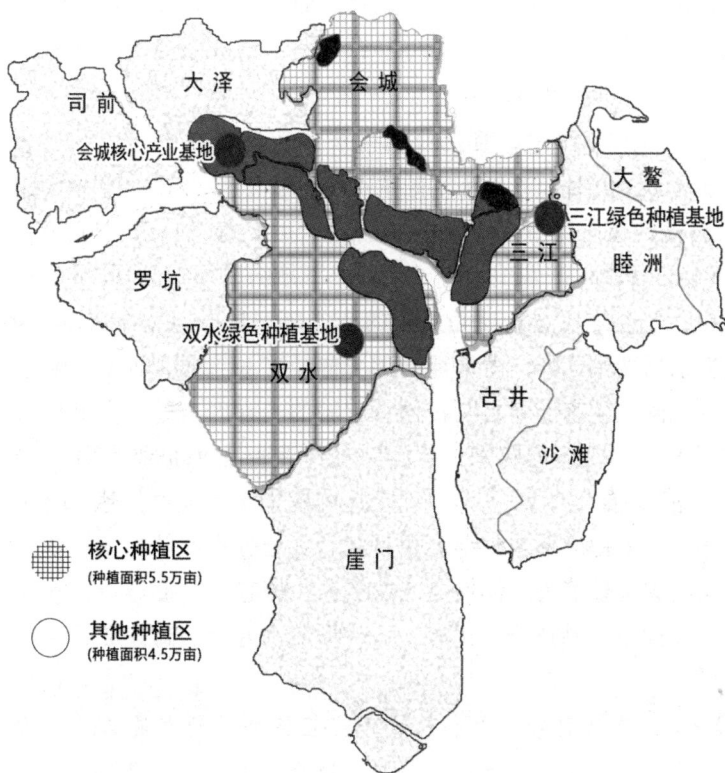

图 2-7　三大基地——新会柑核心种植区分布图

会城、双水、三江三大种植基地为新会柑核心种植区，沿省道 S270 附近、银洲湖及潭江两侧区域布局会城种植基地，会城成为种植新会柑的天然理想之地，其种植历史可追溯到元朝。其中东甲、梅江、天马、茶坑等地更是众所周知的新会柑传统种植区，会城也因此成为新会陈皮产业聚集地和文化聚集地。会城新会柑传统产区发展绿色高品质战略，以柑之林会城梅江种植基地为代表，融合农业现代化智能设备，呈现出绿色标准化新会柑种植模式。会城确立了"两岛＋中心产区"（即南坦岛、七堡岛以及传统种植区）的产业布局；大力推进一二三产业融合发展，陈皮村三产融合园、丽宫研发加工园以及新宝堂生物科技园成为行业标杆。

双水种植基地抓住契机，成就大规模种植基地，双水镇地处新会区西南部、位于潭江沉积平原、西邻古兜山，耕地资源丰富，是新会农业重镇，自古就是新会柑的主要种植区域之一。双水镇新会柑种植面积近3万亩，是目前新会柑最大的种植基地，也是新会最大的陈皮优质原料基地。在新会的陈皮产业布局中，双水镇扮演着"双水—七堡岛健康食品加工带"和"双水种植基地"双重角色。目前，双水镇已经形成了双水—沙路—罗湾的新会柑种植圈和小冈种植片区，聚集了一大批陈皮茶企业。

（二）以二产为纽带，将产业链向前后两端延伸

第二步是以三江种植基地为基础重点发展沿县道X538、新中公路、沿省道S270的新会柑种植园区和新会陈皮加工经营轴，着力打造"陈皮产业特色小镇"，以新会柑种植生产基地为基础，形成了新会陈皮产品加工、销售为主导，包含新会柑、新会陈皮文化观光旅游的产业新格局。通过二产示范辐射带动，将产业链向前后两端延伸，由单纯的加工向生产、流通、研发、服务等领域交融发展，开创陈皮生态涵养与文化创意旅游的新深度，进一步延长新会陈皮的产业链和提升价值链。近年来，新会陈皮产业以龙头企业为引领，着力发展"大加工""精深加工"。2018年，新会区陈皮加工产业产值达45亿元。[9]2019年，双水镇和三江镇已形成集新会柑种植、新会陈皮产品加工、新会陈皮产品销售、新会柑肉处理等为一体的全产业链条，崛起了一批与新会陈皮相关的创新型企业，发挥生物科技研发优势，逐步形成高起点、高标准的现代农业发展特色区。

（三）以三产为引领，形成三次产业互促并进的发展格局

一直以来，农业与市场接轨是当前农村改革与发展中最为突出、最为集中的难点和热点问题。在提高农产品产量的同时，新会陈皮产业也碰到了农产品生产、加工、流通、服务相脱离等问题。新会陈皮产业化的发展带来生产的规模化和标准化，为第三步的战略实施奠定了基础。第三步是重点建设服务、市场和品牌三个环节，解决农产品顺畅地进入流通领域。在空间格局上以建设农产品市场为切入点，集中在两个加工带和三个核心种植基地上建设"四中心"和"五园区"。

新会陈皮文化博览中心强化新会陈皮文化的社会认知；新会陈皮公共服务中心全方位为陈皮产业发展提供包括管理、政策、金融、科技、数据、电商、协会、农资农技等"一门式"服务；新会（柑）陈皮种质资源保护与良种苗木繁育中心从种质、种植等方面，提升并稳定柑果品质；新会陈皮质量监督检验

中心确保新会陈皮产业持续健康发展。

作为产业融合型特色农产品市场，新会陈皮村以市场需求为导向，充分发挥三产融合平台属性，重点搭建新会柑种植户和消费者、投资者、收藏者之间仓储交易的平台；通过采取"标准化＋产业化＋金融＋互联网＋"的经营管理创新模式，建立行业种植、加工、仓储、定价、交易等五大标准，实现现代农业标准化发展；结合"旅游＋"手段，推进产业各端有机融合与传播，与全产业共享公共品牌成果；以服务陈皮产业各端为定位，为柑农种植户、品牌商家、陈皮加工企业提供种植培训、市场交易、品牌孵化、文旅体验、趋势导向等平台服务。

丽宫研发加工园利用丽宫国际龙头企业的质量监控资源、品牌资源、技术资源、设备资源和市场资源，营造"资源共享"的"洼地效应"，吸引和联合有技术、有优质资源和具发展潜力的新会陈皮经营与加工的种植大户、中小型加工企业进园聚集经营，带领园区内各企业在原有基础上进一步产业化、规模化、规范化。产业园区在最大程度满足新会柑农、新会陈皮产业链服务需求的基础上，将向工业旅游示范点的方向迈进，规划年接待游客 20 万人次以上。

新宝堂生物科技园在产业发展上更积极投入陈皮生物产品制造开发、陈皮生物科技研发，突出陈皮生物科技研发与孵化示范功能，深挖产品价值。在技术上，整合各方资源，汇聚高精尖技术和优秀的科研能力，突出陈皮加工废弃物综合利用示范功能，为新会陈皮产业的发展开辟新的经济增长点，打造生物科技与循环经济的新模式；在文化上，将以传承文化结合高新科技为引领，突出陈皮非物质文化遗产传承与创新功能，以"文化体验＋科研基地＋生产线＋互联网＋旅游"模式拓展新会陈皮产业链，与大学、医院和科研机构建立起产学研和商业合作关系，发展大健康产业。

七堡岛健康食品研发加工园主要围绕陈皮产业的健康养生、休闲旅游等产业发展，重点突出健康产业拓展功能、功能食品开发功能、中小微陈皮企业服务功能等。小冈香陈皮文化创意园大力推动新会陈皮与小冈香等传统特色产业的融合发展和转型升级，突出新会陈皮文化产业的建设。

"四中心"和"五园区"拓展了农产品流通、电子商务、乡村旅游和农业社会化服务等功能，通过品牌战略，形成品牌、宣传品牌、提高质量等手段提高产品的知名度和市场占有率，从而推动市场建设，形成市场规模和扩大消费群体，形成三次产业互促并进的发展格局。（图 2-8）

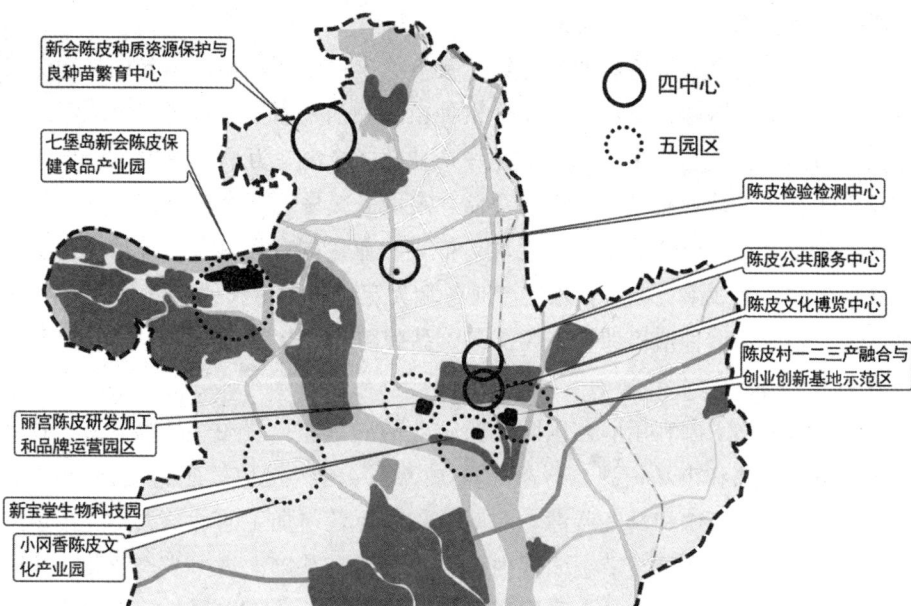

图2-8 新会陈皮产业园"四中心"和"五园区"分布图

说明：主要集中在两个加工带和三个核心种植基地上建设"四中心"和"五园区"。

## 四、以产业融合型市场的创建推进产业园的全面建设

从2000年开始，在新会区委、区政府的带动下，新会陈皮产业得到了发展。新会柑种植总面积从1996年的千亩到2011年的万亩，新会陈皮产业产值1996年近300万元到2011年工业产值达2.77亿元。但是，从发展的速度和质量上看并不乐观。从2008年到2011年，新会全区柑种植面积由7500亩增长到1.09万亩，四年时间的发展才增加了3000亩，且分散在8个镇（街），种植场面积普遍不大，超小规模的分散经营模式难以实现集约化经营发展。品牌力不高、市场需求乏力等因素反过来影响了新会陈皮产业化的进一步发展。

新会人意识到新会陈皮的供求规律和市场建设中存在的问题。

农业产业化从表面看主要侧重于把农民组织起来实行专业化的生产、加工，但从本质上来说关键是产品的销售及其市场建设。农产品生产最终目的是满足市场需求，同时市场需求又反过来影响农产品生产和农业产业化发展的趋向。[①]

农产品流通关键在于市场的建设。2011年，在新会举办首届陈皮文化节后，新会区开始提出建设新会陈皮流通市场的基本构想和对策。下面从四个思考问

---

① 宗颖生. 农业产业化发展中的市场战略 [J]. 商业时代，2006 (25)：18-19.

题的导入进行分析。

（一）为什么要加快建设农产品市场

1. 加快建设农产品市场是保障农户根本利益的必然选择。作为农产品，新会柑和新会陈皮具有生产的季节性、供给的集中性和生产的周期长等特点，农产品价格越高，果农生产的积极性就越高，产品的供给量就越大，每年的产量取决于上一年的价格，而当年的价格决定下一年的产量，但每年陈皮的需求是相对稳定的，不会随价格的波动而发生巨大的变化。果农当年的柑果大丰收时，由于需求没有大幅增长，在供大于求的情况下反而价格下降。所以在市场流通没有解决的前提下，果农或农户往往是市场的牺牲者，即使柑果数量上涨，作为生产者往往未必能得到好处，而一旦价格下跌几乎由果农来承担所有的损失。

新会柑和新会陈皮从生产领域进入消费领域有两种形式：一种是作为最终消费品，例如，陈皮产品本身就通过流通领域直接进入消费领域；另一种是经过加工和流通再进入消费领域，例如，柑果和陈皮深加工。在这两方面，果农不仅依赖市场流通而且依赖加工企业，由于大多数果农仅仅是个生产者，并不直接从事流通，对市场的把握度不高，依赖市场但很难得到市场流通环节的利润和产品增值的部分，还经常受到来自加工和中间环节行业的价格打压。

造成上面这些情况的主要原因是农业生产没有形成一个完整的产业，农产品生产、加工、流通、服务相脱离，而较好的市场环境可以及时地把市场需求信息和供给状况反映给生产者和农户。重视农业产业化进程中农产品市场的建设，是把农户经营引入现代市场进行社会化大生产的有效组织形式，也是加快农村市场经济发展的有效途径，在这方面农民需要市场，更需要以组织的形式实现生产和流通的结合。

2. 加快建设农产品市场是实现品牌战略的必然选择。进入 20 世纪 90 年代中期以来，中国农产品供给已由过去的全面短缺转向相对过剩，市场由过去的卖方市场变成了买方市场。陈皮产地很多，福建、浙江、广东、广西、江西、湖南、贵州、云南、四川等地都有。新会柑和新会陈皮拥有较为明显的区域特征，然而在商品流通异常活跃的市场经济中，不同产地的同类农产品由于在外观上差异不大，周边地区同类产品的竞争日趋激烈，造成新会陈皮农产品的生产和销售受到市场巨大的冲击。这个事实让越来越多生产者明白农产品市场越是走向成熟，越能让更多消费者了解农产品的特性和差异化，品牌效应也就越明显。农产品名牌化成为新形势下推动农业产业化经营，促进农业发展的重要选择。[10]创立品牌，不仅有利于提高农产品的市场竞争力，还有利于促进农业生产组织的提高。在农业产业化进程中，以现代市场营销理论为依据的农产品市场的建设，为品牌战略的实施发挥了重要的作用。[11][12]

3. 加快建设农产品市场是全面实现农业产业化的必然选择。农产品生产最终目的是满足市场需求，要解决新会柑的供需问题，就要回到市场需求的导向上。加快新会陈皮交易市场的开发和建设，有利于提高农民的市场意识，推动农业产业化的市场化进程；有利于开拓市场渠道，通过市场需求的扩大反过来影响农产品生产现代化和农业产业化发展的趋向；有利于通过市场机制调整农业生产布局，合理配置生产资源，优化农业的产业结构和产品结构，提高各生产要素投入的边际报酬率，从而提高农业产业的整体效益；促使农产品生产和加工尽快延伸到储藏、运销、服务等领域，带动乡村劳动密集型的二、三产业朝着一体化方向发展。

（二）建什么样的市场

中国的农产品批发市场起步于 20 世纪 80 年代，经历了一个从少到多，从产地市场兴起到产地市场与销地市场并行发展，从民间自发形成到政府推动建设的过程。在发展的二十年间，农产品批发市场大部分是自发形成的，市场还不规范，交易方式还停留在比较落后的对手交易；少数官办的批发市场有规范但活力不足从而未达到预期的经济效益。二者均存在制约其发展的诸多问题。一般的农产品批发市场主要功能是：交易场地、磅秤租赁、中介服务，满足客商交易的基本需求，存在特色不鲜明、布局不合理、功能单一、效益低下等问题。20 世纪 90 年代末到千禧年（2000 年）伊始，一些新型的农产品市场开始出现，它们多集中在具有美化、养生、收藏投资等功能的农产品上，相比粮食、疏菜等属于生活必需品的批发市场，这些新型的农产品市场无一例外都把文旅、文化展示、科普等功能规划在市场内，而且规划建设了风格独特的建筑、优美宜人的环境，吸引更多非专业观众到场。例如，具有观赏性的花卉农产品市场就有了更多的复合功能，一个重要的特征是，在全国各地有代表性的花卉市场都有了可供旅游的新功能（表 2 - 1）。

**表 2 - 1　全国部分花卉市场一览表**

| 名称 | 地点及建设面积 | 创建时间 | 特征 |
|---|---|---|---|
| 广州花卉博览园 | 广州市荔湾区芳村片区西南端，广佛都市经济圈的中心地带，占地 3915 亩。 | 2000 年 | 设有花卉展销示范区、花卉科研示范区、大沙河生态旅游区三大功能。 |

续表

| 名称 | 地点及建设面积 | 创建时间 | 特征 |
|---|---|---|---|
| 陈村花卉世界 | 顺德区陈村镇，占地面积一万亩，分三大功能区：销售区占3000亩，高新种植区占6000亩，综合服务配套区占1000亩。 | 1998 年 | 设有中国花卉交易广场、国际兰花交易中心和花卉世界公园，集花卉生产、销售、观光旅游、科研、信息于一体的交易中心。 |
| 北京莱太花卉交易中心 | 总建筑面积55000平方米，由莱太花卉商城、莱太花卉拍卖中心和莱太花卉街三部分组成。 | 1998 年 | 集花卉及其连带商品的展示、销售、批发、拍卖、进出口贸易和信息网络服务等多方位服务于一体的中国北方花卉集散中心。风格独特的建筑、优美宜人的环境、姹紫嫣红的花卉、独一无二的拍卖交易方式和高效优质的服务，使其不仅成为大型花卉交易场所，而且也成为一个独具特色的观光旅游景点。 |
| 昆明斗南花卉市场 | 昆明滇池东岸，2010年升级改造后斗南花卉市场成为占地1020亩、总建筑面积81万平方米的斗南国际花卉产业园。 | 1998 年建设，2010 年升级 | 中国乃至亚洲最大的鲜切花交易市场，带动了花卉相关产业及旅游业的蓬勃发展，每年到斗南花卉市场参观、旅游的外国游客约3万人，国内游客4万余人，散客10万余人。 |

注释：昆明斗南花卉市场数据来源：昆明信息港－昆明日报．云南昆明斗南花卉市场，亚洲最大的鲜切花交易市场［EB/OL］．花卉信息网，2018－01－15。

新会陈皮交易市场属于产地市场和销地市场为一体的农产品批发市场，在选址上应建在靠近新会柑产地和加工地，同时应紧靠城镇化发展前景较好的地域。2011—2015 年，在新会的市区已有一家大型陈皮交易商场，但远离生产加工基地，即便是交通便捷，也只是有利于市民和旅游者的零售采购，缺乏对产业的依托，在后来的发展当中很快被社区型的零售商铺和新兴的融合型农产品市场所代替。因此，不适合再大规模建造这种城市型的农产品超市，另一方面，一个纯粹的传统意义上的大型批发市场显然也不适合新会陈皮文化品牌的推广和市场的拓展。在受到花卉市场的启发后，决策者们参观了多地的市场和一些大型美食城，一个新型市场的雏形基本确立了下来。这个新型市场能够带动农户与市场的联系，展示陈皮文化，紧密联动一二产，吸引更多的人，是一个具有产业融合特征、创新型的特色农产品市场。

（三）由什么企业创建

三产融合是以农业为基本依托，以新型经营主体为引领。新型经营主体的核心是企业带头人的思想和执行力，由什么企业创建的问题自然就落到由什么人来建的思考上。在新会陈皮产业园发展的初期阶段，这个交易市场的建设竟然没有由陈皮行业内的老行尊和经营陈皮行业多年的企业进行创建。有百年历史的新宝堂品牌企业，虽然已有多家陈皮经营门店，但对于建设一个产业的服务平台，始终没有迈出这一步。作为"新会陈皮第一股"的丽宫陈皮食品加工企业，也是在新会陈皮村建成后的 2019 年，开始尝试服务平台的建设。这种现象在许多农产品产业中普遍存在，分析如下：1. 正是因为陈皮行业内的老行尊和经营陈皮行业多年的企业对当时新会陈皮行业的状况非常熟悉，他们均意识到 2012—2014 年陈皮产业仍然只是缓慢增长的局面下，其产量和需求量不可能支撑一个大型综合农产品交易服务平台的市场运营；2. 在刚开始的阶段，能开创一个新局面的构思举措，常常不是由深谙行业内运作的人提出，行业内的人容易墨守成规，思考也局限在本行业已有的模式，他们的创新更多是针对某一个技术或某个流程进行改革，对于一个在本行业没有先例的新事物，很难有突破性的成果。

2012 年，新会区负责农业的领导与当地企业江门市荣昊投资实业有限公司进行创建的洽谈，开启新会陈皮交易市场的创建之路。该企业负责人吴国荣先生一直从事塑料的国际贸易。

在对陈皮村的研究当中，许多研究者注意到了事物和数据，很少对当事人在事件中的关键性作用进行研究。在对广东部分农业产业园的考察当中，发现一个重要的问题是实施主体企业，具体而言是企业主的企业家精神和创新能力几乎决定了事件的走向。在本书接下来的章节中，会对陈皮村的创建人进行深入的剖析。

在新会陈皮产业发展的初期阶段，创新往往意味着失败。为什么选择一位不是陈皮行业的人创建陈皮交易市场？同样的一个问题可以反过来问：为什么一位从事塑料国际贸易的企业家会跨界进入了现代农业的行列？分析原因如下：1. 其企业在茶坑有近 150 亩工业建设用地，已有厂房建筑近 10 万平方米。2. 其从事塑料国际贸易的资金实力，有抗风险的能力。3. 具有跨行业的优势。从事贸易的特质在很多时候要比种植和加工更有对市场敏锐的洞察力。跨界的人由于对行业没有很深的认识，反而能够颠覆行业内传统思路，寻找新的模式。4.

个人的创新意识和企业家精神。

（四）怎样实现三产融合

新会陈皮产业发展到2011年，农业产业化有了初步的发展，既促进了二三产的融合，同时也对三产的融合提出了更高的要求。千禧年年初，全国的农业产业园大多处于创建阶段，三产融合的实践还处在探索层面，针对案例的理论总结并不多。对于如何实现三产融合，陈皮交易市场的创建者按下面的四个层面进行构想和实践[13][14]：

1. 引导柑农以资金、土地经营权、交售农产品入社或入股的方式组成合作社，发展加工流通，在同一区域内推进农业一产向二三产业自然延伸。

尽管新会陈皮农产品市场呈现出多元化的主体体系，但市场的建设绕不开柑农和农户作为市场流通的主体的事实，这是由当前的家庭经营的生产力发展水平决定的。新会陈皮村市场培养和发展公司制的流通组织，实现"公司＋基地＋农户"的运作模式，通过建立和发展陈皮村柑橘种植专业合作社（成立于2014年3月11日），在新会区辖内从事新会柑种植，种植面积达5000亩，为全区最大的专业合作社，业务涵盖种植、初加工、贮藏、销售、农业生产资料的购买等，把众多分散的农户连接起来，提升柑农在收集信息、组织商品流通、质量检验、交易谈判等方面的优势，增强进入市场的实力。企业通过产销合同的形式把农户组织起来进行生产，形成企业稳定的货源基地，形成大生产（基地＋农户）与大流通的对接，增强自身的经营能力和抗风险能力，追求最大的经济利益，充分利用农业生产与流通的不同分工所带来的好处。

2. 成立江门市农合农产品流通中心有限公司，通过发展农产品加工流通环节向前延伸建设基地带动农户，向后延伸发展物流和营销体系。陈皮村企业向农户和新型经营主体注资，农户向农民合作社和企业注资或以土地经营权入股。企业、合作社和农户将长期形成的订单关系、契约关系固定下来。

3. 陈皮村在市场内发展休闲农业和陈皮特色文化旅游，将一二三产业在自身内部融为一体，总体规划上分两期进行，先建设的第一期占地150亩，建设交易中心、仓储加工和休闲配套设施，第二期占地256亩，以新会柑生态种植和农业观光为主要功能，两期形成农业与文化生态休闲旅游融合发展新业态。

4. 在市场内充分发展新技术、新业态、新的农业商业模式，向农业各个环节渗透融合，将产业边界逐步模糊化。将"大数据"和"互联网＋"等新一代信息技术向柑果种植和深加工、农产品经营、平台服务领域渗透，发展农村电子商务、农商直供、产地直销、食物短链、个性化定制、金融质押、农业文旅等新型农业经营业务。

（五）以新会陈皮村的创建为切入点开启产业园全面建设的道路

在新会区政府主导下，2012 年江门市荣昊投资实业有限公司向相关部门递交了创建新会陈皮交易市场的申请简报，并着手进行规划设计。2013 年，利用毗邻新会茶坑村近 7 万平方米的工业厂房，正式动工建设新会陈皮交易市场。2013 年 6 月 8 日，江门市荣昊投资实业有限公司企业更名为江门市新会陈皮村市场有限公司，负责市场的建设与运营管理。同年，在西面主广场上树立牌坊，上面书写"新会陈皮村"。在陈皮村交易市场正式投入运营的同一年，2014 年 2 月 27 日，商务部等 13 部门联合印发的《关于进一步加强农产品市场体系建设的指导意见》指出：创新农产品批发市场服务模式，搭建多层次的生产性及生活性服务平台，增强市场服务及培育现代批发商及相关企业的能力，促进各类流通主体协同发展。①"创新农产品批发市场服务模式"成了现代农业发展的关键词。

农产品市场建设是一个系统工程，具有综合性、专业化、规模化、系统性和整体性的特点，必须整体策划，以市场体系建设推动农业的产业化发展。新会陈皮村从产业的发展出发，整合提升新会陈皮产业现有的各种市场资源，科学规划，合理布局。经过五年的实践再创新，新会陈皮村以国际化的眼光和标杆性的尺度，以实现多业融合为宗旨、以标准化发展为依据打造新会陈皮三产融合平台，总结出"一个新会陈皮村，两个地理标志，三产融合，四大价值，五大标准，六大服务"的特色经营模式，推动"公司＋基地＋农户"的联结方式，一头联结国内外市场，一头联结生产基地和千家万户，引导和帮助小农户进入大市场；发展"陈皮产业＋文化""陈皮产业＋旅游"。

新会陈皮村交易市场具有产业融合的典型特征，是一种新型的农产品市场。新会陈皮村的创建正处于新会陈皮产业化发展的初级阶段，它是政府和企业探索产业发展初期小生产对接大市场的试验田。经过五年的建设发展，新会陈皮村带来当初意想不到的社会和经济效益。从 2011 年到 2018 年新会陈皮产业数据来看，新会陈皮村在 2014 年的创建和投入使用，开启了新会陈皮现代农业产业园全面建设的道路。

因此，在接下来的章节中针对新会陈皮村的深入研究，不仅有利于提高陈皮村的经济效益和市场竞争力，对于新会陈皮产业的发展乃至全国农业产业园的建设探讨也有着十分重要的意义。

---

① 关于进一步加强农产品市场体系建设的指导意见［EB/OL］．中华人民共和国商务部，2014－02－27.

### 五、产业的未来展望

2019 年金秋，作为产业园空间格局中"四中心"的新会陈皮文化博览中心建成，在中心的展馆内述说着新会陈皮文化的发展历史，展现着现代农业产业园的建设历程和新会人对产业未来的展望。乘着 2019 年 12 月新会陈皮国家现代农业产业园创建的成功，新会人对未来提出构建"中国陈皮之都·世界陈皮中心"的宏伟蓝图。有博览中心的【后记】为证：古都冈州，聚天地精华，钟灵毓秀。风云际会，江河湖海汇流。新会茶枝柑、新会陈皮皆产于此，且双获国家地标保护，弥足珍贵。新会陈皮制作技艺入列非遗，更是独树一帜，聪明的新会人承前启后，兴村振乡，一村一品，一镇一业，融汇贯通新模式，创建国家现代农业产业园，立国家区域农业品牌，先行构筑千亿世界陈皮之都，图强致富展鸿图。博览中心之建成，彰显新会人：诠释新会陈皮文化历史底蕴之求实精神，发展理念之高瞻远瞩。愿侨乡新会古风浩荡，新韵昂扬。（2019 年金秋）

第三章

# 产业融合型特色农产品市场的陈皮村模式

农业产业化进程中农产品市场的建设，是把农户经营引入现代市场进行社会化大生产的有效组织形式；探索适应农业产业发展的新型农产品市场，对于加快农村市场经济的发展有着重要的现实意义。产业融合型特色农产品市场是产地农产品市场的一种表现形式，是新时代下农产品市场由规模扩张发展到内涵提升阶段的一种创新模式的探讨。新会陈皮村交易市场是新模式理论的初创者和实践者，也是理论的总结者。对陈皮村模式的研究，必然涉及国家大市场发展体系建设过程中的分步实践和农业产业园的实际发展情况，也涉及专业批发市场、产地市场、批零兼售市场具体模式的探讨与实践等内容。

## 第一节　传统农产品市场的转型

### 一、农产品市场的类型

市场最基本的含义就是商品交换的场所，农产品商品流通大部分在农产品市场进行，因此农产品市场就成了农产品商品流通的必要载体。我国的农产品市场在广义上存在四种形式：1. 农民按国家定购合同交售的农产品；2. 农民在田间地头自由出售的农产品；3. 传统上广布于乡间的集市贸易；4. 有组织、有管理、有相对固定经营场所的农产品交易市场。本书所讲的农产品市场在范围上包括农产品综合市场及专业性的粮油市场、干鲜果品市场、水产品市场、蔬菜市场、肉食禽蛋市场和土畜产品市场。目前，在市场服务中已形成了综合批发市场、专业批发市场、集市贸易、大型超市和零售并行的市场流通体系。同时在探讨农业产业园新型市场时会重点涉及农产品批发市场、产地型农产品批发市场、农产品专业批发市场、农贸市场以及批零兼售等类型农产品市场。

据农业部 2009 年不完全统计，全国共有农产品批发市场 3600 多个。在这些农产品批发市场中，按经营农产品种类分有蔬菜市场、干鲜果市场、水产品市场、肉食禽蛋市场、粮食市场、花卉市场和综合类市场。按市场性质分有产地（含产销结合）型市场、销地型市场。按市场流通类型可分为农产品集散、中转市场建设。根据农产品批零可分为两大类：农产品批发市场和农产品零售市场。

农产品批发市场又称中心集散市场，是指将各产地市场的农产品进一步集中起来，经过加工、储藏与包装，通过销售商分散销往各地，为买卖双方提供长期、固定、公开的批发交易设施设备，并具备商品集散、信息公示、结算、价格形成等服务功能的交易场所。1984 年，武汉建立了中国第一家农产品批发市场——武汉皇经堂农产品批发市场，经过近 30 年的发展，农产品批发市场已成为中国批发市场体系建设的重点和农产品流通的核心。

农产品零售市场一般称为农贸市场，是指用于销售蔬菜、瓜果、水产品、禽蛋、肉类及其制品、粮油及其制品、豆制品、熟食、调味品、土特产等各类农产品和食品的以零售经营为主的固定场所。尽管在短暂的时间内，农贸市场在城市里仍将发挥其独特的作用，在城镇、市郊等区域发挥主导作用；但从长远看，农贸市场升级、转型，甚至退出历史舞台是不可避免的，随着消费习惯和生活方式的转变，深圳、广州、上海等经济发达的地区或城市对新型农贸市场的构建做了很多有益的探索和尝试，或对已有传统的农贸市场进行升级改造，而以新型街市、社区服务中心和农改超等其他新型业态取而代之。农贸市场未来的发展主要表现为：多元化主权主体、复合化混业经营、专业化特色彰显、连锁化品牌扩张、综合化市场服务、电子化交易方式、地区化兼并重组等。这些经验成为探讨产业融合型特色农产品市场有益的借鉴。[1]

## 二、农产品市场发展基本概况

（一）中华人民共和国成立 70 年来，我国农产品市场流通体系改革发展过程

中华人民共和国成立至 1978 年以前，城乡集贸市场屡遭遏制取缔，农产品批发市场缺乏赖以孕育、生存的体制环境和物质基础。1978 年至 1984 年，开放集市贸易以及"菜篮子"产品的产销体制改革率先取得突破，农产品批发市场开始萌芽。1985 年至 1991 年，国家全面改革农产品统购统销制度，农产品批发市场蓬勃兴起与发展。1992 年至 2000 年，农产品批发市场快速发展，以批发市

场为中枢的农产品市场体系基本形成。2001 年至今，农产品批发市场由数量扩张转向质量提升。根据发展现代农业和建设社会主义新农村的需要，适应保农产品市场供应，保农民持续增收，保社会稳定的新形势、新要求，加快推进农产品批发市场升级改造、建设现代农产品市场体系，已成为新世纪我国农产品市场流通领域改革发展的主线。[2] 20 世纪八九十年代，我国农产品批发市场的所有制结构大体有国有制、集体所有制和民营独资制创办的市场。截至目前，原来国有制农产品批发市场的大多数已实行了产权主体多元化的股份制。这项重大改革强化了农产品批发市场的激励和约束机制，为市场建设与改革发展注入了持续动力。

（二）农产品批发市场专业化成为批发市场发展的重要趋势

从 20 世纪 90 年代快速发展，经过二十多年的培育与发展，农产品交易市场已成为我国农产品流通的重要渠道，在引导生产、搞活流通、满足消费方面发挥了巨大作用。据国家工商行政管理局统计，进入 21 世纪以来，情况开始发生变化。自 2001 年以来全国农产品批发市场数量稳定在 4100 多个至 4300 多个，而单体市场的交易规模明显扩大。[3] 2001 年农产品批发市场在数量上首次出现负增长，2000 年为 4532 个，2001 年减少到 4351 个，减少了 181 个。表 3 - 1 反映出：在十多年间，全国农产品批发市场数量稳定在 4100 多个至 4300 多个，总量已基本保持不变。而农产品专业批发市场开始增长，由 2000 年的 322 个增加到 2012 年的 1044 个，13 年间增长约为 2.24 倍，其中肉禽蛋、水产品、蔬菜及其他农产品市场个数增长较快。专业批发市场的数量在 2008 年首次超过综合批发市场，自此以后，专业批发市场快速增长成为常态，农产品批发市场专业化成为批发市场发展的重要趋势。在亿元以上的农产品批发市场中，综合市场占比由 2000 年的 72% 下降到 2012 年的 41%，而专业市场的占比则由 28% 迅速上升到 59%。专业化水平的提升，促使我国农产品批发市场的结构改良。

专业市场从农场兴起，是传统集贸市场向专业化方向发展的结果，内涵就是"专门性商品批发市场"，其专业性表现在：1. 市场商品的专门；2. 市场交易以批发为主；3. 交易双方的开放性。根据以上特点，可以比较清晰地把专业市场同综合市场、超级市场、百货商店、菜市场、零售商店、专卖店、商品期货交易所、集市、庙会等各种市场形态区别开来。农产品专业批发市场是专业市场的一种形式，专业化水平是衡量农产品市场行业和经济发展水平的重要标志。其市场基础有两个：一是立地条件，即商圈、人流、交通。二是产业条件。根据外部环境和内部发展的需要，农产品专业（批发）市场对农产品产业加工能力的要求变得越来越高。没有产业支撑或产业条件不足的市场就会在竞争中落伍或者被淘汰出局。[4]

表 3 - 1　2000 年以来我国亿元以上农产品批发市场发展情况

| | 综合市场 | 专业市场 | 粮油市场 | 肉禽蛋市场 | 水产品市场 | 蔬菜市场 | 干鲜果品市场 | 棉麻土畜烟叶 | 其他农产品 |
|---|---|---|---|---|---|---|---|---|---|
| 2000 | 820 | 322 | 2 | 23 | 52 | 123 | 56 | 16 | - |
| 2001 | 858 | 352 | 46 | 23 | 57 | 146 | 61 | 19 | - |
| 2002 | 834 | 355 | 41 | 25 | 65 | 146 | 57 | 21 | - |
| 2003 | 820 | 378 | 42 | 32 | 64 | 152 | 65 | 23 | - |
| 2004 | 816 | 397 | 50 | 29 | 72 | 157 | 66 | 23 | - |
| 2005 | 539 | 717 | 146 | 116 | 69 | 265 | 102 | 19 | |
| 2006 | 811 | 671 | 86 | 82 | 110 | 228 | 119 | 46 | |
| 2007 | 830 | 715 | 91 | 86 | 120 | 247 | 126 | 45 | |
| 2008 | 630 | 921 | 99 | 111 | 132 | 280 | 128 | 25 | 146 |
| 2009 | 657 | 946 | 102 | 116 | 142 | 289 | 136 | 23 | 138 |
| 2010 | 6 | 981 | 109 | 124 | 150 | 295 | 147 | 23 | 133 |
| 2011 | 702 | 1020 | 111 | 114 | 157 | 313 | 147 | 34 | 144 |
| 2012 | 715 | 1044 | 111 | 121 | 160 | 312 | 147 | 24 | 169 |
| 2013 | 689 | 1019 | 103 | 134 | 150 | 312 | 137 | 22 | 161 |

注释：数据来源：中国农产品批发市场发展研究报告（2014）。

（三）农产品产地批发市场建设受到重视

目前，农产品产地批发市场许多建在县城及乡、镇，这与我国尚处在农业市场化初期，区域专业分工不显著相关。农产品产地批发市场虽然比销地（城市）批发市场数量多，但规模较小，成交额远远低于城市市场。例如，2001 年农村市场数比城市市场数多 505 个，而农村市场的成交额却比城市市场少1195.3 亿元。[5] 产地批发市场大多由农村集贸市场发展而来，产品外销数量并不大，主要是就地通过集市销售。随着农业产业化进程的加快，农产品专业加工规模扩张，初深加工农产品集散日益趋向区际流通，近年来，产地市场建设受到重视。在农业部的支持下，通过省部共建模式，已先后启动陕西洛川苹果等一批国家级农产品专业市场,在一定程度上优化了批发市场的结构。① 从当前和今后一段时期看,为建立农业稳定发展、农民持续增收的长效机制和全面推进社会主义新农村建设,加强产地批发市场体系建设是一项十分重要、刻不容缓的任务。同时,各级政府和各行各业的关注和支持,以及现代农业产业园与新农村建设的资金投入,各项政策措施逐步落实到位,无疑为提升农产品产地批发市场,特别是农产品专业批发市场的硬件设施和软件管理水平,推进现代农产品市场体系建设带来难得的机遇。

**图 3 - 1  湛江海田物流产业园**

说明:由18个专业市场组成,辐射范围3公里,园内湛江海田物流产业园批发市场多为上千至一万方之内的小规模市场和五千至两万方之内的中规模市场,包括了海田花鸟市场、海田海味干货批发市场、海田水果批发市场、海田茶叶城等。

### 三、农产品批发市场存在的主要问题

总体上看,目前大多数农产品批发市场存在布局不合理,产地市场、农村市场与中西部地区的市场是市场体系建设中最薄弱的环节。重复建设甚至扎堆建设,出现相当数量已建成但使用率极低甚至从未投入使用的"空壳市场","有场无市"与"市场间恶性竞争"并存②;服务较单一,现货对手交易,效益低下,满足了客商交易的基本需求,但没有发挥市场的整体功能:(1)专业化程度较低。除东部少数发达地区外,农业区域化分工尚属起步阶段,各地产品结构雷同,具有地方特色和优势的产品数量有限。(2)组织化程度较低,营销

---

① 农业部市场与经济信息司. 中国农产品批发市场发展研究报告 (2014) [R/OL]. 中华人民共和国农业农村部, 2015 - 06 - 19.

② 农业部市场与经济信息司. 中国农产品批发市场发展研究报告 (2014) [R/OL]. 中华人民共和国农业农村部, 2015 - 06 - 19.

规模小，批零兼营相当普遍。农民专业合作组织的发展起步较晚，市场内大多数经销商的营销规模小、效率低，缺乏有实力、规范化的大批发商、代理商组织，短时间内不能形成稳定的、规模化的农产品供应链条。（3）服务功能比较单一。很多市场仅仅只是提供集中的交易场所，也有一些批发市场配有一定仓容和引进少量必需的服务机构进场，但多由客商自行办理。（4）配套设施相对简单。近年来新建或升级改造的农产品批发市场提高了附加值服务，健全了信息服务、质量检测、电子统一结算、安全监控、垃圾处理等配套服务，但大部分仍然缺乏农产品分选包装、冷藏保鲜、冷链物流和配送等现代化农产品批发市场等重要设施条件。（5）场所空间质量普遍不高。尽管大多数农产品批发市场已经改善产地批发市场设施简陋、交易环境差等问题，重视水、电、路、消防安全设施等公共设施，但普遍对体现农产品特色、可供休闲的融合型空间环境不重视。（6）经营管理粗放。多数农产品批发市场交易方式落后，重收费轻服务，停留在一般的物业管理与收费，以及卫生、保安等管理服务上。农产品质量安全存在隐患，部分存在欺行霸市、假冒伪劣等现象。（7）流通成本费用偏高。农产品流通环节层层加价、层层盘剥的问题不利于维护生产者和消费者的利益。

### 四、农产品批发市场的建设形势与发展趋向

（一）形势需要

在国内农产品供求基本平衡、农业更加对外开放、农民增收难度加大，以及城乡居民消费水平和生活质量日益提高的大背景下，加快农产品批发市场改造升级步伐，完善市场功能，构建现代农产品市场体系，具有重要的战略意义：1. 加快农产品批发市场建设，有效地配置农业资源，是完善市场经济体制的迫切需要；2. 加快农产品批发市场建设，有效地联结产销关系，是建设新农村的迫切需要；3. 加快农产品批发市场建设，有效建立现代农产品物流体系，是发展现代农业的迫切需要；4. 加快农产品批发市场建设，有效降低我国农产品的流通成本，是参与国际竞争的迫切需要；5. 加快农产品批发市场建设，有效拓宽批发市场的功能，是人民生活水平提高的迫切需要。

（二）趋势和发展方向

随着城镇一体化发展，农产品产地批发市场将逐步向城市特别是区域中心城市靠拢；远期交易和远程交易将逐渐成为交易的主体内容；市场经营企业化并形成一些专业性市场经营公司；将产生一定数量的拍卖市场[7]；将发展一批

专为进出口服务的外向型市场。

从宏观层面看，农产品批发市场将朝着：1. 带动农产品物流快速发展；2. 推动中国农产品进出口贸易；3. 进一步发挥对食品安全的保障作用；4. 加强市场"品牌"建设四个方向建设发展。

在中微观层面上，表现在：1. 随着农贸市场的不断转型和升级，将农贸市场做成购物中心成为未来发展趋势之一。荷兰 Markthal 缤纷菜市场首开农贸市场设计购物中心化先河。2. 专业批发市场向专业化发展，并不是卖的产品品类多了，而是做好细分市场，把某种品类往深度做，服务更专业。3. 专业批发市场开始向多元化发展，市场的功能更加复合，这是产业持续追求更高附加值的驱动结果。4. 在建筑形态和布局上，摒弃原来单调的兵营式（图 3 - 2），采用灵活多样的方式，更加强调场景的体验感。例如，上海市曹安路的上海江桥批发市场在城市的发展当中要进行升级改造，未来将会以荷兰的"Markthal 缤纷菜市场"为蓝本进行规划设计。[6]

**露天开敞或兵营型：**
以农产品、工业材料为主的批发市场。如：木材、钢材市场、河海鲜活市场等，这些市场交易量大，需要空间开阔。但市场形象差，一般分布在城乡接合部的主要交通干道旁。

**半开放型：**
一般常见的是钢结构大棚，内部以开敞型铺位或者摊位经营，比如：集贸市场、肉菜市场等，还有些老的小商品市场也采用这种形式。

**封闭室内型：**
又分为多层商场和商业街两种，目前大多数专业市场均采用这种建筑形态。本项目3-4层的物业形态，可采用多层商场形式。

**图 3 - 2　目前专业市场主要的建筑形态**

说明：从建筑形态上来看，专业市场主要分为兵营式、半开敞及封闭室内型，目前新兴的专业市场均以封闭式建筑形态为主。

在传统的农产品市场转型以及在国家大力发展现代农业产业园的双重背景下，探讨适应现代农业产业园的产地专业批发市场已是迫切的需求。特别是适应产业园特色农产品的创意开发和三产融合的要求进行精准定位和展开规划设计，要打破传统的思维模式，在遵循农产品市场大规律的前提下，探讨适应当前形势发展要求的创新模式。

（三）有待升级的主要内容

1. 建立多元化的投入机制和产权结构，吸引民营资本投入市场建设与改造工程，开辟多元化的筹资渠道，为市场的企业化运作注入活力，增强市场自我积累、发展、约束的能力；2. 强化市场基础设施建设，重点加强市场供水、供电、道路和通讯等系统的改造建设和交易棚厅的改扩建；3. 推进市场信息化建设，建立面向市场经销商户、面向社会公众的市场信息收集发布平台，提高市场经营管理水平；4. 建立健全农产品质量安全检验检测机构和监管制度，严把市场准入关，确保消费安全；5. 加强储运保鲜等冷链设施和物流配送系统建设，在产地市场和销地市场有重点地配备必要的农产品加工、分选、包装、标识等设施设备，提高农产品流通效率，减少农产品产后损失，保证上市农产品的质量；6. 大力发展农产品物流配送业，建立农产品供应数量、质量、品种、信誉有保障的供应链体系；7. 积极探索交易方式创新，在有条件的地区和批发市场，开展农产品拍卖和电子商务试点、现货交易与期货市场相结合的试点；8. 重视提高市场内商户的组织化、规模化程度，培育发展大批发商、大代理商和大配送供应商（企业）；9. 加强对市场内商户的培训教育，提高经销商队伍整体素质。

# 第二节　个案研究与启发

特色农产品市场建设需要借鉴已有的案例。国家重点建设的、具有宏观带动功能的大型农产品产地批发市场，对于发展仍处于初级阶段的农业产业园而言，一般情况下不适合作为参考案例；按传统的市场模式建设显然行不通。下面分别从跨界启发、同类启发和国外个性启发三个方面选择研究个案。

## 一、昆明斗南花卉市场

云南省从 20 世纪 90 年代开始对商品花卉进行开发生产。1998 年 8 月成立的昆明市斗南花卉市场，连续十几年交易量、交易额、现金量、人流量和出口额居全国第一。围绕斗南花卉市场，云集了上千家花卉企业、6000 多位花卉经纪人，加上从事花卉经营、资材、籽种、花艺、包装、餐饮等行业的公司和个体经营户，斗南已经形成相对完善的产业配套和企业集群发展格局。2010 年 2 月引进外商投资 38.87 亿元，将斗南花卉市场升级打造成占地 1020 亩、总建筑面积 81 万平方米的斗南国际花卉产业园区，现发展成为"中国乃至亚洲最大的鲜切花交易市场"。（图 3 – 3）

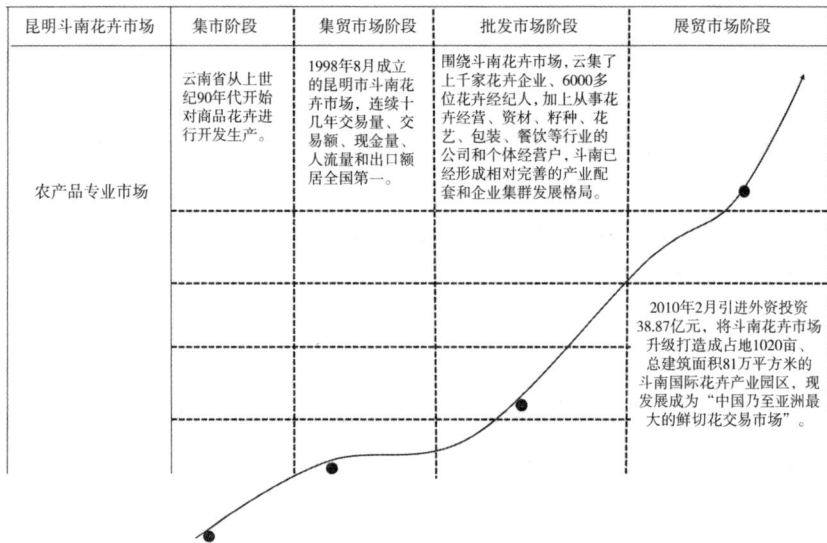

| 昆明斗南花卉市场 | 集市阶段 | 集贸市场阶段 | 批发市场阶段 | 展贸市场阶段 |
|---|---|---|---|---|
| 农产品专业市场 | 云南省从上世纪90年代开始对商品花卉进行开发生产。 | 1998年8月成立的昆明市斗南花卉市场，连续十几年交易量、交易额、现金量、人流量和出口额居全国第一。 | 围绕斗南花卉市场，云集了上千家花卉企业、6000多位花卉经纪人，加上从事花卉经营、资材、籽种、花艺、包装、餐饮等行业的公司和个体经营户，斗南已经形成相对完善的产业配套和企业集群发展格局。 | 2010年2月引进外资投资38.87亿元，将斗南花卉市场升级打造成占地1020亩、总建筑面积81万平方米的斗南国际花卉产业园区，现发展成为"中国乃至亚洲最大的鲜切花交易市场"。 |

图 3 – 3 昆明斗南花卉市场发展历程图

（一）"一体两翼"的空间战略

"一体"就是以斗南国际花卉产业园为主体，建设集花卉交易、科技研发、文化旅游、信息发布、总部经济、种植示范为一体的综合性花卉产业园。"两翼"就是以产地型种植基地为"左翼"，建设 5000 亩种植示范基地；以电子商务为"右翼"，通过 O2O 模式，建设线下交易平台。线下在全国建设 5 个"分中心市场"、10 家斗南花卉旗舰店和 500 家斗南花卉特许经营加盟连锁店；线上打造中国最大的花卉电子交易平台。

（二）注重会展及文化旅游经济

产业园区作为永久性会址承办多个国内国际有影响力的花卉产业论坛、博览会和交易会。花卉交易场馆以花篮为建筑造型，可举办大型会展、大规模花卉交易、花卉拍卖及花卉电子商务。花卉文化特色旅游街建筑采用欧洲浪漫的新古典主义风格，以带状空间为主，与节点广场相互结合，经营业态注重拓展花卉相关产品及延伸产品，形成独具特色的花卉文化旅游街。园区建设和经营中融入旅游概念，将园区建成国家 AAAA 级旅游景区。除花卉交易及会展场馆外，其余部分按照旅游小镇风格布局。

（三）创新花卉物流系统

近年来，云南花卉产业的发展面临国内市场物流设施落后、产品质量不稳定，无法满足多样化消费需求等难题。花卉消费的主要目的是用于装点生活，增加生活情趣，不是一种必需物品，因此没有消费者愿意以低价购买便宜但品质差的残次花卉作为装饰，所以因物流不当而导致的花卉损耗，其损失是无法挽回的。运输时间的长短会严重影响到花卉的质量。针对云南花卉物流链的流程层层传递，效率低下，而且容易失真现状问题，主要对策是重构花卉物流系统，创新基于移动互联网设计构建扁平化的信息流（图 3-4），即时发送，同步送达，信息保真度和传送效率都十倍百倍于传统方法。物流扁平化可以重构管理体系，将大幅度提升物流管理效率。[8]

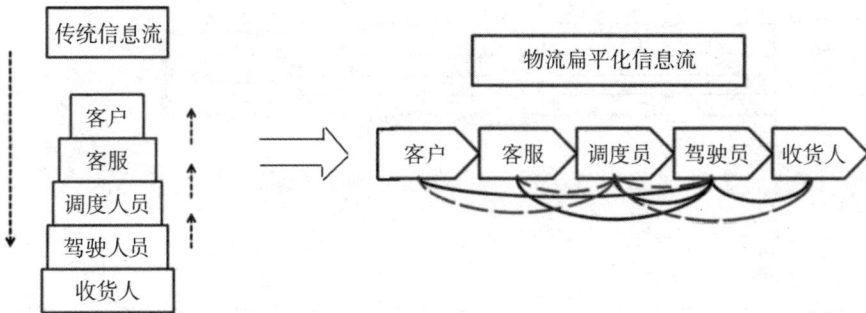

**图 3-4 传统物流信息流向扁平化物流信息流转变**

说明：图片来源：王雅楠《对云南花卉产业的分析——以斗南花卉市场为例》。

（四）"互联网+"花卉产业

在云花经营的传统企业与传统经营模式正在逐渐被互联网和移动互联网取代背景下，采用"互联网+"技术能够突破地域限制，最大程度上解决花卉产业链上信息不对称的问题；利用"互联网+花卉产业"升级花卉产业链整体水准，推进花卉产业现代化。花卉产业与互联网相结合充分满足了目标消费群体对鲜花消费的个性化诉求。

## 二、荷兰鹿特丹缤纷菜市场

荷兰鹿特丹缤纷菜市场（Markthal）坐落在鹿特丹市中心商业区东部，2014年10月正式竣工开业。主体建筑高达40米，市场就位于建筑中部巨大的拱形大厅内，大厅墙面与天花板画满了以巨型的鲜花、水果、蔬菜为主题的大型壁画。菜市场以食品和餐饮为主要业态，配备228间公寓，让住客有不同寻常的体验。这个不同于传统荷兰菜市场的新型市场在开业第一周就吸引了100万人来参观。（图3-5）

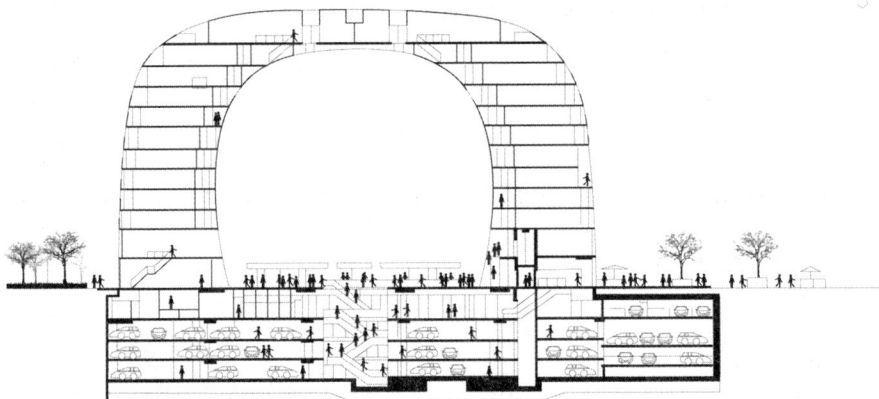

图3-5　Markthal 缤纷菜市场建筑剖面图

（一）满足社会刚需

"农贸市场＋公寓＋停车场"是 Markthal 缤纷菜市场获得成功的三大关键因素。这三大因素包含了"衣食住行"中的"食住行"。新颖的建筑设计将人们的生活刚需巧妙地结合起来，这是它成功的基础。

（二）独特的外观设计

Markthal 缤纷菜市场建筑高11层，其中庭近120米长、70米宽、40米高，虽然拉低了容积率，但是体验性升高了百倍。外观设计采用优雅的马蹄形配上玻璃幕墙和明快的色彩，呈现眼前一亮的效果，又能在周边建筑群体中脱颖而出。独特的造型和充满创意的设计，让农贸市场成为地标性建筑物，成为主题性购物中心，从而带来大量的客流。

（三）复合的功能空间

传统市场的农副产品销售区占据市场大部分空间，现代市场的不同之处是销售空间与休闲空间等形成复合的功能空间，为市民提供服务的同时带动附加消费。Markthal 缤纷菜市场将农贸市场和购物中心联系起来，融合农产品销售、餐饮服务、住宿、休闲旅游，形成多元功能的综合市场。

（四）提升精神需求

主要有三种方式：一是拱壁上名为《丰足的号角》的巨大拱顶画，由荷兰艺术家创作完成，面积达 1.1 万平方米，画中的新鲜蔬果、面包、花卉、昆虫等都取材于荷兰知名静物油画。二是挖掘文化价值。通过市场可以认识当地特产，体会风土民情，感受市民生活水平与城市管理水平，这些受到文化机构与游客的关注。菜市场停车库的展览橱窗里陈列着本区域的考古发现；以特有的市场素材研发雨伞、创意 T 恤、U 形靠枕、马克杯等周边产品，满足旅游观光需求的同时，创造经济效益。三是增设交往空间，开展各类活动，有效促进邻里关系。如不定期举办亲子烘焙课程等活动。

（五）人性化的细节体现在设计以人为本的理念

1. 菜市场内部的天花板和墙面布置了 2 毫米厚吸音板以有效降低噪音，创造良好的购物环境。公寓的窗户亦采用三层玻璃隔音隔味，保证住户家居环境的安静。2. 为了方便时间不充裕的上班族来此购物，菜市场将开放的时间设为周一到周六的 9：00—21：00。3. 菜市场还设计了 1200 个 24 小时开放的停车位，解决客户出行问题。4. 食材和餐饮是市场的主要业态，围绕这两个主业态，市场内的相关商品种类丰富，服务一应俱全。

### 三、义乌小商品批发市场

创建于 1982 年的义乌小商品批发市场坐落于浙江省义乌市，是中国传统专业市场的领先者，现在是国际性的小商品流通、信息、展示中心。作为现代专业市场，其以项目群的形态树立商业形象，主要设置两大中心、六大功能区。市场由中国义乌国际商贸城区、宾王市场、篁园市场三个市场组成，经营面积达 150 万平方米，商铺 5 万余个，拥有 34 个行业、1502 个大类、32 万种商品，年交易额高达 266 亿元，已形成以中国小商品城为核心，由 11 个专业市场和 14 条专业街相支撑，运输、产权、劳动力等要素市场相配套的市场体系。（图 3 - 6）[9]

| 集市阶段 | 集贸市场阶段 | 批发市场阶段 | 展贸市场阶段 | 展贸市场阶段 |
|---|---|---|---|---|
| 义乌的集市贸易是农民历来"鸡毛换糖"之地，流动性很大 | 1982年义乌出了"四个允许"，"五项扶持"，此后，义乌迅速地完成经营业态的更替，从流动经营演变成坐地经营 | 1986年义乌第三代市场竣工，标志着全国最大的小商品专业批发市场成立<br>1995年创办中国义乌小商品博览会，对扩大商品出口，提升小商品创造业，促进地区经济发展发挥了积极的推动作用 | | 2014年，义乌市提前启动"十三五"产业规划发展研究，产业发展"2+2"定位，即打造2个千亿级产业；培育2个百亿级产业。 |

总建筑面积达到260平方米，商铺5万余个，从业人员达16万余人，市场直接交易额达266亿元

2017年，义乌实现地区生产总值1158亿元，全年实现网络零售额1277.1亿元

已发展成现代批发市场，并建立了网上中国小商品数字城的信息服务和交易平台功能，实现交易方式的国际化

2020年建成国际商贸城。义乌中国小商品城已经拥有6.2万个商铺，20多万从业人员，日客流量达到20多万人次，来自世界各地的10万多家生产企业，包括6000余个知名品牌

在政府的大力扶持下，至1986年底个体户达14259户，市场成交额达2321万元

1994年6月，摊位数增值加23000个，1995年成交额达到152亿元

| 70年代末 | 1982年 | 1986年 | 2002年 | 2008年 | 2020年 |
|---|---|---|---|---|---|
| 形成期 | 成长期 | 高速发展期 | | 国际发展期 | |

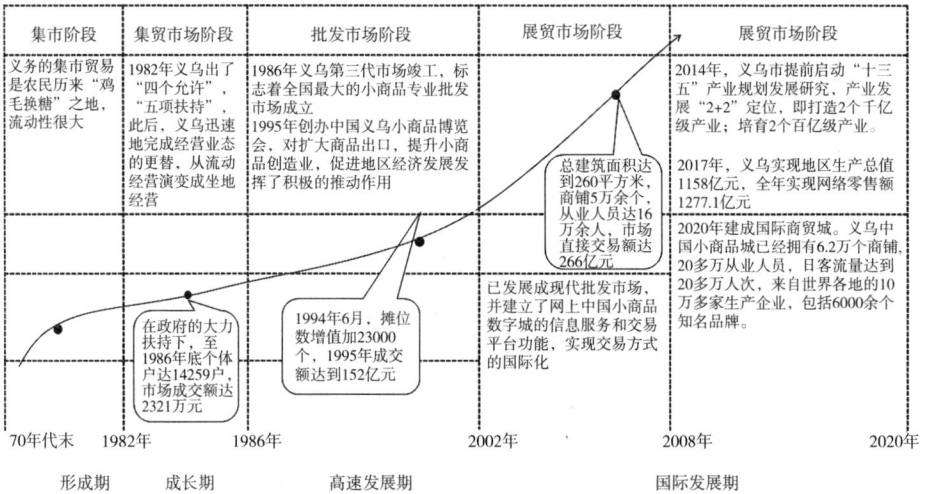

**图3－6　义乌小商品批发市场的发展历程**

说明：参考资料：袁惠爱，黄珍奇《义乌小商品出口贸易现状分析与发展对策》。

## （一）推进专业市场国际化的6大路径（图3－7）[10]

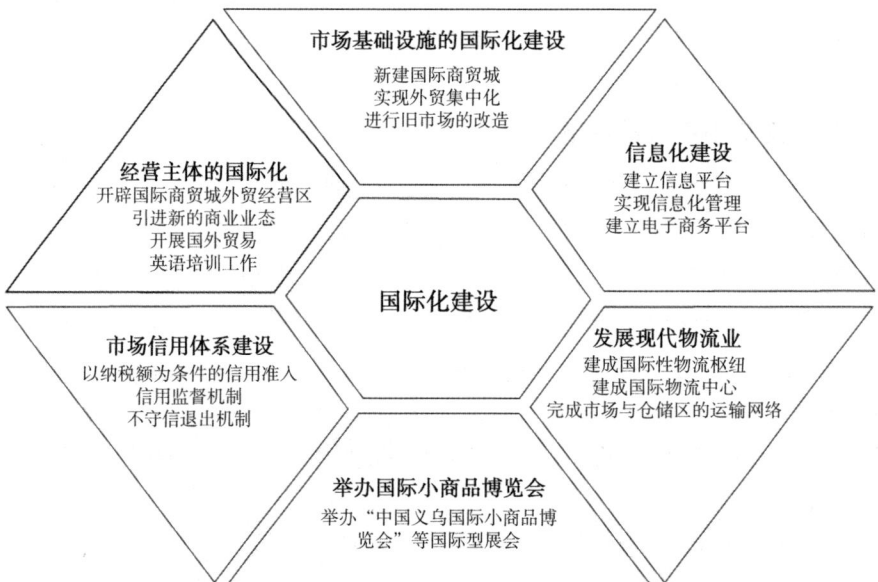

市场基础设施的国际化建设
新建国际商贸城
实现外贸集中化
进行旧市场的改造

信息化建设
建立信息平台
实现信息化管理
建立电子商务平台

经营主体的国际化
开辟国际商贸城外贸经营区
引进新的商业业态
开展国外贸易
英语培训工作

国际化建设

发展现代物流业
建成国际性物流枢纽
建成国际物流中心
完成市场与仓储区的运输网络

市场信用体系建设
以纳税额为条件的信用准入
信用监督机制
不守信退出机制

举办国际小商品博览会
举办"中国义乌国际小商品博览会"等国际型展会

**图3－7　义乌小商品城推进专业市场国际化的6大路径**

说明：参考资料：郭志聪，李琴《义乌小商品市场经济发展现状及SWOT分析》。

## （二）产业链延伸

产业链延伸带动相关制造业，市场服务功能延展，带动会展、博览、旅游、酒店等相关配套服务的发展。周边温州、台州等小商品加工产业的快速发展是义乌小商品批发市场成功的基础。（图 3 – 8）[11]

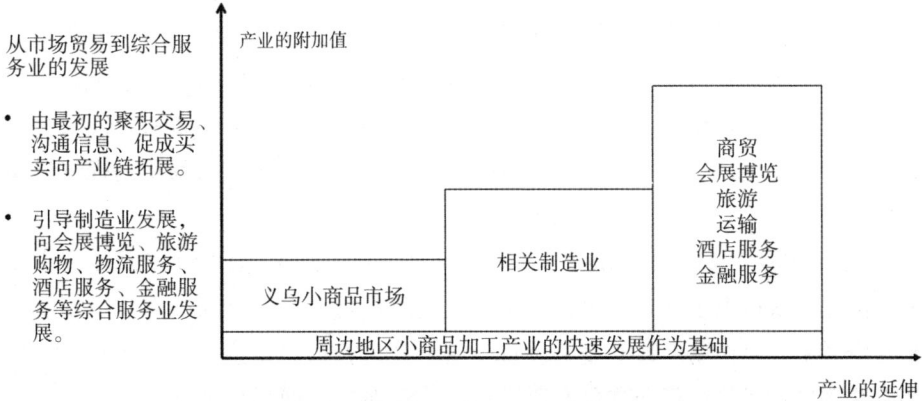

从市场贸易到综合服务业的发展

· 由最初的聚积交易、沟通信息、促成买卖向产业链拓展。

· 引导制造业发展，向会展博览、旅游购物、物流服务、酒店服务、金融服务等综合服务业发展。

产业的附加值

商贸
会展博览
旅游
运输
酒店服务
金融服务

相关制造业

义乌小商品市场

周边地区小商品加工产业的快速发展作为基础

产业的延伸

**图 3 – 8　市场服务功能延展提升产业的附加值**

说明：参考资料：郭志聪，李琴《义乌小商品市场经济发展现状及 SWOT 分析》。

## （三）电子商务平台建设

电子商务平台建设，得益于新型网络电子商务平台的开发，义乌小商品批发市场的产品几乎已经遍布全球。（图 3 – 9）据统计，在义乌小商品批发市场里，开展电子商务的摊位占 60%。[12]

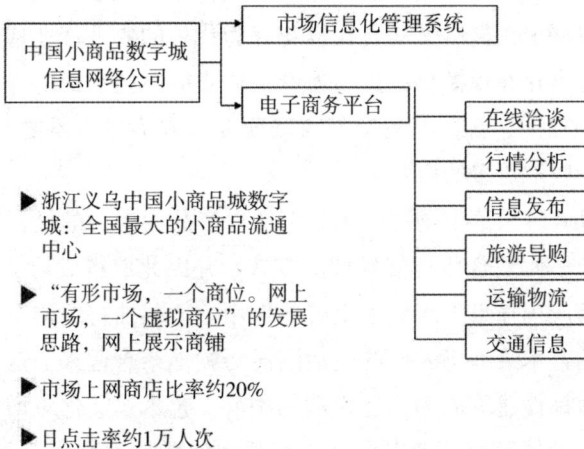

中国小商品数字城
信息网络公司

市场信息化管理系统

电子商务平台

在线洽谈
行情分析
信息发布
旅游导购
运输物流
交通信息

▶ 浙江义乌中国小商品城数字城：全国最大的小商品流通中心

▶ "有形市场，一个商位。网上市场，一个虚拟商位"的发展思路，网上展示商铺

▶ 市场上网商店比率约20%

▶ 日点击率约1万人次

**图 3 – 9　义乌小商品数字城"网上市场，一个虚拟商位"的发展思路**

说明：参考资料：朱雅芬，邵瑜《小商品上网 大市场延伸——义乌"中国小商品数字城"》。

## 四、案例分析对新会陈皮产业专业市场建设的启发

新会柑、新会陈皮产品与花卉产品一样均属于地域性特色或优势农产品，因此花卉市场的发展可供借鉴。云南斗南花卉市场发展比较早，时间长，模式比较成熟，可以看到产业发展的轨迹和走向。其实施主体企业云南斗南花卉产业集团从小做起，勇于尝试，在云南花卉产业布局和升级中，既是试水者，又是收获者；既是开拓者，又是领跑者。其"一体两翼"的空间布局、传统花卉物流的创新、"互联网＋花卉"产业模式，都可以为新会陈皮交易市场提供具体的借鉴。

"互联网＋"产业是斗南花卉市场和义乌小商品批发市场两个产地专业市场的共同点，通过电子商务平台拓展了传统销售渠道。在新会陈皮交易市场的创建与发展中，要借助大数据技术对目标需求者进行精确定位；利用互联网及移动互联网平台对传统新会陈皮产业进行改造；在互联网信息平台的基础上构建新会陈皮产业服务新机制，建立并活用互联网信息平台中的互动型销售服务模式；充分利用网络销售模式，将深度的市场信息链接至陈皮新品种的研发活动；有效打通信息传递，使各种陈皮产业信息全方位地渗透到各个环节当中，并通过大数据分析来提升市场流通中科学化、现代化程度。

义乌的案例并不属于农业农产品类，正是因为这样，农业产业园交易市场的建设恰恰要跨界去考察轻工业品市场发展的特点和优势。在以市场延伸带动相关制造业，以市场服务功能延展，带动更高附加值的会展、博览、旅游、酒店服务业等的发展上，显然义乌要比以花卉为代表的农业产业成功得多。依靠小商品加工的标准化和规模化，义乌无论在产业链还是在国内外市场上都拓展得更远。在这一点上，新会陈皮交易市场既要以农为本，还要有跨界的思维，在工业和商业上吸取更多的启发。

荷兰 Markthal 缤纷菜市场把传统菜市场以产品为导向的经营模式转变为以农产品为主题向多元复合化功能延伸的方式，并因此取得成功。其中建筑、艺术和文化的创新应用在当中起到了重要的作用。新颖独特的建筑设计以及被放大到天花墙面的艺术绘画将人们的生活刚需巧妙地结合起来。这是它成功的基础，也让这座地标性建筑成为主题性购物中心。艺术、文化对增加市场的识别性和吸引力，增加体验感，带来大量的客源和传播品牌有着至关重要的作用，一直以来，高水平的艺术设计在农业农村中的应用一直没有受到重视，这是特色农产品市场建设中不能忽视的内容。

三个案例具有专业性强、功能复合、文化旅游和创新基因四个共同点。从这些成功的案例中可以看出，通过创新提升土地要素的供给品质，进而提高资金的使用效益和劳动生产效率，这是提高农业生产质量的重要途径。在面对各地特色农产品的围城，如何在发展初期突破政府资源配置的滞后性，发展农业生态和产业文化旅游是推动农产品品牌走出去的最好方式。具备专业性是一个专业市场首要的特征，这是不容置疑的。最后，如果没有功能复合和多元业态特征，就基本上失去了现代农产品市场应有的融合能力。

## 第三节　产业融合型特色农产品市场的陈皮村模式

产业融合型特色农产品市场的初期理论是在分析农产品市场现状、发展趋势的基础上，在陈皮村创建实践中加以验证的在陈皮村发展成熟后，再通过总结逐渐充实融合型农产品市场的理论。因此，陈皮村模式既是这种理论的实践检验者，它的许多创新又是该理论的升华者。

### 一、产业融合型农产品市场出现的背景

#### （一）"政策抓手"主要掌握在商务、发展改革委等部门

在过去若干年内，农产品批发市场建设的"政策抓手"主要掌握在商务、发展改革委等部门中，农业部门对农产品批发市场虽有支持，但支持力度偏小，这种格局在客观上导致的后果是国家政策扶持特别是专项资金主要指向大型批发市场尤其是位于城市的批发市场，很少顾及县以下农产品市场的建设与升级。[13] 对照我国正在实施的《全国优势农产品区域布局规划》和《全国特色农产品区域布局规划》，在很多优势农产品和特色农产品生产基地，都缺乏有影响、有规模的批发市场，这在中西部显得尤为突出。① 由于农产品种植区均在广大的乡村，大多数农业产业园的核心区一般都在县级的乡镇区域，现代农产品市场建设处于较落后的状况。

#### （二）优先支持产地市场发展

产地市场是优势农产品产区形成与发展的重要基础，产地市场与农民增收的关系最密切，但长期以来，政府扶持甚少，产地市场成为农产品市场的短板

---

① 农业部市场与经济信息司. 中国农产品批发市场发展研究报告（2014）[R/OL] . 中华人民共和国农业农村部，2015 - 06 - 19.

和最薄弱环节。无论从国内的最新发展趋势，还是从国外经验看，产地市场的地位都越来越重要，销地市场和中转地市场的重要性会逐渐下降，今后国家对批发市场的财政扶持应以产地市场为主，以农村和中西部地区的市场为主，优先支持产地市场发展，将产地市场建设作为优势农产品产区建设的重要方面。①

（三）发展第三代批发市场的要求

第一代批发市场的特征是"圈地、圈院子、盖围墙"，硬件设施不健全。第二代批发市场虽然硬件设施基本健全，但功能发挥不完善。第三代批发市场是设施先进、功能完善、管理科学、主动承担社会责任的现代化市场。主要特征包括：与城市和谐发展；以保证农产品质量为核心竞争力；根据当地特色结合自身定位，着力培育市场品牌和特色；管理系统化，从"人治化"的管理转化为"系统化"的管理；切实负起社会责任，强化环境保护意识，发展循环经济；打造与批发商合作共赢关系；打造批发市场的国际贸易平台功能[14]。

（四）从 2017 年起，农业产业园的建设步伐开始加速

2017 年以来，农业农村部、财政部联合开展了国家现代农业产业园创建工作，目前已批准创建了 62 个国家现代农业产业园。在全国各地掀起建设的高潮，以广东为例，2018 至 2020 年建设省级现代农业产业园 150 家。其中 2018 年和 2019 年各 50 家，均已进入实质性建设。同时，对于围绕特色主导产业建设农业产业园，也提出更高的要求。在建设当中，起引领带动作用的农产品专业市场几乎是每个产业园应要建设的项目清单之一。农村产业基础普遍薄弱、现代农业园的发展很不平衡、发展后劲受限、同质化竞争激烈、高新技术人才匮乏、经营者认识水平不高等因素，严重制约着农产品市场的建设与发展。反过来，农产品市场建设水平不高也制约了现代农业产业园步伐的加快和高质量发展。

（五）更多的农业产业园需要与之相适合的新型市场

大量产业园的实施主体在建设市场时有三种参考模式：按思维惯性建传统型市场，只是在场地环境上的硬件有所改善；二是参考农贸市场向城市商超发展的模式；三是根据已经成功的典型案例进行参观学习，例如，斗南花卉市场，但这些经历了十几年甚至二十年发展才取得成功的案例，并不是一般经营者可以在短时间内快速梳理并加以应用的。大多数产业园的现状条件决定了不可能也没有能力一蹴而就建设大规模高水平的农产品批发市场。面对市场上纷繁多

① 农业部市场与经济信息司. 中国农产品批发市场发展研究报告（2014）［R/OL］. 中华人民共和国农业农村部，2015 - 06 - 19.

样的各种案例，实施者们一般很难厘清到底哪种方式才是最适合目前产业园发展的模式。农业产业园的发展一般是由零散到集中、规模较小到规模做大的过程，产业园政策制定者、规划者以及实施者迫切希望有一种能和大多数现代农业园发展相适应、可实施性强的市场模式供参考和借鉴。

以新会陈皮村模式为研究对象建构的新型农产品市场模式，就非常适合目前产业园的发展状况和对未来的发展要求。这种新型的市场可称为产业融合型特色农产品市场（Integrated Agricultural Commodity Markets）。

## 二、产业融合型特色农产品市场的特征

产业融合型特色农产品市场（以下简称：融合型农产品市场）以特色农产品加工销售为核心，通过产业联动、技术渗透、设计创新和资源要素跨界配置等方式，将农产品加工、销售和特色文化旅游三大功能融合形成复合型产业结构，是紧密连接农业种植与加工、产地批零结合的专业农产品市场。它是在农业三产融合要求背景下产生的，遵循因地制宜建设原则，突出区域优势产业和特色产品的发展，具备了涵盖农村"三产"融合发展的四种模式的特征（图3-10）。同时，从规划布局上具备农产品市场的整体功能：从产业的发展出发，整合、提升现有的各种市场资源；在选址上可以很快形成集仓储、加工、批发、信息四位一体的区域性农产品物流中心；在规划布局上要具有产业园农产品交易区、仓储区、综合服务区；在市场功能上要具有展览展示功能，满足新品种的陈列与宣传，以及具有检验检测功能、电子商务与信息收集功能、物流配送功能等；在管理上要有完善的市场规则和准入机制等。总而言之，以构建完善、高效的农产品交易市场体系为建设目标。

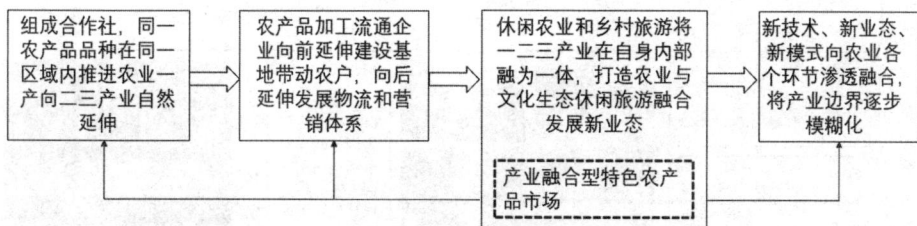

图3-10 产业融合型特色农产品市场具备了涵盖农村
"三产"融合发展的四种模式的特征

融合型农产品市场内部具有以下四大特征：（1）融合性。在产业内从产业的发展出发，整合、提升现有的各种市场资源；在市场内部融合加工与仓储、展示销售和休闲旅游。有条件许可，可充分利用靠近种植区，建设标准化种植区开展生态农业科普和旅游。在市场流通功能上形成集仓储、加工、批发、信息四位一体的区域性农产品物流中心；在规划布局上要具有产业园农产品交易区、仓储区、展览展示区、服务区功能等；在营销策略上采取市场与生产相结合的，靠近产地和加工带，发挥核心作用。（2）特色性。在农业部确定的优势、特色农产品产区，应结合优势农产品产区规划统筹建设，把创造特色产品和特色市场结合起来。一是以特色优势农产品为销售核心，二是市场形态具有创新特色与本土特色的交融。（图3-11）融合型农产品市场作为企业，应该具有强烈的"品牌"意识，结合自身优势，不断加强自身建设，完善食品质量安全保障能力，积极开展服务创新，以"安全食品、优质服务"打造市场品牌形象，吸引来自国内外的采购，提高市场竞争力。有了自己的品牌和产地标志，实际上就等于提高了农产品和市场的竞争力。（3）专业性。无论是专业市场建设还是市场服务的专业化都是重要的要求。从国内外发展趋势看，产地市场的地位越来越重要，销地市场和中转地市场的重要性会逐渐下降，产地市场是优势农产品产区形成与发展的重要基础。农产品在流通中形成比较完整的供应链条，融合型农产品市场是这个链条的中心环节，要有专业性才能承担商流、物流、信息流的汇聚功能。（4）成长性。成长性由可实施性和先进性两方面的效果评估，可实施性是遵循因地制宜原则，在产业发展初期采取低成本的策略，建设起来容易见效，在产业发展当中提出更高要求，从而逐步实施，成长性使融合型农产品市场可以被推广；先进性是市场自身要有科技和服务前沿上的视野和创新能力，能不断引领产业的发展。

**图3-11 融合型农产品市场建筑形态从简单的兵营式向特色化、高体验感的形态发展**

### 三、产地批零是产业融合型特色农产品市场的现实优势

当前，我国农产品批发市场批零兼营还相当普遍，纯粹意义上的批发市场为数不多。由集市脱胎而来的批发市场是这样，新建的批发市场也多如此；农村批发市场是这样，中心城市大型批发市场亦基本相同。例如，年成交额超过15亿元和11亿元的长沙红星农产品批发市场和马王堆蔬菜批发市场，目前都兼营零售，而且零售交易额还占有一定比重。产地批零是融合型农产品市场的明显特征，其正好适应大多数产业园在初始期的发展，对于市场作为小微企业的孵化基地，反而具有现实优势。

（1）在现实条件下，产业融合型农产品市场的批零兼营是大格局大体系当中一个因地制宜的发展模式。首先，尽管农民专业合作组织正在发展，但起步较晚，农产品批发市场内大多数经销商的营销规模小、效率低，缺乏有实力、信誉好、规范化的大批发商、代理商组织，因此不能形成稳定的、规模化的农产品供应链条。就目前而言，批发市场兼营零售有其一定的必然性，有的是出于提高场地综合利用效率考虑，有的是因为仅靠单纯的批发交易还不足以支撑市场运营。[15]很多专业市场开业火爆，但是好景不长，很快整个市场人去楼空，就形成恶性循环。[16]其次，每个市场都需要一段时间的培养期，采取传统的批零兼营的方式可以让市场在全年无休市。

（2）批零兼售有利于发挥融合型农产品市场的特色化优势，发展产业文化和生态农业旅游。专业的农产品批发市场易受交易季节的影响，从而出现"空市"期。融合型市场具有三位一体的业态功能，结合农贸市场、城市商超的可借鉴之处，发展好批零结合的产地市场，为旅客带来多层体验和人性化的服务，可为市场带来"人气"，促进旅游的发展。[17]

### 四、产业融合型特色农产品市场的陈皮村模式

（一）陈皮村模式的形成

融合型农产品市场的初期理论指导了陈皮村的创建，在新会陈皮村发展成熟后所形成的理论总结，反过来又充实了融合型农产品市场的理论建构。可以讲，陈皮村模式是融合型农产品市场的主要表现形式。农产品批发市场发展模式，是指对农产品批发市场建设、运营、发展过程中各个要素的高度概括性描述。

新会陈皮村是以产业融合发展为基础，产业文化为内核，融合特色农产品

加工、标准仓储、销售和休闲文化旅游等功能于一体的大型特色农产品交易市场。[18] 相对传统的农产品交易市场，新会陈皮村可称为"产业融合型特色农产品交易市场"，这种新的模式高效地推动了新会陈皮产业的内部融合以及品牌的传播，同时，新会陈皮村的发展模式也受到了农业农村部专家的认可。①

2012 年，新会陈皮村是在经济下滑、结构性调整、农业"三产"融合的大背景下催生的，在政府承担基础设施、检测、信息等公益性投入的背景下，以民营企业投资创建，实现批发市场的市场化运作。在早期的规划中，陈皮村只有交易市场的区域，到了 2017 年将交易市场南边部分农业用地统筹到陈皮村总体发展规划中，形成目前的总体规划：一期占地 150 亩，主体是利用厂房建筑升级改造成新会陈皮交易市场；二期占地 236 亩，是以新会柑生态种植为主的三产融合陈皮产业园。（图 3 - 12）

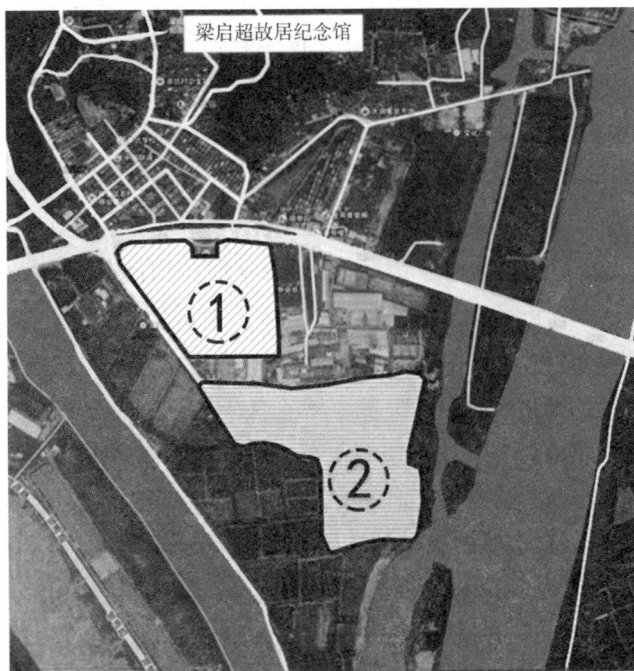

1　新会陈皮村一期：新会陈皮村交易市场（占地150亩）
2　新会陈皮村二期：三产融合陈皮产业园（占地236亩）

**图 3 - 12　新会陈皮村的规划范围**

---

① 农业农村部部长韩长赋调研新会陈皮国家现代农业产业园：融合特色金融，产业园才能做大 [EB/OL]. 南方农村报，2019 - 04 - 21.

（二）陈皮村的创建历程

陈皮村发展经历了三个阶段：

1. 2012—2014 年的创建期。2012 年—2013 年初，在政府的大力支持下，鼓励社会资本大规模参与批发市场尤其是产地市场的建设，以企业投资为主，开始规划设计新会陈皮农产品市场。2013 年 7 月—10 月，在 100 天时间内，采用竹材完成近四万平方米厂房建筑的装饰改造工程，并在 10 月试营业，新奇的竹建筑受到人们的瞩目。同年 11 月，在陈皮村举办第二届中国新会陈皮文化节。2014 年，国家质量监督检验检疫总局核准新会陈皮村使用新会柑、新会陈皮国家地理标志保护产品称号。2014 年的五一假期，日均游客达万人。2014 年 6 月美食街建成，但招商不理想。前来洽谈的商家对市场的前景持观望态度，没有一家餐饮企业进驻。同年，陈皮村牵头成立了新会柑橘种植专业合作社，并继续陈皮文化体验馆、陈皮标准仓储展示中心、陈皮 O2O 全球采购中心等的场地建设以及柑普茶的生产与研发。

2. 2014 年 8 月—2017 年 9 月的孵化探索期。2014 年 8 月陈皮村正式对外营业，2014 年底开始建设陈皮文化体验馆，属全国首个新会陈皮文化 5D 体验馆；第一家本地餐饮企业"恒益烧腊"落地美食街。至 2014 年年底，陈皮村商铺开铺率不到 50%；同时，在合作社的工作开展上，由于柑户还不能感受到合作社带来的好处，积极性不高，参加的农户寥寥无几。成立农户合作社来整合第一产业的资源、提高种植质量和防风险能力的目的也没能达到。特别是陈皮村加工项目启动后，当地农户知道柑果的需求会增加，开始提高出货的价格。一部分与陈皮村初步谈好收购价的种植户，也因别的收购商出高价而将柑果卖给他人。收购的柑果量不足以支撑陈皮村内加工厂新投资的半自动化生产线。当年柑果收购不足，仓储里的陈皮存量也没上规模。

2015 年五一假期，首个国家地理标志农产品多媒体展馆完成并对公众开放，接待游客上万人次。2015 年陈皮村游客达 120 万人次。[19]旅游带动起来的人气让陈皮村的形象逐渐向外传播。陈皮市场内的商铺也全部装修进驻。2015 年，第三届陈皮文化节的发布会在北京举行，确定举办地在新会陈皮村，并把陈皮村作为永久举办场地。2015 年 11 月第三届中国陈皮文化节在陈皮村一号馆开幕，中央电视台作了全场直播，再次把陈皮村的品牌向全国传播，在国家政策的大力支持下，农业产业的优势体现出来。2015 年陈皮村连续获得两个国家级的奖项"2015 年特色文化产业重点项目""第三批全国特色景观旅游名村"，令陈皮村的品牌宣传有了社会高度。2015 年底与京东网上商购的合作正式落地陈皮村，开启"互联网＋"。2016 年整个陈皮村的一期建设已全部完成，规划中的业态趋于完善，陈皮村的经营开始进入良性发展阶段。2014—2016 年，新会陈皮村已经形成了融合农产品交易、特色餐饮、特色文化旅游等多方面业态，初步实现产业融合的第三种模式：休闲农业和乡村旅游将一二三产业在自身内部融为一体，打造农业与文化生态休闲旅游融合发展新业态。2017 年年初，受国家农业部委托，广东省农业厅专门来新会陈皮村调研，将陈皮村的发展要素作为制定省级及国家级现代农业园指标的重要参考。同年 7 月第二届新会小青柑·陈皮（柑）茶交易会开幕。10 月新会陈皮村被评为江门的农业地标。11 月陈皮村被农业部农产品加工局、广东省农业厅授予"2017 年度农产品加工十大企业品牌"称号。

　　3. 2017—2019 年的发展期。2017 年 9 月，新会陈皮现代农业产业园入选国家现代农业产业园创建名单，陈皮村进入发展的机遇期。2017 年 10 月第二期的农业生态种植园进入设计阶段。同年 12 月第四届中国·新会陈皮文化节在新会陈皮村开幕。新会陈皮柑茶品牌总汇和新会陈皮投资交易中心同时成立并投入营运。新展厅分 6 大功能区域，包括了产区产品展示、市场行情发布、陈皮系列产品展示、陈皮文化展示等，并与新会陈皮标准仓储中心、陈皮文化体验馆、品牌区域等功能区域连接，形成有机的服务链条，全方位展示新会陈皮产业。更重要的是，12 月启动了新会陈皮村二期建设工程，该项目投资 1 亿元，建设"三产融合陈皮农业园"项目规划包括：新会陈皮文化深度体验、无菌脱毒果苗培育基地、智慧果园、中医药及深加工文化体验等。

　　2018 年，陈皮村牵头成立的新会柑橘种植专业合作社经过 4 年的发展壮大，已经是最大的新会柑种植专业合作社。9 月新会陈皮村首届柑农节开幕。2019 年 5 月，陈皮村应产业发展需求，新规划了"987 陈皮商业街""987 陈皮文创街"，启动陈皮村交易市场北区"冈州古巷"项目。5 月随着研学旅游的兴起，新会陈皮村成了热门的研学旅游目的地，推出了"陈皮文化体验＋陈皮（柑茶）DIY"活动。2019 年上半年，到新会陈皮村开展新型职业农民培训的团体就有 40 多批次，合共 2000 多人，新会陈皮村正成为新型职业农民培训的目的地。7 月中国新会陈皮（柑茶）交易会举办。（图 3 - 13）9 月，由于市场的高速发展，陈皮村一期仓储的容量已经饱和，标准智慧仓储 2.0 新会陈皮村标准化仓储中心启动。11 月第五届中国新会陈皮文化节期间，陈皮村举办了"千人开皮·传承非遗"活动，创造了一项最多人同时开皮的纪录。（图 3 - 14）2019 年，陈皮村明确了为业界和供需端搭建更宽的交流和交易平台的经营理念。至 2019 年年底进驻商户达 200 余家，在品牌效力的影响下，更多的农户和企业开始向陈皮村聚集。

　　陈皮村从成立农村合作社，研发标准种植，创立标准仓储，建立产品溯源体系，到打造陈皮文化综合平台，经过了七年时间的创建和发展。在 2020 年春，达到三产融合的第三层面后，开始朝第四层面转化，即采取"标准化+产业化+金融+互联网+"的经营管理创新模式，使新技术、新业态、新模式向农业各个环节渗透融合，将农业产业边界逐步模糊化。

在下一个五年计划中，陈皮村将进一步践行"向世界传播新会陈皮文化，分享陈皮健康价值"的使命，探讨并打造好高质量的新会陈皮三产融合生态平台和服务平台。

**图3-13 新会陈皮村首届柑农节开幕，村民在景区内载歌载舞**

说明：这种欢乐的气氛持续到国庆黄金周结束，游客在这里不仅可以买陈皮吃陈皮、欣赏新会民俗文艺表演，还可以到果园里采摘新会柑。

**图3-14 "千人开皮·传承非遗"大型文化传承活动**

说明：2019年11月8日，在新会陈皮村举行了盛大的"千人开皮·传承非遗"大型文化传承活动。一千余人用新会陈皮的传统制作手艺"三刀法"开柑取皮。

（三）陈皮村模式的特征

1. 利用工业用地和工业厂房解决场地要素。和传统的农贸市场相比，融合型农产品市场多业态、复合功能对场地要素有较高的要求，要求场地上有可供旅游开发的资源，因此应在人文风情现存典型、具有历史文化遗址或较好田园风貌等的地方选址；要求场地空间大，能容纳第二、三产业的功能业态；不仅如此，还要求功能业态集约化和场内外交通系统便捷，因此不适合分散分布，也不适合布置在乡野村落当中。在优质土地资源竞争越来越激烈的情况下，转型升级和新开发的农产品市场要实现三产融合，普遍缺乏可供旅游开发的先天资源。能满足加工、销售、仓储运输等功能的场地，其自身并不具备旅游文化的资源条件。陈皮村要实现"三产"融合，提升产业经营价值，首先要突破场地要素的屏障。2013 年陈皮村在工业用地上利用近十万平方米的钢结构厂房，通过空间规划融合三大功能、建筑创意设计、多媒体场景营造等途径，将工业面貌、乡土风情和产业文化相结合，把原本并不具备旅游资源的厂房建筑群建成国家特色景观旅游名村，实现低成本零起点的陈皮村模式（零起点理论在第五章有详细阐述）。

2. 利用建筑形态的创新增强辨识度。特色化是融合型农产品市场的主要特征（图 3 - 15）。陈皮村的场地原是近十万平方米的钢结构厂房，不具备可供开发的景观资源，设计师利用厂房空间高大的特点，采用乡土材料——竹材打造超大体量的特色竹建筑群，让项目具有强烈的文化吸引力和识别性（Recognition），无形中增加了项目的宣传效益，使之在同类项目中具有较强的竞争力（特色化竹建筑在第四章有详细介绍）。

图 3 - 15  用竹材建成的乡土建筑

3. 利用模块系统融合三大功能。（1）三大功能业态聚集与共享。陈皮村从规划入手，融合加工、销售和特色文化旅游三大功能。采用系统分类将三大功能下的业态、单元归纳为两类不同层面的模块：一是功能模块，二是功能模块下的业态模块。三大功能具有同业态单元在数量上的聚集和资源共享型的业态融合两大特征。（2）"前店后厂"的商业布局方式。"前店后厂"是岭南传统商业布局方式。陈皮村采用"前店后厂"式规划布局三大功能，同时在前店中心区设置标准仓储样板间和加工示范点，与其他展示功能一起形成紧凑的参观体验动线。后厂区保留原厂房建筑的工业化特点不作任何装饰，既节省装修投资成本，又与前店区的乡土特色的竹建筑形成鲜明的对比（融合三大功能在第四章有详细介绍）。

4. 具有低成本的建造与运营特点。可实施性是融合型农产品市场被广泛应用的前提，包括建造的成本和日后运营成本。陈皮村充分利用以下条件实现对传统造型的突破，将超大体量应用在商业建筑中，让近4万平方米的竹建筑和装饰得以低成本实现：（1）使用竹材作为结构、围合与装饰材料，将结构、空间、装饰三者用竹子合三为一，减少施工工序，减轻厂房结构上的二次装修荷载，降低成本，缩短施工周期；（2）通过竹建筑实施"烟囱效应"，解决夏日自然通风，取消集中供冷，让大面积的公共部分，如大厅、内街区、走道等空间采用自然通风，有需要的地方，如办公、餐厅、体验馆和各个商铺等则采用分区空调制冷，节省日常运营成本。在建筑特色化营造成本上，陈皮村的造价要远远低于荷兰缤纷市场。（表3-2）

表3-2　陈皮村在特色化与营造成本上的相对优越性

| 在特色化与营造成本上的对比表 | | | |
|---|---|---|---|
| 市场名称 | 特色化发展 | 营造成本 | 设计图 |
| 荷兰缤纷市场 | 很高 | 极高 | |
| 陈皮村 | 高 | 低 | |
| 现代化农产品商超 | 一般 | 高 | |

5. 利用文化展馆发挥文化体验在市场营销中的核心作用。陈皮村从农产品一般产业经营向文化产业拓展，将一般观光引导到文化旅游体验上，2014 年投入资金建设陈皮文化体验馆。这是国内首个国家地理标志产品多媒体体验馆，也是新会陈皮文化对外展示的窗口。区别于一般博物馆单调的展陈形式和传统的信息传递方式，陈皮文化体验馆引入了领先的数字多媒体展示技术，展示更加立体、全面，信息传递方式也更加互动化。该馆最大的亮点在于通过运用数字科学技术，从多个维度传递信息，带给观众一场关乎五感六觉的陈皮文化之旅。文化展示馆与陈皮银行商业营销模式相融合，是提升农产品市场营销质量的有力手段。从陈皮文化体验馆发挥的作用来看，特色农产品文化体验馆是融合型农产品市场中不可或缺的组成部分（关于文化体验馆在第五章中有专题研究）。

6. 创新农产品商业模式。（1）融合创新理念，发展出了"标准化 + 产业化 + 金融 + 互联网 +"的经营管理创新模式，建立行业质量、加工及仓储标准，从鲜果交易、一条龙标准化加工仓储服务到仓单交易。从源头起集结新会十二个种植产区柑农，面向市场提供可溯源新会陈皮和六大增值服务，智慧仓管系统，实现新会陈皮标准化、数据化管理；提出"陈皮金融"的概念，成立全国首创的"陈皮银行"，拔高了陈皮金融属性，为新会陈皮投资者提供金融服务。同时，为缺乏销售渠道的仓储客户，比如，柑农、投资者、收藏者等，由陈皮村在陈皮投资交易中心挂牌代售。这一系列的交易平台服务，将新会陈皮从农产品往金融产品延伸，赋予了其流通新属性，让陈皮成为一款包含期货交易和现货交易，具有保值增值功能的理财产品。例如：在陈皮银行里，每箱陈皮更有保险公司承保，如果陈皮在储存过程中因天灾或盗窃造成损失或发生整体霉变、虫蛀率 5% 以上，仓储客户将得到高额赔付。因为银行和保险公司对陈皮村标准仓储的认可，所以存放在这里的标准仓储陈皮，还可以用来申请抵押贷款，个人最高可贷 100 万元，企业最高可贷 1000 万元。① （2）一二三产融合。第一产业成立省级重点种植合作社，科学种植 1.5 万亩新会柑树，第二产业占地 20000 余平方米，建立现代化智能加工仓储体系，获 7 项新会陈皮加工仓储研发专利，第三产业以市场需求为导向，开拓平台交易、文化旅游、多维体验创新现代商业模式。（3）成立合作社，通过"公司 + 基地 + 农户"的联结方式，一头联结国内外市场，一头联结生产基地和千家万户，引导和帮助小农户进入大

---

① 为什么越来越多人选择把新会陈皮存到陈皮村标准仓储中心？［EB/OL］. 普洱茶网，2019 – 11 – 04.

市场，使小农户得以组织有序地与大市场联结起来，合理分享市场交易利益。

7. 建立标准和服务体系。建设标准化陈皮仓储，制定了陈皮行业第一个加工仓储标准，并于 2014 年开始执行。这套标准从源头抓起，有规范、有检测、可溯源，兼顾消费者和本地农户的利益，对陈皮产业的转型升级起到推动作用；建设控温控湿智能仓储，确定溯源档案仓储标准，使标准仓储中心具有标准化贮藏、货品可溯源、食品安全保障、可仓单交易和可抵押等特点；建立 15000亩新会柑标准化种植园区种植标准；携手广东省农科院首创行业加工标准；建立合约规范，完善流程，贴心保障交易标准，使价格公开透明，定价标准稳步增值；提供检测加工、仓储管家、金融信贷、分装定制、交易代售、客户体验等六大增值服务。

8. 团队跨界模式。决定陈皮村成败的一个不可忽视的因素就是实施主体企业的负责人，即领军人的关键作用。在广东的许多产业园实施主体企业中，对实施主体企业在选择上存在两个尴尬局面：一是当地有实力的企业多集中在种植业和加工业，它们往往缺乏为行业服务的全局意识，很难担当市场的先行者和服务者。二是多数当地的农产品贸易企业实力不够，难以支撑市场的持久建设（在第六章会作详细的分析）。作为陈皮村的创始人和领军人物，吴国荣先生被当地柑农和业界人士称为陈皮村"村长"。陈皮村模式的重要特征是实施主体企业具有的几个特质，归根到底是领军人的特质，包括：

一是接受新事物和创新能力。在陈皮村创建之初，已有设计团队为陈皮村设计了仿明清的建筑术样式，但吴村长在接触到将竹建筑创新应用在陈皮村钢结构厂房方案时，在三天时间快速理解和思考，最终选择优势方案，摒弃传统守旧的建筑样式。从实施的结果看，具有强烈文化吸引力和识别性的竹建筑让陈皮村获得第三批"全国特色景观旅游名村"名录。在陈皮标准仓储中心的交易模式上，吴村长参考借鉴了茶叶银行的做法，摒弃传统的交易方式。"茶叶银行"是基于"农产品银行"概念发展起来的一种专门为茶友提供茶叶存储和抵押贷款等金融服务的行业。在 2013 年前后已经在民间出现，媒体亦有关注。[20][21]吴村长在 2013 年了解茶叶银行的前沿动态后，当即决定在同样以"陈久"为特点的陈皮产品上实践并进一步进行了优化，开创了陈皮银行的商业模式。在建设陈皮村的同时，吴村长还带领团队与广东省农科院合作，制定了陈皮行业第一个加工仓储标准。标准化陈皮仓储以标准化贮藏、货品可溯源、食品安全保障、可仓单交易和可抵押等特点被称为"陈皮银行"，客人可按年份进行投资，并在陈皮仓储中心恒温恒湿条件下保存（传统的做法是定期开箱把陈皮放到室外晾晒），客人随时在线上查询陈皮交易价，在低位买入也可高位卖出，还可由陈皮村做担保将陈皮仓单在银行中抵押贷款。吴村长把塑料标准化生产和国际贸易上的经验做法借鉴到陈皮农产品的加工与贸易上，对于全国陈皮企业来讲，陈皮银行确实是"首创"。

二是跨界的视野和创新能力。创新能力往往和一个人的视野以及经历有密切的联系。吴村长跟美孚、飞利浦、壳牌等世界 500 强打交道做国际贸易，转行跨界做农业产业，这对他来说是第二次创业，尽管对于陈皮行业并不熟悉，也没有类似的商业模式可以借鉴，但他有 20 多年国际贸易的从商经验。成立农户合作社、向二三产延伸、首创标准化仓储和陈皮银行等一系列举措，对当地有丰富经验的陈皮商贸大户来讲都是新鲜的事物，他用工业生产的缜密思维和国际贸易的宏观视野在两年时间内一气呵成，完成全部建设，并继续投资二期占地 236 亩的三产融合产业园建设。2012 年他以敏锐的洞察力察觉国家未来将在农业用地政策上有所支持，在政府的鼓励下，2013 年他利用近十万平方米的工业厂房建成国家特色景观旅游名村。在 2014 年，商务部等 13 部门正式联合印发《关于进一步加强农产品市场体系建设的指导意见》。该《意见》提出加大用地保障力度。在土地利用总体规划和城乡规划中统筹安排农产品批发市场用地规模、布局，优先保障符合农产品市场发展规划的市场用地供应。支持利用工业企业旧厂房、仓库和存量土地资源兴办农产品市场。[22] 这说明吴村长的前瞻性和敢于开拓的勇气。当年在新会的陈皮企业也有大量闲置的工业厂房，但一直都不敢迈出这一步，直到 2018 年在新会陈皮村经营利好的影响下，才开始利用工业厂房进行农贸商业建设。

三是企业家精神和应对市场风险的能力。作为企业家，吴村长具有试错和纠错能力。2014 年，在发展陈皮产品上，吴村长创立"和轩号"柑普茶品牌进军市场，研发新产品来拓展业务线。在陈皮村市场内设立旗舰店，此举也影响作为平台服务的专业性和公正性。在评估此举利弊之后，吴村长审时度势，决定从"自营＋平台"的经营模式向纯平台、纯服务的方向转变，有效服务新会陈皮产业，2018 年将原来自行经营的陈皮产品品牌转给广州陈李济，将原来的旗舰店展厅改造升级为新会陈皮产业的展示场所，腾出资源，服务好产业。用吴村长的话说："专门做一个交易平台，目的是提高品质和诚信度，把陈皮产业做大做强。""我们把新会 11 个产区的所有果农的陈皮放在这个平台交易，就是要为每个产区的果农推广市场，帮他们进行销售，提供一站式服务，包括线上线下。"①

---

① louise0617. 新会陈皮村陈皮交易中心加快转型升级［EB/OL］. 新会陈皮产业网，2019 – 02 – 16.

"企业家精神"是什么？作为新会区工商联副主席、新会陈皮村村长的吴国荣是这样理解的："我觉得企业家跟商人是两回事，企业家有责任感，勇于挑战，永不言败，还有一个是情怀，对社会的责任。企业家如果有了社会责任感，有了情怀，就会把事业做得更加好，对社会的贡献更加大。"① 在陈皮村运营的第五个年头，作为投资人的他仍然没有营利，但他已经做好继续投资，继续探索前行的准备。

四是应对市场风险的实力。在吴村长准备投资陈皮村时，当地从事陈皮贸易的许多行尊并不看好这位陈皮的门外汉，不少行家断言：这个投资上亿的项目，一定会让他惨淡收场。2013 年 11 月在顺利承办第二届中国陈皮文化节后，激动和喜悦逐渐淡去，不断的资金投入和新会陈皮产业的前途未卜，以及同行的不断加入，让陈皮村的经营者开始承受前所未有的压力。千禧年的第一个十年过后，全国经济增长下滑的大趋势已经显现，在这样的背景下，投资建设近十万平方米的场地，靠什么去支撑不断的消耗和持久的发展？陈皮文化体验馆以及陈皮标准仓展示中心、陈皮 O2O 全球采购中心等的场地建设，柑普茶的生产与研发，这些处于开始阶段的建设和市场营销都需要大量资金投入。2014 年，本书作者在一次方案汇报的会上与吴村长讨论方案，吴村长看着手机突然高兴地叫了起来，原来是塑料的国际价格上涨，他的喜悦来自塑料贸易带来资金的增加。吴村长将在塑料加工贸易上的收入源源不断地支持陈皮村的开支。到了2018 年，各种利好的消息让陈皮村的投资者看到回报的喜悦和继续发展的信心。

（四）关注发展中的问题

从总体上，相较于发展成熟的云南斗南花卉市场，陈皮村成长的七年只是相当年轻的发展历程。陈皮村和目前中国多数农产品市场一样在管理模式上尚存在问题，主要矛盾是管理团队专业性不足、围绕融合型农产品市场的管理体系仍然没有健全等。尽管吴村长在贸易上有很多经验，但毕竟不是市场管理的专才，在开创一个局面之后，陈皮村市场即将进入深度发展期，缺乏专业的管理人团队是目前发展的制约因素，在接下来的五年发展中，陈皮村要以第三代批发市场的建设为目标，加强市场的市场化运作程度，树立职业管理理念，组建专业管理团队，健全管理体系。

另一个是关注的动态变化主营业态聚集和配套业态之间。从 2015 年开始陈皮村规划的 987 美食街陆续进驻八家餐企，总面积达 8000 平方米，这时陈皮商

① 新会电视台.《前行的力量——新时代新会企业家精神系列访谈》对吴国荣的采访 [EB/OL].亚太茶业网，2018 - 04 - 11.

铺约 120 家。在经营了三年后，餐厅仅剩下 4 家，总面积为 4000 平方米左右，餐厅退场后的空间陆续被改造成了陈皮商铺。2019 年，这些位置的商铺租金平均达到近 100 元/平方米，最高的租金达到 250 元/平方米（与新会市区主要商场的租金基本持平）。目前，陈皮村总体商铺数量达到 200 家。可以看出，作为一个专业市场的商铺数量达不到规模，配套业态也较难发展，只有主营业态达到了规模，配套业态才能得到良性的发展，促使多业态的融合才有可能。由于新会陈皮产业的总体发展态势较好，加上陈皮村品牌效应和专业化程度增强，农户和企业开始向有发展前景的产地交易市场聚集。陈皮村在发展中因为空间的局限满足不了这个刚需的要求，交易市场的进一步发展将会受到很大影响。（见表 3 - 2）因此，陈皮村接下来要根据刚需投放一定数量的商铺到市场中，解决方法：一是整合陈皮村周边用地，采用合作方式共同开发；二是拆除部分厂房建高密度的商业市场，但这种方法涉及更复杂的土地性质转变、土地转让中招投挂等环节。不断成长中要解决发展中的问题，这也是融合型农产品市场动态考量的因素之一。

把陈皮村和斗南花卉市场、义乌小商品市场一起进行比较，从中明显看出陈皮村在未来发展中碰到的瓶颈。（图 3 - 16）

## 五、产业融合型特色农产品市场在现代农业产业园持续发展中的作用

（一）融合型农产品市场是现代农业产业园持续发展的内核

伴随着数字技术的迅猛发展，不同产业的技术关联越来越紧密，跨产业的企业间的大规模兼并与合作事件越来越多，产业边界逐渐变得模糊或消失，产业发展呈现出融合化趋势。以三产融合发展为核心的融合型农产品市场，在现代农业产业园创建与持续发展中发挥着关键性作用，是现代农业产业园创建的突破口与健康持续发展的内核。不同产业的产品、技术与服务交叉创新是产业融合的核心与灵魂，也是产业融合型农产品市场的显性特征。产业融合型农产品市场在以市场为导向，形成区域化布局、专业化生产、一体化经营、社会化服务、规范化管理的市场农业生产经营新体系，不断实现产品与服务创新、经营与管理方式创新、业务与市场创新，进而为现代农业产业园的持续发展注入新活力，打开一条新的发展思路。

表　三个专业市场在商铺规模上的比较

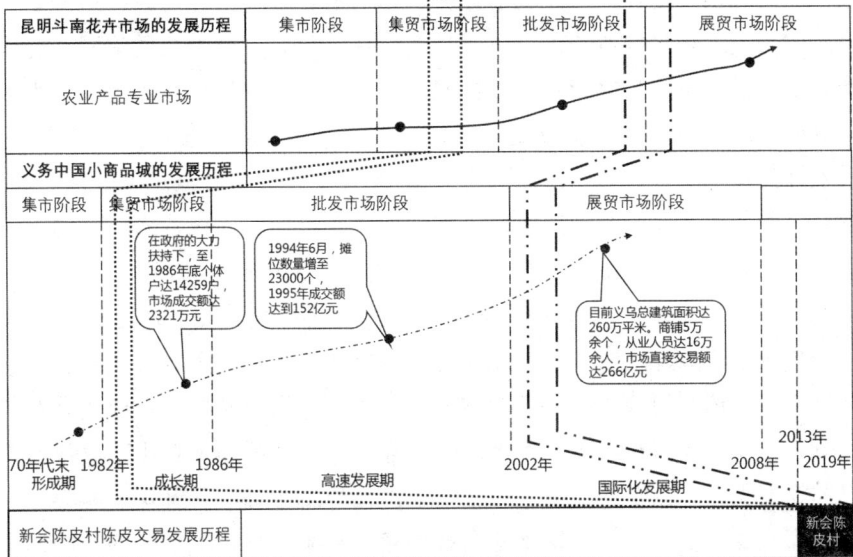

图 3-16　陈皮村和斗南花卉市场、义乌小商品市场在发展层次和商铺规模的比较

说明：产业融合型特色农产品市场始终要把规模聚集作为发展中首要的考量因素。

## （二）建立以市场为导向的农业生产体系

现代农业产业园以产业融合型农产品市场为农业产业化的突破口和试验点，在打破传统的农业和工业、服务业相分离的基础上，面向国内外市场，集中并优化配置土地、资金、劳动力、技术等生产要素，实现农业生产、加工、销售、服务一体化，建立以市场为导向的农业生产体系。以市场化理念经营农业，通过产业融合型农产品市场直接接触市场，获得真实且快速的市场反馈，带动农业产业结构向多层次、高层次升级。细分的市场需求，给原有农业产业的产品或者服务带来了新的、更大的市场空间，从而使现代农业产业园在经营战略方面做出调整，优化种植结构、生产基地专业化、改变产品结构与方向等。

## （三）积极培育农业与其他产业融合过程中出现的新业态

在农业与其他产业融合的过程中往往会出现新的产业形态，如乡村生态旅游业等。这些新业态往往是农业增长最快、效益最好的部门。积极培育这些新业态对于提高现代农业产业园的利润率，促进农业发展具有十分重要的作用。

91

例如，农业同信息技术的融合形成的新业态——信息化农业，依托大数据平台对农产品的种植、生产、加工、运输、仓储、销售等环节进行溯源追踪，在区域范围内形成一张数据地图，对农产品实行规范化管理和安全性追踪。这不仅使得知识和信息对传统生产要素进行改造和整合，而且指导物质产品或服务的生产和销售，从而使该信息流支配着物质流，在互联网上实现资源动态整合。这种农业新业态关联度较大，其开发经营可以带动基础设施建设、食品加工、商业贸易等其他相关产业的发展，既增加了就业机会和农民收入，推动了农村第二、三产业的发展，又有效地促进了农村产业结构的调整和升级。

（四）以工业发展理念促进现代农业产业园的发展进程

用现代工业的理念与经营方式进行农业生产，严格按照对农产品质量要求的各个方面和环节规定的工业标准体系进行生产、加工及销售。现代农业产业园的创建与发展离不开农业产业化，而融合型农产品市场是农业产业化的高度展示与反馈机制。在农业产业化的过程中，农产品加工业不仅要加速向工业化转换，而且要高度重视与信息化相结合，充分利用网络技术带来的便利，降低交易成本，扩大交易范围，以全球化视野寻求区域性特色农业发展的新道路。

（五）围绕第一产业打造综合性的产业体系

推动现代农业产业园朝着将第二、第三产业附在农业上，围绕第一产业打造综合性、融合性的产业体系进行发展。形成现代化的农业产业体系，促进农产品精深加工和农村服务业发展，推进产业链延伸、价值链建设，重视农业经济功能的同时开发生态、休闲、文化功能，协调新的供给与需求，提高农业综合效益。融合型农产品市场注重分析消费者的个性化和多元化需求，拓展农业功能，从传统的农副产品销售到卖风景、绿色、生态、观赏、养生、体验服务，提高农业附加价值。

（六）打造农业产业融合的聚光点

集中区域优势资源发展地域性特色农产品，建设极具标志性特征的融合型农产品市场，成为现代农业产业园的一大功能特色。（图3-17）产业融合型农产品市场是社会各界深度接触现代农业产业园的入口，是现代农业产业园吸引市场、走出市场、沟通市场的重要渠道。融合型农产品市场一旦成为现代农业产业园的聚光点，将会全方位为现代农业产业园导入政策优势、市场投资、科学技术、文化创新等各方面资源，为现代农业产业园的持续发展创造更多的有利条件。在政府与市场的高度关注下，融合型农产品市场对农业发展大方向的把握更为精准，牵引着现代农业产业园在农业生产方面的发展趋势，主要体现为水平多样化和垂直多样化：就前者而言，主要体现为产品形式的多样化，多方面融合农业内部的一系列资源，从以往的单一农业逐步转向综合农业；就后者来讲，一般体现为产业领域之间的拓展，逐步产生生产、加工、销售一体化模式和范围的经济性。

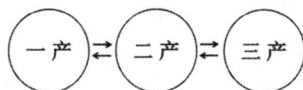

传统农业的一二三产关系:
三者间相互联系，但缺乏融合

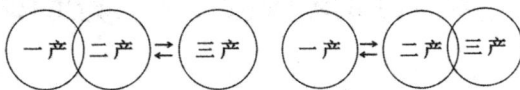

现代农业产业融合的初级阶段：一二产融合，往前联系三产；或二三产融合，往后联系一产

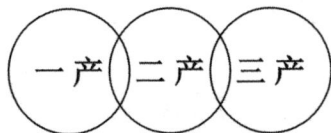

现代农业产业融合的发展阶段:
一二产融合，二三产融合，
但一产与三产缺乏融合

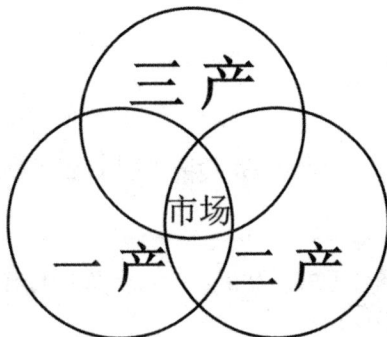

现代农业产业深度融合阶段：一二三产融合，产业间的边界模糊，融合型农产品市场是三者的内核

图 3-17　三产融合发展为核心的融合型农产品市场是现代农业产业园持续发展的内核

# 第四章

# 新会陈皮村三产融合理论实践

## 第一节　新会陈皮村三产融合理论的提炼与运用

作为融合型农产品市场，新会陈皮村在创建与发展中对三产融合的理论进行了提炼和运用。

### 一、顶层设计与企业实施理论

（一）顶层设计与中间层次

顶层设计是运用系统论的方法，从全局的角度，对某项任务或者某个项目的各方面、各层次、各要素统筹规划，追根溯源，统揽全局，以集中有效资源，高效快捷地实现目标。第二次世界大战前后，这一工程学概念被西方国家广泛应用于军事与社会管理领域，是政府统筹内外政策和制定国家发展战略的重要思维方法。顶层设计主要特征：1. 顶层决定性，核心理念与目标都源自顶层；2. 整体关联性，强调设计对象内部要素之间围绕核心理念和顶层目标所形成的关联、匹配与有机衔接；3. 可操作性，顶层设计成果应是可实施、可操作的。

任何顶层设计都会是一个政策概念，并且是表达改革和发展的方向性的东西，不可能要求顶层设计完整的制度体系。即使设计了，也会出现很多问题，因为顶层很难有足够的信息和经验来这样做。这就需要中间层次做大量的工作，把顶层政策理念转变成一系列政策和制度，才能到达微观层面的运作。①

这就从某种程度上阐明了作为顶层设计到微观层面之间的中间层次工作对

---

① 郑永年. 中国十大可能的"颠覆性错误"［J］. 领导文萃，2015（16）：113–115.

制度落实定位的重要性。

（二）顶层设计的多层面保障与企业实施的双重角色

1. 顶层设计的多层面保障：（1）从国家政策层面完善了顶层设计，为现代农业产业园的创建与发展提供了大方向，系统地构建了适合我国发展模式的现代农业产业园创建标准体系。（2）从学术研究层面，结合国外先进经验，从我国的实际出发，对中国农产品批发市场的发展模式及定位进行了研究。确立市场公益性地位，保障社会供给；企业投资为主，政府大力支持；加强市场运作，提高管理水平。[1]（3）从地方政府与协会层面，加强统筹规划和合理布局，对农产品批发市场的建设与发展实行分级规划与管理，加强相关法律法规建设；落实相关税费优惠政策；加快培育流通主体及其组织。在三产融合上，地方政府主导依据资源优势，引进先进的技术和经营理念，加速二三产业升级，实现二产的规模效应和三产的特色效应。同时建立完善的一二三产融合机制。[2]

2. 企业实施的双重角色：政府指导企业实施，企业实施落实顶层设计。企业既承担了中观层次的策划、规划等工作，同时又是实施落地的完全承担者，所以实施主体企业要有宏观思维又要有组建各专业团队和实施的能力。在决策上对追求“最好的”要刻意回避，而对于“最合适自己”有优先的判断力，力求策划案有实际操作性，在落地上对微观事项有很强的把控能力。另一方面，通过合作社组织，充分发挥农户的主体作用，以“龙头企业＋合作社＋基地＋农户”流转聘用的模式，提高农民务工从事柑橘种植和陈皮加工的积极性，助农增收。

3. 目前企业实施碰到的问题：许多产业园得到政策宏观层面的支持，但企业缺少了中观产业规划，指导不了下一阶段的工作。另一种情况是企业重金聘请规划机构做了中观的规划，最后是方案束之高阁，主要原因是规划定的目标过高，脱离当地实际情况，缺乏可操作性，或者是规划和落地之间缺少中间层面，或者是缺乏合适的企业落地实施。在产业园农产品市场的创建期，这两个问题还集中表现在：（1）有产业规划，但忽视场所环境的创新设计，陷入平淡化；（2）注重环境设计，忽视产业的选择与规划，陷入空洞化；（3）大多数农产品市场以建筑功能和结构等规范设计代替了场地的系统设计，忽视游客在心理、观念、文化上的需求；（4）或急于摆脱农产品本身具有的乡土气息，把农产品市场按城市商场模式进行建设，成本高，无特色。

（三）陈皮村的顶层设计与企业实施要点

在陈皮村三产融合实践中，实施要点如下：

1. 在顶层设计上企业实施四步伐：（1）跟着主旋律。陈皮村企业在规划时，紧扣国家的区域政策和方针和产业指导方向。这样不仅能享受到政府的各项政策扶持，还能与当地资源有效衔接（详见本章第二节）；（2）跟着城市发展规划。在企业规划时，弄清楚当地的城市发展规划，同一个城市不同区域的产业发展重点；（3）跟着产业链条。深入调研当地有产业基础，分析产业链条中各环节是否充分，这是融合型农产品市场能否良好建设与发展的关键；（4）跟着政府服务的土壤。与当地政府密切互动，了解政府各级是否主动作为，对产业的支持是否用心用力，有没有良好的产业施策和服务意识与能力，这些也是产业园能否运营良好的重点之一。

2. 建立从顶层设计开始的多方联控机制。顶层设计要以贴近市场、符合发展趋势和易于形成规模化结构的农产品为核心进行产业选择。产业是陈皮村持续发展的内核。2016 年新会区新会柑种植面积为 6.5 万亩，果品产量达 7 万吨，年加工陈皮量约 3500 吨，比 2011 年增长 6 倍。初级产品年产值 9 亿元，比 2011 年增长 8 倍。陈皮主业年产值达 25 亿元，比 2011 年增长 9 倍，新会陈皮产业年产值超 50 亿元。这些数据直接反映新会陈皮产业已形成规模优势。以产业为依托，围绕"陈皮"核心产品的"产销"和"服务"始终是陈皮村"三产"融合农产品市场的核心功能。

3. 整合多方力量。顶层设计少不了政府把控方向、创造制度环境、建设基础设施、提供公共服务；企业（陈皮村开发运营商）通过资源整合以及市场化的运作管理方式，成为建设中的主角；而与产业息息相关的当地乡民，则承担社会监督的责任。为了保证定位的准确性和实施的可控性，降低风险，陈皮村项目由市场研究及产业规划、旅游规划设计和环境设计组成多方联控。

4. 围绕可持续发展目标进行场地环境创新设计。场地环境建设和使用几乎涉及项目从建设到经营的全过程，在实现可持续发展目标上有很大的作为。可持续发展要求环境设计关注生态效益以达到生态审美功能，围绕最佳经济效益以实现持续经营的核心内涵，围绕社会公平性以达到更高层面的精神追求。同时，可持续发展关乎国家的战略层面和广大人民群众的切身利益，将生态的理念、技术和产业文化融到绿色农村的建设中，可以从社会责任、伦理道德和情感上得到人们的认同，为企业赢得更多的社会资源。从陈皮村竹建筑取得的成功来看，各地可将有地方特色的乡土材料应用在环境建造中，并把在当地有较成熟工艺的建造方式与现代建造技术相结合进行运用。

### 二、蜂巢结构模型理论与实践

蜂巢结构模型是基于形态学、生物形态学、社会形态学和经济形态学理论提出的，是关于三产融合理论的产业融合形态学概念。

（一）"六观一体"打造牢固结构

以"三产融合"的理念规划和实施融合型农产品市场，应从"资源观""科技观""产品观""空间观""产业观"以及"主体观"合成一体考量产业融合。六大点构成了正六边形空间，如蜂巢的巢室一般，密合度最高、所需材料最少、可使用空间最大，其致密的结构，所能承受的冲击也比其他结构大，"六观"一体的考量使得现代农业产业园的规划设计中更为科学地运用"三产融合"理念。

（二）紧扣乡村特色形成强效融合剂

乡村特色是"三产融合"理论下围绕农业展开的一、二、三产业融合的有效融合剂，既是"六观"的融合剂，也是上述六大方面的共通点。做扎根于乡村的产业融合，必须把握乡村独有的元素，归根结底就是紧抓乡村特色。众所周知，蜂巢的每个巢室都被其他巢室包围，两个巢室之间只隔着一堵蜡墙，而这堵蜡墙起着至关重要的黏合作用，让蜂巢真正成为一个整体，坚固不变形。（图4-1）乡村特色对于以"三产融合"中各产业的有机融合的作用也如同蜂蜡一般，是渗透于"六观"一体之中，让"三产融合"指导现代农业产业园的规划设计时紧扣时代特色。在辩识度和高占有度的评价上，农业与在城市中发展起来的产业相比，最大的区别就在于农产品自身所携带的区域特色。乡村的

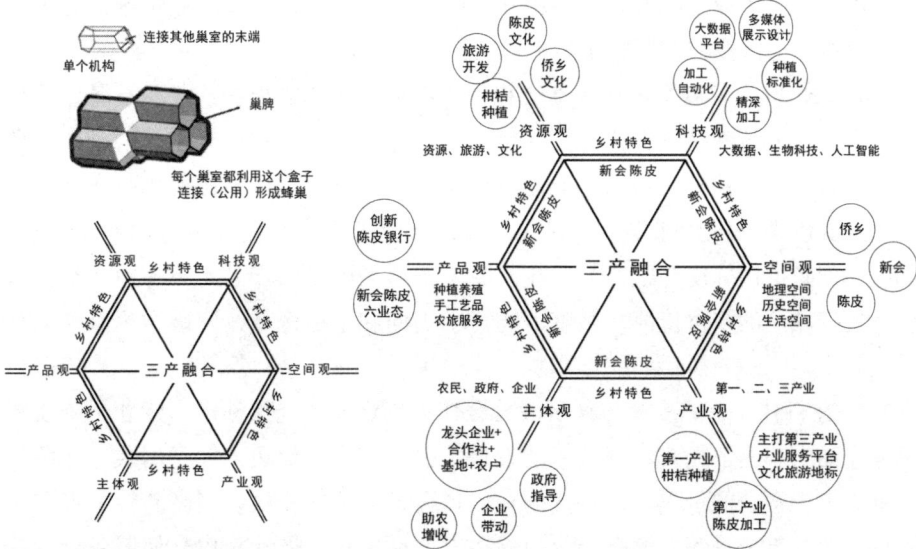

图4-1　现代农业产业园的蜂巢结构模型和新会陈皮村的蜂巢结构分析

自然与人文资源、乡村地域性特征等因素决定着乡村产业的特色，具备特定乡村产业发展独有的经营方式、产业业态、产品特点及服务方式，所面向的是特色的市场需求，是成为"三产融合"理论落地时的关键问题。

（三）新会陈皮村三产融合的蜂巢结构

新会陈皮村从上述"六观"进行规划设计，在三产融合发展过程中形成了稳定架构：

1. 在空间上利用150亩用地和近七万平方米的厂房建筑，将西方建筑元素与中国岭南传统建筑进行融合，创新使用竹材来搭建形成新的组合，使得陈皮村的建筑形式具有侨乡文化气息。陈皮村文化体验馆以气味定位空间。对新会华侨而言，离开故土时必携带一包陈皮，而陈皮的香气正是他们缓解乡愁的良药。设计者利用近万平方米陈皮仓库的陈皮香味，通过专用管道运输至体验馆，让观众感受陈皮的醇香，更是对新会这一地理位置有了具体的概念。

2. 在资源上侧重旅游开发，将整体建筑设计定位为一大特色，借助新会梁启超故居、小鸟天堂、崖南海战场、五邑地区碉楼等旅游资源，打造文化和产业相结合的旅游系统。

3. 在产业上，创建初期陈皮村定位在"自营＋平台"，均衡抓起第二产业和第三产业。而升级改造后的陈皮村向纯平台、重服务的方向转变，侧重于产业服务与文化旅游的规划发展。整体产业定位更为明确，以第三产业为发展主体，以一二三产业之间的融合渗透和交叉重组为路径，依靠产业集群的力量发展，打造新会陈皮三产融合生态平台。

4. 在产品上，新会陈皮和新会柑作为国家地理标志保护产品，具备着乡村特色所应有的特殊品质，功能特殊且具有一定知名度。陈皮村作为融合型特色农产品市场，在销售购物的功能规划中，融合了不同经营范围的市场主体，从陈皮到陈皮零食再到陈皮生物科技产品，形成了广度与深度并存的产品市场。同时，创新推出陈皮金融产品，在产品上不再局限于农产品本身，而是最大限度地挖掘农业的多重价值，洞察市场需求走向和空白区域，突破常规服务受众范围。

5. 在科技上，陈皮村与科研院校合作，制定加工仓储标准，建立了陈皮村标准仓储中心。依托大数据技术的发展，引领陈皮仓储迈入智慧时代。在陈皮村推进三产融合的过程中，科技创新表现得最为活跃积极。当高新技术渗透至陈皮产业，与金融、大健康产业间的边界逐渐模糊，推动陈皮仓储服务行业的产生，一站式解决柑农和陈皮经营者在陈皮储藏中遇到的难点、痛点。

6. 在主体上，陈皮村是在新会区政府指导下，以龙头企业为带动而得以创建，其最终目标是实现农民增收和乡村繁荣。充分发挥农户的主体作用，以"龙头企业＋合作社＋基地＋农户"流转聘用的模式，提高农民务工从事柑橘种植和陈皮加工的积极性，助农增收。在陈皮村建设期间，设计者选用竹建材，大量聘用新会当地传统手工技艺者，在很大程度上增加了这一群体的经济收入，同时，当他们再看到陈皮村时会由心而发的自豪感，提高了其主体意识。

另一方面，单有"六观"一体的结构，缺乏强而有力的黏合剂，架构依然会松散。新会陈皮村在这问题上，很好地把握了蜂巢结构模型中的每一板块之间的融合剂——新会乡土特色。整体规划设计都围绕侨乡文化和陈皮文化两者交融形成的陈皮村乡土文化。五邑侨乡和新会陈皮特色文化成了新会陈皮村在"六观"上的共通点，通过这一特色把握乡村产业的资源环节、形态特色、产品特色以及产品功能与市场需求，降低一二三产业在融合过程中脱节的几率，成功将陈皮村打造成为新会地标性旅游景点和示范性三产融合平台。（图4-1）

设计者提炼出陈皮村的整体概念主题"和"，体现以新会陈皮文化为核心的多元文化内涵；再通过乡土元素与现代设计手法的融合，将"和"的主题概念落实到陈皮村的每一个设计细节上，增强各业态经营的农产品文化气息。设计者从大体到细节紧扣"和"主题，以文化输出与服务增效充实社会的功能性需求，在"硬设施"中融入多感官的文化体验，让作为三产融合平台的陈皮村不再是机械式地进行产业分区与功能拼接，而是有温度有情感的内容媒介，以自身吸引、感染和打动社会。

## 三、双向媒介理论与实践

### （一）现代农业产业园是"三产融合"与"社会需求"沟通的媒介

现代农业产业园是一个双向媒介机制，它的创建是作为"三产融合"与"社会需求"沟通的媒介而存在的（图4-2），表现在：1. "三产融合"的成效通过现代农业产业园这一媒介展现给社会各界，社会各界通过现代农业产业园这一媒介对"三产融合"的成效进行反馈，并对日后发展提供建议与指导。现代农业产业园既是功能性载体也是文化性内容。2. 现代农业产业园将"三产融合"和"社会需求"有效融合于一个载体中，同时，作为"三产融合"和"社会需求"的互动性内容又可以进行放大分析。3. 现代农业产业园作为媒介，推动社会需求的更新，开启新一轮的社会大循环，产生了对整体农业的新标准，对农业多功能性提出了新要求，为"三产融合"的发展提供了新尺度。

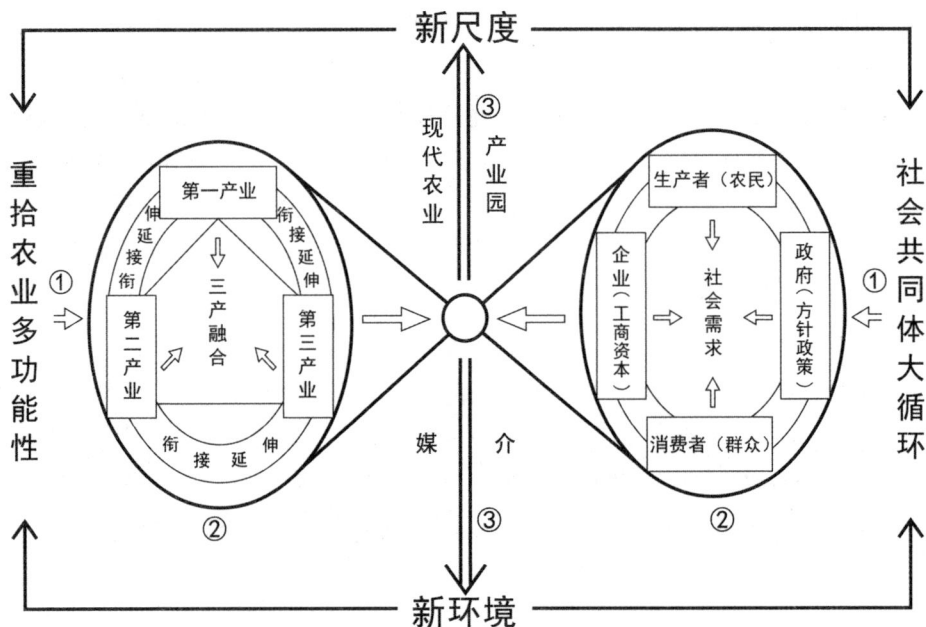

图 4-2 现代农业产业园的双向媒介作用

（二）新会陈皮村作为双向媒介机制承担着双向沟通的桥梁作用

1. 新会陈皮村作为媒介载体和内容输出对三产融合的功能形态与布局进行展现。不同于传统的农产品交易市场，陈皮村以新会陈皮"种植、收储、鉴定、研发"为核心，创新建设了一个复合型的业态融合体，推动了新会陈皮产业的发展，助力乡村振兴，促进从业者增产增收。新会陈皮村作为成果内容也是媒介，向社会呈现新会陈皮产业三产融合发展的成果。

2. 新会陈皮村作为媒介和内容吸引更多当地龙头企业往三产融合方向发展。新会陈皮村发力三产融合，成为产业聚集地，成功吸引了丽宫、小岗香业城等当地陈皮龙头企业往三产融合方向发展，而陈皮村的空间规划与设计成为行业内学习的模范，"产业＋文化＋体验"的融合概念成为各现代农业产业园的设计理念标配，以新会陈皮村为代表的"三产融合"新空间引领了社会热潮，新会陈皮以特色产业的园区空间为载体活跃于市场。

3. 新会陈皮村作为媒介为新会陈皮产业发展创造新的政策环境。新会陈皮村在推动陈皮产业融合发展的同时，将新会陈皮带进了全国群众的视线，推上了国家农业发展的舞台，赢得了当地政府对新会陈皮产业的重视，为其三产融合创造了新的政策环境。自 2013 年新会陈皮村创建以来，新会政府大力支持新会陈皮产业发展，推进农业供给侧结构性改革与现代农业发展，以"一轴、两带、三基地、四中心、五园区"的思路，布局规划产业园建设工作，全方位为产业园提供资金扶持等。

4. 新会陈皮村作为媒介和内容为三产融合的进程提供了新尺度。新会陈皮村在创建之始，率先制定了产品质量、加工及仓储的标准，在同行中树立标杆，为国家制定行业新标准提供重要的基础依据，推动陈皮行业标准化进程。通过成立"陈皮村柑橘种植专业合作社"，带领社员建立标准化新会柑种植园区，从源头实现标准化种植做出了示范效应。制定了陈皮行业第一个加工仓储标准，成为陈皮行业里首家在质监局成功备案加工仓储标准的企业。在行业内率先推出首个新会陈皮标准仓储中心，采用控温控湿、通风过滤的科学陈化方式，首创"溯源码"保障陈皮的品质与道地性。提出"陈皮金融"概念，开启了新会陈皮的金融新时代，为行业内将新会陈皮蜕变为金融产品提供了新标准，为社会各界从金融产品角度对新会陈皮进行新定义提供了契机。标准化生产已成为陈皮村核心竞争力之一，不仅赢得消费者的信赖和市场认可，还打开了社会各界对新会陈皮的视野，让世界对新会陈皮产生全新的认识。

5. 新会陈皮村既是社会需求的载体也是社会需求的内容。新会陈皮村作为多功能性融合体，实际上是以生产者、消费者、企业和政府为社会主体所表现出来的需求。园区将一二三产业的功能性进行重组融合，是当下社会发展驱使重拾农业多功能性的展现；整体设计传达特色农产品文化以及当地风情民俗，是在人民对美好生活日益增长的需求下，对农产品的生活性回归和文化涵养追求的具体表现；是在新时代经济迅速发展带动美丽乡村建设、农户增收等社会需求的综合体现；新会陈皮村作为市场性质的农产品文化综合体，是"社会大循环"缩影的呈现。

### 四、三产融合理论下的阶梯式思维模式

（一）双向阶梯式思维模式

1. 以"三产融合"为出发点的"顺向"规划思维。当设计者在"三产融合"理论下对现代农业产业园进行规划设计时，所采用的是"顺向"的推理思维，以"三产融合"为目标逐步推导园区的性质与定位、功能性规划以及文化性内容，以生活产业化、产业服务化、民俗风情化、主题景观化指导园区的规划设计。2. 反作用推导的"逆向"目标思维。而当设计者针对"三产融合"呈现的阶段性成果时，采用"逆向"思维制定阶段性目标。即是基于每一部分对

于上一部分积极的反作用而进行推导。(图 4 - 3)

　　双向阶梯式思维模式有利于探索和对阶段性探索的升华,一直指导陈皮村的实践。

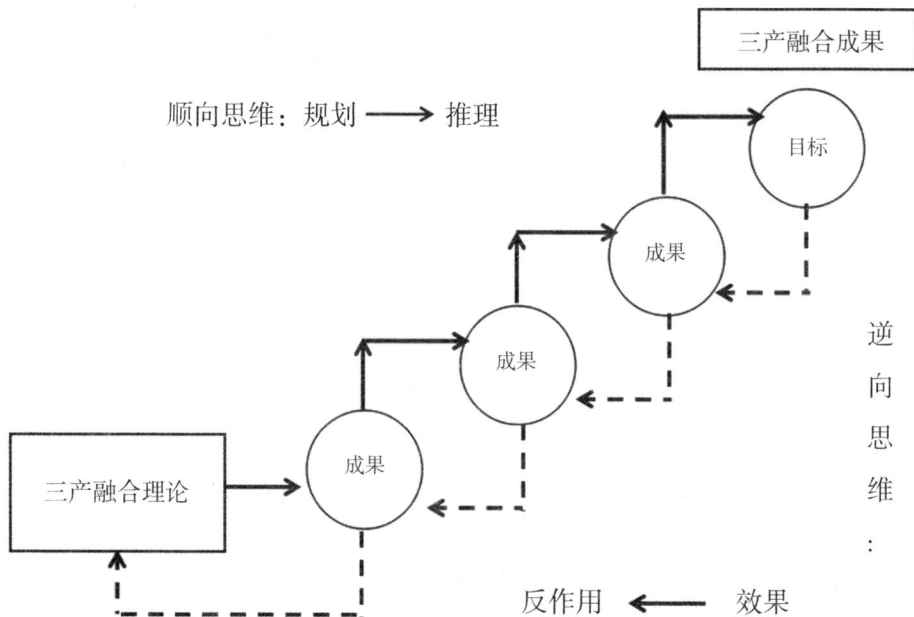

图 4 - 3　现代农业产业园的双向阶梯式思维模式

（二）以阶梯式思维规划设计新会陈皮村三产融合园

　　这一理论很好地应用在陈皮村策划到规划、规划到设计、分步实施、预留发展用地、及时总结与调整、再规划再实施的循环流程上。在陈皮村发展成熟后,期间的经验总结与创新理念逐渐充实三产融合理论。因此,陈皮村既是三产融合理论的实践者,同时,因其所带来的创新又是该理论的升华者。陈皮村在初创之时,以三产融合理论为出发点和支撑点,从新会陈皮产业实现三产融合这一目标进行剖析与分解,以阶梯式思维模式的"顺向思维"一步步制定阶段性目标。在实施过程中以市场为指导,各阶段目标具有层级性,力求每一阶段的目标成为下一阶段的基础。在阶梯式思维模式的"逆向思维"下,新会陈皮村每一阶段所获得的成果和呈现的效果都将反作用于下一阶段的规划。"逆向思维"表现在陈皮村三产服务平台建设发展到一定成果后,反过来以一产生态种植为建设内容充实市场的空间功能格局。在三产融合再次规划下,陈皮村从第一产业的种植推导出生活产业化的目标,以生态种植园规划建设为契机开展下一阶段目标的推导,将日常农事活动转化成消费体验,体现以农为本的理念。

### 五、可持续发展理论与实践

#### （一）可持续发展理论与可持续发展设计

可持续发展的核心思想是经济发展应建立在生态可持续能力、社会公正和人民参与自身发展决策的基础上，并从当前实际出发，寻求方法以达到经济发展、环境保护以及社会关系三者协调发展这一目标。经济是价值的创造、转化与实现；社会是由人与人形成的关系总和，包括了政治、人文习俗、教育、消费娱乐等；生态指事物与环境之间环环相扣的关系。可持续发展的概念，决定了可持续发展设计要考虑社会、环境、经济三者的协调发展，必然要从社区、就业、经济、文化、政治、气候、能源、水、垃圾、材料、土地诸多方面进行研究，从人类社会整体利益与科学的设计观出发思考与面对各专业的设计。（图4-4）可持续发展是综合的考量，想在所涉及的各方面一蹴而就是异想天开的事，要实施必须找到一个切入点。

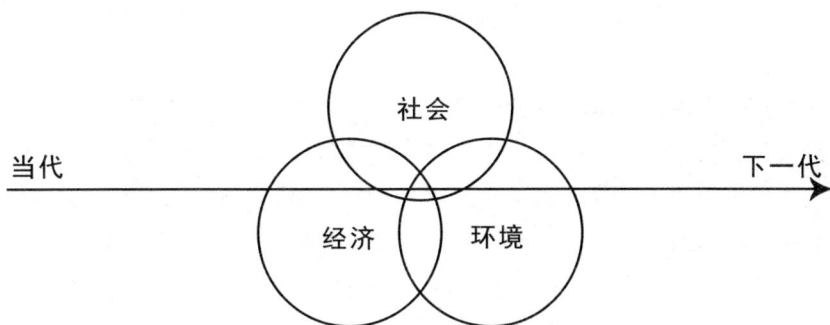

**图4-4 可持续发展设计的理念**

#### （二）"三产融合"理论下的可持续发展理论

三产融合下的可持续发展理论包括了以下三大方面：一是经济、社会、生态的闭环结构；二是经济、社会、生态的融合效应；三是经济、社会、生态的三维空间发展模式。

1. 经济、社会、生态的闭环结构

经济效益是生态设计得以真正实现的关键因素。生态设计的功能得以充分发挥推动了社会健康持续发展。由生态设计所带来的美好视觉呈现及显著有效的社会性效果，将吸引社会各界对现代农业产业园的认可与信赖。另一方面，社会通过对现代农业产业园的认可以及对相关产品、服务等方面的日益增长的需求和高品质的要求，带动着一二三产业往物质文明与精神文明相融合的方向发展，有社会需求就有市场，有市场就有经济增长，从而不断坚实经济基础。经济、环保、社会三者形成一个周而复始的闭环结构。（图4-5）

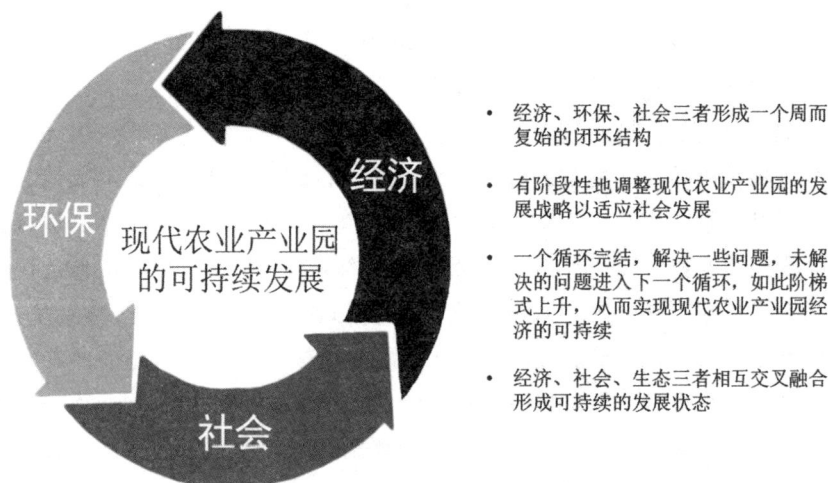

- 经济、环保、社会三者形成一个周而复始的闭环结构
- 有阶段性地调整现代农业产业园的发展战略以适应社会发展
- 一个循环完结，解决一些问题，未解决的问题进入下一个循环，如此阶梯式上升，从而实现现代农业产业园经济的可持续
- 经济、社会、生态三者相互交叉融合形成可持续的发展状态

图4-5　可持续发展的闭环结构

2. 经济、社会、生态的融合效应

经济、社会、生态三者相互交叉融合形成可持续的发展状态。在三产融合理论的指导下，现代农业产业园的创建和运营必然要实现经济的增长、社会的促进和生态的回归。因此，三者不再是独立分开的，而是相互交叉融合的，三者的边界要逐渐变得模糊，最终在三者中各有一部分内容汇聚融合成一体，为可持续发展提供着必要的条件，这里将其称为"融合区域"。"融合区域"所产生的影响称为"融合效应"。现代农业产业园在创建初期就要以可持续发展的理念，在设计时为"融合区域"的塑造打下基础；在现代农业产业园的运营中逐步实现"融合效应"，为可持续发展的实现创造充分条件。在追求经济效益时，应注意在获取经济收益的背后所付出的生态和社会代价。另一方面，经济收益来源于市场的认可，而市场是受社会中政治、文化习俗等多个方面的影响，只有处理好与社会的关系，才能在长期经营中获取经济效益。在争取生态效益时，应考虑所需增加的经济成本和实际投入使用所产生的社会效果反差。具有"人情味"的生态设计应该是具有经济效益的，当生态设计成为人们精神追求的寄托时，所带来的附加值作用将会被加倍放大，所产生经济效益也将在长期运营中实现。

3. 经济、社会、生态的三维空间发展模式

在三产融合的经验模式中，依据产业融合的产业拉动力划分可分为以下三

种：以二产切入，接一连三；从一产出发，接二连三或接三带二；以三产切入，接二连一或接一带二。可见在三产融合中，一二三产并非一开始都是均衡发展的，而是有侧重地发展其中一个产业，等其壮大成熟之后，再接连带动发展其他产业。一般情况下，资源的有限性决定了经济、社会、生态三者难以同步发展，即使强力推动整体，最终也会达不到理想的效果。在可持续发展理论中，需要抓住切入点，集中力量发展其中一方，以其为拉动力，引领带动另外两方面。

在"三产融合"的可持续实施中，将经济、社会、生态放在不同的维度，形成三维立体空间，如同在 X、Y、Z 轴上，X 轴是经济，代表的是水平，是一个项目得以持续发展的根基所在；Z 轴是社会，代表的是广度，是一个项目的社会影响力的范围所在，也是所涉及的社会领域的广度所在；Y 轴是生态，代表的是深度，是一个项目的内在价值的所在，更是其生态理念高度的所在，X、Y、Z 轴上的三点共同构成了一个三棱锥，这便是由经济、生态、社会三方面所构成的经济体，在这本书中所对应的是现代农业产业园。

在三维空间发展模式当中，经济、生态、社会这三方面分别沿着 X、Y、Z 轴，以自身节奏发展着，每一方面的变动都会使三棱锥的形状发生改变，也就是经济体在发生着变化。当某一点的发展程度均超越了其他两点时，便成为三点中的引领者，经济体由量变跨越到质变，发生了属性的变化。根据不同的带动作用，可将三维空间发展模式分为三种：以经济为主导的三维空间发展模式、以社会为主导的三维空间发展模式和以生态为主导的三维空间发展模式。新会陈皮村在贯彻可持续发展理论中形成独具特色的发展路径：采用以生态为主导的三维空间发展模式，引起社会的反响和关注，进而带动经济的效应。具体是通过环境设计实现社会、经济、生态的可持续发展，完成交易平台、文化展示与休闲农业的三位一体发展模式的构建。（图 4 - 6）

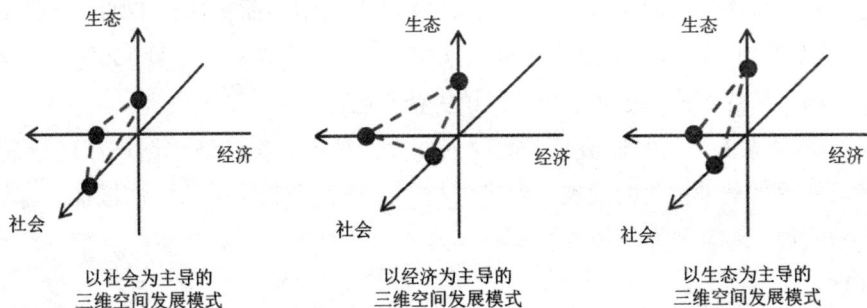

图 4 - 6　经济、社会、生态的三维空间发展模式

## 第二节　顶层设计与企业实施理论下共建市场的初步构想

根据三产融合顶层设计与企业实施理论，2012 年中期，由新会区提出建设新会陈皮产业园交易市场的初步构想，实施企业于当年 9 月提出建设的实施框架。除特别说明外，以下的数据均为 2012 年 10 月以前的数据。

### 一、新会陈皮农产品市场建设必要性分析

（一）项目背景分析

1. 项目背景：2002 年成立陈皮协会后，2003 年新会第一家融合侨乡旅游购物以及推广陈皮文化的零售超市在市区开业，它的发展成为新会陈皮交易市场建设的参考雏形；2006 年新会陈皮列入国家地理标志产品保护；2009 年新会陈皮文化申报"非遗"成功以及开办三届"陈皮论坛"；2011 年举办首届"中国·新会陈皮文化节"，著名品牌李锦记介入新会柑、新会陈皮产品开发，柑普茶热在提升；同时，新会柑、新会陈皮身价也在逐步被市场认知。这些因素带来的反响促使顶层设计的决策者开始思考 2013 年产业发展规划。

2. 2013 年产业发展规划：（1）"中国（新会）陈皮交易市场"立项，推动新会陈皮产业升级为国际品牌化发展；（2）2013 年第二届"中国·新会陈皮文化节"将于中国（新会）陈皮交易市场举办，助推养生保健产业发展。

（二）项目建设必要性

1. 中国柑橘种植面积居世界第一位，产量居第三位，其中湖南、江西、四川、福建、浙江、广西、湖北、广东、重庆、台湾等 10 个省（区、市）的面积和产量已分别占全国的 94% 和 95%，2011 年全国柑橘面积达到 3200 万亩、产量 2600 多万吨。2011 年，新会柑种植规模约 1.5 万亩左右，产量 15000 吨，出皮 750 吨，产业产值超亿元，加工、销售企业近百家。[3]

2. 新会陈皮产品附加值高，能源消耗少，具备低碳经济和循环经济特征。该产品能够带动种植业的发展，促进农村产业结构调整，带动陈皮深加工等第二产业发展，带动研发、物流、零售等第三产业发展，提高产品附加值并增加就业。

3. 缺乏专业市场，制约产业发展。目前业户分散经营、非标准化仓储、无技术鉴定中心等，未形成产业规模效益。

4. 陈皮在保健食品行业前景光明。陈皮目前主要用于茶品、食品、香料、烹饪、出口、中药、饲料等行业，粗略估计陈皮的年销量应在 20000 吨以上，2011 年陈皮在新会交易量 1400 吨左右，仅占全国市场交易量 7% 左右。据专家分析，按照近几年我国保健食品市场 30% 复合增长率，加之人们越来越注重养生保健，预计我国有望超越美国成为全球最大的保健食品市场，2015 年市场规模将达到 4500 亿元。

5. 建设中国（新会）陈皮交易市场的迫切性。以新会陈皮为核心，为陈皮产业发展提供市场平台，有利于产业经济效益最大化。

### 二、项目功能分析与规划的初步构想

（一）地理位置及资源

1. 项目选址于新会南新区银湖大道东 9 号，占地 10.3 万平方米，建筑面积超 7 万平方米，计划投资 3 亿多元更新改造升级，项目地块位置特殊，是 20 世纪 70 年代政府的新会柑收购站旧址，是新会柑种植基地核心区。周边旅游资源丰富，邻近小鸟天堂、梁启超故居、农业基地，衔接银湖“湿地公园”与崖门古战场；依托银湖工业区人气资源，地理位置优越，交通便利。同时，新会有着碉楼文化、岭南广府文化、侨乡文化之都的称号。

2. 地理位置优势体现：（1）区位优势。是珠三角乃至泛珠三角的重要交通枢纽，交通便利，在新会银洲湖周边产业集群内，南车落户周边，联动效应强。（图 4-7）（2）资源优势。土地资源目前在珠三角地区是最丰富的，周边旅游资源丰富。（3）侨乡优势。广大侨胞（世界唐人街经济模式）成为经济发展和对外交往的重要推动力量。（4）能源优势。已逐渐发展成为广东省重要的能源基地。（5）产业优势。新会陈皮、红木家具与台山黄蜡石资源联动。（6）核心保护。拥有新会柑种植永久保护基地。

（二）项目功能规划

中国（新会）陈皮交易市场按功能规划为零售批发、陈皮交易所、配套实施三大部分。

图 4 - 7 新会银洲湖周边产业集群

### 三、项目战略定位与发展目标

#### （一）总体战略发展目标

1. 发展目标：近期发展目标（2013—2015 年）基本形成"中国（新会）陈皮交易市场"的建设规模及配套设施，成为新会区及周边城市文化旅游、特色产业、休闲娱乐集散地，填补本地区文化旅游空白。远期发展目标（2015—2023 年）将"中国（新会）陈皮交易市场"与侨乡文化产业、旅游产业、特色产业进行整合，并升级为珠三角区域三大产业集群品牌孵化基地，成为江门市新会区新的产业经济增长极。

2. 提出对用地进行整改构想。（1）规划整改一：对于项目西侧与梁启超故宫牌坊对面处机耕路，规划建议 42 米道路建设与高压线，建议规整美化。（2）规划整改二：项目东侧印染厂和排污烟囱污染源，建议搬迁或规范整改。（3）规划整改计划：项目北侧因江门大道快速路高架规划建设，将来首期临街商业区全部被征用，建议政府置换近河边地块与项目连成整体，弥补市场发展缺陷。（图 4-8）（4）项目一期建设一个市场二个中心：新会陈皮交易市场，柑普茶加工与仓储中心，新会陈皮技术鉴定中心及服务配套。（5）建筑改造以新会特色与现代商业理念风格并重，包括文化广场、文化长廊、外立面及室内业态布局规划建设。（6）规划设计力求城市、项目、人三者和谐共赢。建筑物的造型体现大型专业市场的现代商业气息，建筑体量能达到空间和视觉的一致性；科学组织人流，车流，物流，满足停车位需求；注重开放空间系统的规划，配合建筑物各主要入口、活动节点，景观方向，提供民众休息场所；合理组织绿地及绿带系统规划，形成完整有序的景观设计。

**图 4-8　建议政府置换近河边地块的设想图**

**（二）运营方案**

以新会陈皮为核心，打造陈皮、养生药材和三高农产品交易中心、新会陈皮标准仓储及技术鉴定中心。形成新会陈皮价格指数，创立新会陈皮标准仓单金融交易模型。政府管理部门负责检查监督、做好工商、税务、质监、物价等服务工作。市场经营如下：1. 本项目投资方为项目的建设法人和经营主体，负责市场的建设、招商与运营。2. 以物业自用、出租和出让三种方式经营。以新会陈皮标准仓储中心与技术鉴定中心为载体，以标准仓单为手段，形成新会陈皮价格指数，创立新会陈皮标准仓单金融交易模型，吸引社会资金共同发掘新会陈皮金融价值；旺季主导交易（新会柑、新会陈皮）、淡季主导旅游（健康产业，工业旅游）；招商策划结合承办"2013 年第二届中国·新会陈皮文化节""第四届中国·新会陈皮产业发展论坛"为项目发展的起点。计划在文化节期间举行：（1）标准仓、产权交易所及商业银行合作协议签约仪式；（2）技术鉴定中心、科研院所、企业技术合作签约仪式；（3）品牌商户入驻挂牌仪式；（4）新会陈皮文化博物馆开馆仪式；（5）柑普茶加工基地启用仪式等。

```
┌─────────────┐    ┌─────────────┐    ┌─────────────┐
│   运营策略    │    │   招商模式    │    │   招商策略    │
└──────┬──────┘    └──────┬──────┘    └──────┬──────┘
       │                  │                  │
   ┌───┴───────┐     ┌────┴──────┐     ┌─────┴─────────┐
   │  差异化策略  │     │  政府协作   │     │  突出宣传重点   │
   └───────────┘     └───────────┘     └───────────────┘
   ┌───────────┐     ┌───────────┐     ┌───────────────┐
   │  品牌化策略  │     │  区域招商   │     │ 加强宣传渠道的有效性 │
   └───────────┘     └───────────┘     └───────────────┘
   ┌───────────┐     ┌───────────┐     ┌───────────────┐
   │  国际化策略  │     │  产业关联   │     │ 提升项目招商专业针对性 │
   └───────────┘     └───────────┘     └───────────────┘
   ┌─────────────┐
   │  批零一体化策略  │
   └─────────────┘
   ┌─────────────┐
   │  业态多样化策略  │
   └─────────────┘
   ┌───────────────┐
   │ 物流仓储系统化策略 │
   └───────────────┘
   ┌───────────────┐
   │  增值服务运营策略 │
   └───────────────┘
```

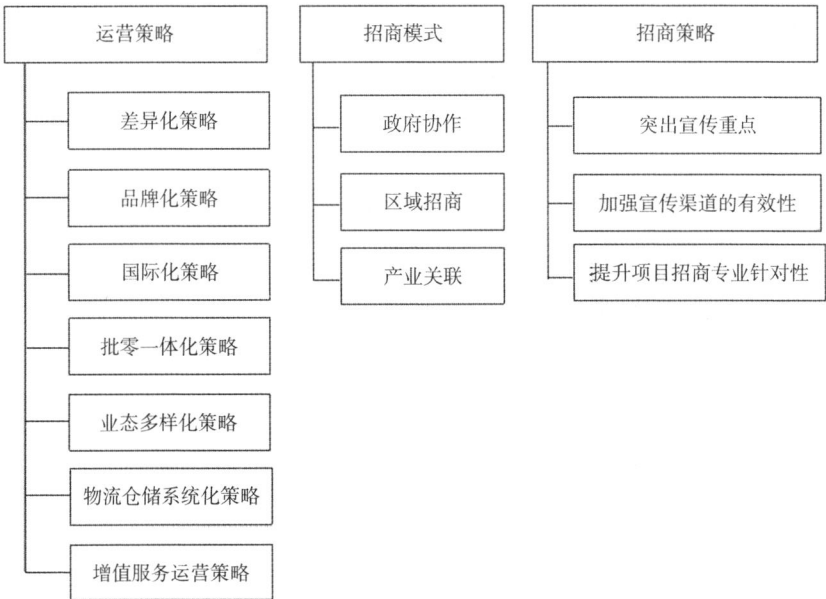

图 4-9 中国（新会）陈皮交易市场项目运营方案

（三）盈利模式及效益评估

1. 价值评估：（1）招商引资 800 余家，对新会陈皮产业投资带动约 20 个亿，新增税收、就业、创业机会。（2）集产学研对接、交易中心、养生保健文化于一体，推动区域经济发展。（3）有效提升城市形象，带动文化旅游发展。（4）项目引入新会陈皮及农产品的生产基地，产业链构成完整，促进物资、信息、人才等产业要素的有序流动。（5）有利于加快产业集聚形成区域特色优势产业，本项目通过提供规模化配套服务减少交易成本、提高交易效率。（6）本项目建成后，能够围绕新会陈皮、养生保健等主题举办常年性展会，有利于推动本地会展业的进一步发展。

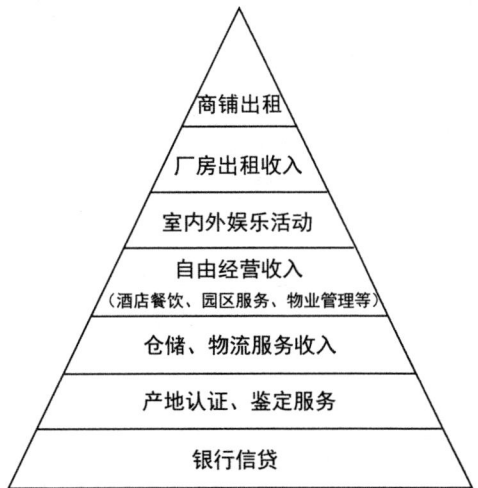

2. 盈利模式（如图 4-10）：

图 4-10 中国（新会）陈皮交易市场项目盈利模式图

（金字塔图，自上而下）：
商铺出租
厂房出租收入
室内外娱乐活动
自由经营收入（酒店餐饮、园区服务、物业管理等）
仓储、物流服务收入
产地认证、鉴定服务
银行信贷

## 四、可行性研究结论

本项目符合国家产业结构调整总体规划。本项目符合江门市国民经济和社会发展"十二五"总体规划。入驻市场的经营企业盈利能力将显著增强，社会效益良好。本项目建设对提升新会陈皮产业发展助推作用显著。前瞻性定位和合理规划，是保障项目成功运营的必要条件，同时需要政府完善的扶持措施、投资商运营管理策略、经营者对于项目的信心、消费者认同度。

## 五、项目投资与运营商的经营管理风险

初步估算，本项目土地和项目建设净投入资金近 3 亿多，为保障市场有足够的吸引力，计划 3 年为免租期，5 年后市场逐步走入正轨，10 年后基本稳定。

表 4 - 1　项目投资估算表

| 工程项目（费用）名称 | 数量 | 单价标准 | 投入费用（元） |
| --- | --- | --- | --- |
| 土地费用（总建筑面积） | 154 亩 | 500，000 元/亩 | 77，000，000 |
| 建设工程费用 | 79，866m$^2$ | 1500 元/方 | 119，799，00 |
| 营运推广费用 | 5 年 | 10，000，000 元/年 | 50，000，000 |
| 其它费用（税费杂费及开支） | 5 年 | 20，000，000 元/年 | 100，000，000 |

## 六、作为企业实施向政府申请的支持

需要政府给予的支持列明如下：

（一）加大产业扶持力度，推动新会柑新会陈皮产业加快发展

制订 2013—2020 年新会陈皮产业发展规划，促进产业转型升级。出台新会陈皮产业扶持政策，设立新会陈皮产业发展基金推动产业发展。建立国家级新会陈皮鉴定中心，制订国家级技术鉴定标准体系及感官评价体系。重点宣传推广"新会陈皮"品牌，制作城市宣传片、媒体广告投放、参与海内外重要展会等方式，宣传推广"新会陈皮"和"中国陈皮之乡"的城市品牌。推动新会陈皮产业立法，进行新会柑种植基地产权确认登记，为扩大新会柑种植及发展提供法律保障。

（二）成立专门工作小组，应对项目的建设、招商与政策申请

因项目改建时间紧迫，政府须开通行政绿色通道，建议政府成立专门的工作小组，分别协助项目的建设、招商和政策申请等工作开展。具体如下：

1. 城建、规划、消防、安监、经促、外经、农业、旅游、宣传等相关部门成立关于项目建设的工作小组，全力支持项目的建设工作，指定专人负责协调跟进。

2. 发改、经促、科技、农业、旅游等相关部门成立关于项目扶持政策申请的工作小组，全力支持项目的政策申请工作，指定专人负责协调跟进。争取申请广东省现代产业 500 强项目、广东省低碳示范园区、广东省新十项工程、广东省公共服务平台、广东省现代服务业、电子商务平台/物联网、省部产学研合作项目、智慧示范园区等省级及以上政策。

（三）农业种植与深加工

1. 生态环境建设，退耕还林。在规划的新会柑保护区内（可考虑扩大西江下游及银湖湾中心种植区），把新建的新会柑园纳入退耕还林范围。

2. 加强苗木和果品质量管理。制订或修订新会柑苗木生产技术规程、果品质量的国家和行业标准。建立新会柑苗木、果品质量认证制度和市场准入制度。对新会柑出口产品推行国际标准。对于区内新会柑种植制订检测留样标准，重视重金属、农药残留含量是否符合食品卫生安全标准，以免因突发事件影响新会陈皮美誉度。

3. 税收政策。对新建并入驻"中国（新会）陈皮交易市场"的果园、果品加工厂和采后处理包装厂，在投产后给予适当的税收减免。

4. 推进产业化经营。鼓励企业投资开发新会柑产业，采取"公司＋基地＋农户"的订单农业模式。加大对行业龙头企业的扶持力度。鼓励以资金、技术形式参与生产加工和市场销售，企业享受税收减免优惠，将研究开发新品种、新技术和新工艺等所发生的费用计入成本，并在企业所得税前扣除等优惠政策，对参与果园基地建设、加工厂建设的龙头企业在审批、办证等过程中，减免手续费和管理费等相关费用。

## 七、顶层设计的支撑

1. 用具体的措施支持中国（新会）陈皮交易市场发展。（1）将市场列入区产业发展专项资金扶持范围，在市场投入运营后每年安排 200 万元专项资金用于扶持项目发展；（2）项目投入运营后，对在本地工商登记、纳税的企业所产

生的税收地方留成部分，前 3 年按 100%、后 2 年按 50% 的标准给予返还奖励；
（3）开发运营及入驻市场经营的企业在设立和运营过程中，涉及各行政管理部门、事业单位收取的市级以下行政事业性收费（城市基础设施配套费除外）实行"零收费"，在办理申报手续时直接免收，属经营服务类收费，给予最大限度优惠；（4）开发运营及入驻市场经营的企业符合条件的，享受江门市农业产业等相关优惠扶持政策；（5）本项目列入"新会区重点旅游推广项目"，享受"江门市旅游业发展扶持办法"的相关优惠政策。

2. 确保"新会陈皮技术鉴定中心"建成省级以上的鉴定中心，建立博士后工作站。

### 八、愿景与目标

中国（新会）陈皮交易市场将整合新会陈皮、养生药材、三高农产品展示交易于一体，构建仓单交易、技术研发、标准仓储、文化旅游等多功能于一体的专业化产业服务平台。凭借政府的扶持、行业的积极参与、经营理念、专业素质以及产业链资源整合，必将使本项目成为国内的商业新焦点。以新会陈皮为核心，打造新会绿色宜居城市新名片。

## 第三节　三产融合理论下陈皮村的品牌策划与定位

政府品牌战略主要是指导性的规划和协调，表现为对所辖范围的全体品牌所有者的一种公共政策和导向，重点是为企业创造发展品牌的良好社会环境。新会区在培育促进品牌成长的市场环境下，注重新会柑和新会陈皮品牌产品的市场名誉和地位的维护，杜绝劣质产品进入市场，促使新会柑和新会陈皮品牌在公正、合理、有序、健康的市场环境下成长。主要措施包括创造促进品牌成长的体制环境、制定品牌战略发展的经济环境、培育促进品牌成长的市场环境、建设维护品牌成长的法制环境等。2013 年年初，在交易市场的顶层构想得到确立后，实施企业从新会陈皮这一特色农产品入手，从品牌目标、品牌定位、品牌延伸、品牌保护四个方面对陈皮村品牌内涵进行策划定位，并着手制定企业经营的品牌战略。

### 一、基于特色农产品开展品牌化战略

我国农产品大部分仍处于初始化阶段，并没有形成令消费者放心、满意的

农产品品牌。没有树立品牌化的农产品，在每年农产品丰收季节，生产的农产品供应远远大于市场需求时，传统、单一的销售渠道不足以容纳过多农产品流通，造成很多农产品低价出售还无人购买，甚至出现滞销现象，想要在众多参差不齐的农产品中脱颖而出，就需要具有独特的属性或是标识。

（一）优秀品质的特色产品作保障

目前，中国大多数农产品仍处于"有名品、无名牌"的窘境中，如2005—2006年度"商务部重点培育和发展的出口名牌"中就没有一个农产品品牌。[4]农产品品牌已经成为制约中国农业可持续发展的一个关键因素。因此，在农产品贸易全球化的今天，农产品走品牌营销之路已经成为当今农产品市场竞争的必经之路。品牌化农产品代表着信赖、安全和高品质，慢慢地对农产品品牌化的需求从个别种类延伸到农产品全产业链中去，例如，品牌化粮油、品牌化蔬菜、品牌化水产、品牌化肉制品等。具有优秀品质的特色产品作保障是品牌化成功的首要因素，如果没有质量过硬的产品，营销手段再好也不会被广大消费者所认同，所以生产质量很重要。要保证优质的产品质量。品牌是用户对产品的外观质量、内在质量和可靠性的信赖。质量是品牌形象的基础，是品牌的生命。

（二）平台的品牌化促进

企业品牌战略是品牌所有者的一种经营战略，是企业建立有利竞争地位的差别化战略。企业品牌战略的目的是增强企业自身素质，提高竞争能力，扩大市场份额，争取更好的经济效益。好的特色产品宣传、推广需要有实力雄厚的营销平台，才能最快速度打开销路市场。"好产品＋营销平台＝打造产品品牌化"，在这一点上山西吉县苹果产业就做得很好。

农产品品牌的发展，首先要充分利用地区的自然资源优势，开发具有地区特色的农产品；然后再引入资金，通过技术创新、扩大规模、推广品牌，提高农产品的附加价值，打造名、优、特农产品牌。农产品建立品牌化需要有多种多样的传播途径和销售渠道才能真正扩大影响力，而农产品树立良好的品牌化、拥有独立的标识，不但有利于打通市场渠道，增加销售产量、提高农产品价格，更方便消费者辨识。

融合型农产品市场重要的特征是推动产品的品牌化建设，进而带动交易市场自身品牌形象的树立和传播，从而获得消费者的认可，形成"名牌"。通过窗口品牌形象，来识别一个或一群出售者的产品或服务，并与其他竞争者的产品区分开来。

（三）互联网时代品牌建设已成为农业经济发展不可逆转的趋势

互联网时代带来的农业品牌迅速崛起的商机，品牌建设已成为农业经济发展不可逆转的趋势。通过互联网技术以及思想的运用，可以从金融、生产、渠道、传播、销售等各个环节改造传统农业，并塑造出新型互联网农业品牌。

## 二、品牌策划与定位

中国（新会）陈皮交易中心项目（2013 年 6 月确定为新会陈皮村交易市场）的策划与定位，除特别说明外，以下的数据均为 2013 年 5 月以前的数据。

（一）项目背景分析

1. 政策与产业背景。（1）政策背景：从中央至地方政府都鼓励农业的发展及专业农产品市场的建设；新会陈皮是新会区政府重点发展和扶持的产业，也是新会农业的支柱产业；本项目获得了区委区政府前所未有的大力支持，力求将其打造为新会的城市名片。（2）产业背景：目前全国柑橘面积达到 3200 万亩，产量 2600 多万吨。新会柑种植规模约 1.5 万亩，种植农户超 430 户，产量 15000 吨，出皮 750 吨，行业产值已超 3 亿元，研发、加工、销售企业近百家；除陈皮茶制品外，陈皮调味料、陈皮食品、陈皮酒等产品的也吸引众多企业家投资研发和生产，形成产业链的新力量；新会陈皮协会对产业规范已做了大量工作，规范新会陈皮产品质量标准，制定了一定的产业标准。（3）总结：新会陈皮产量少，质量优，难以增产；行业发展水平低，缺乏深精加工产品；功能未完全开发，大多用于药、食、饮；新会陈皮协会正在大力推动产业的发展。

2. 市场与消费背景。（1）市场背景：全国没有一个规范有影响力的陈皮批发零售市场。由于全国柑橘种植面积广，一定地区域内对陈皮的消费很小（广东市场除外），因此全国范围内未形成统一规范的专业陈皮批发零售市场；新会陈皮市场消费潜力巨大。根据市场调查结果分析，江门地区平均每人每月陈皮的消费量是 24.4g，平均每人每月的消费金额是 27.7 元。以江门 2012 年总人口 448.27 万计算，江门一年的陈皮制品及其消费是 1312.5 吨，相应的支出费用为 14.9 亿元。由以上数据可知，新会陈皮在整个广东甚至全国存在巨大的市场潜力；市场上存在大量假新会皮，仅就江门地区而言市场就存在一半左右假冒新会陈皮的普通皮，全国市场范围内，被假冒的新会陈皮比例将更大。在江门，有近一半的商家称其货品是自己生产，但只有不到三分一的商家有自己的种植园。从消费者的数据推导显示，江门地区一年的陈皮产品用量是 1300 吨，消费金额是 14.9 亿元，与新会陈皮每年 750 吨的产量、不到 10 亿的产值数据不符。

小结：新会陈皮有名却没有品牌。目前市场上没有出现有名的新会陈皮品牌，新会陈皮是名产品却没有名品牌，价值不能得到有效的提升。（2）消费背景：新会陈皮的消费者主要为广东地区人以及原先海外华侨。全国其他地方的消费则主要集中在陈皮制品；消费者购买新会陈皮时对价格最为敏感，其次是质量，有近六成的消费者认为价格是影响陈皮消费的主要因素，有超过三分之一的消费者认为质量是影响消费者的第一因素；消费者对新会陈皮的购买率不高、随意性大，极少会批量地采购，有大约10%—20%是靠赠送获得，40%左右是依靠自己制作。从图4-11中可以看出消费者的随机购买占到六成，定时定量的定点批量购买仅占少数。

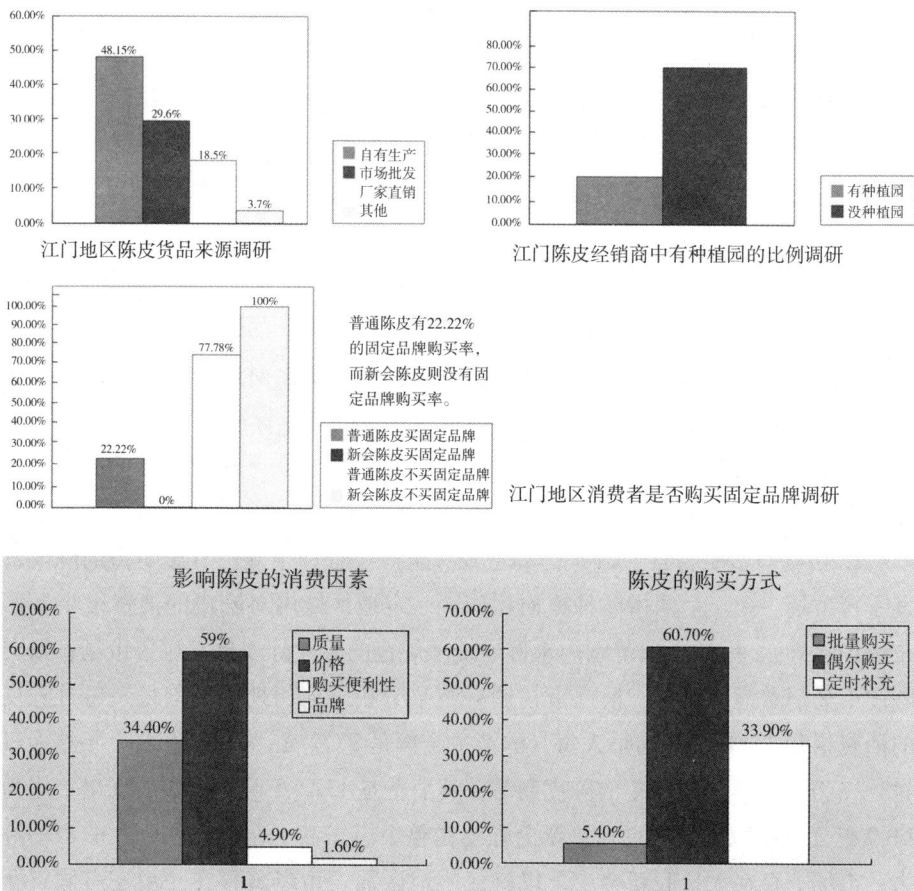

江门地区陈皮货品来源调研

江门陈皮经销商中有种植园的比例调研

普通陈皮有22.22%的固定品牌购买率，而新会陈皮则没有固定品牌购买率。

江门地区消费者是否购买固定品牌调研

图4-11　陈皮村项目市场与消费背景分析

（二）项目 SWOT 分析

农产品市场品牌营销的 SWOT 模型是将与项目密切相关的各种竞争优势（strength）竞争劣势（weak ness）机会（opportunity）和威胁（threat）通过调查列举出来，并依照矩阵形式排列，然后用系统分析的思想，把各种因素相互匹配起来加以分析，从中得出一系列相应的结论，结论通常带有一定的决策性，为提出有针对性和可行性的方案提供理论依据。（图 4 – 12）

| S | W |
|---|---|
| 1、新会陈皮拥有悠久的历史沉淀，具有被广泛认可的 价值优势 | 1、地处工业区，没有商业项目与之联动；且周边有污染源影响运营 |
| 2、项目具备完备的硬件配套和软件资源 | 2、现阶段本地新会陈皮的产业发展难以支撑项目体量 |
| 3、全产业的覆盖，更易形成规模效益、综合效益 | 3、新会陈皮全国知名度较低，项目辐射全国能力较弱 |
| 4、便捷的交通，靠近中心城区 | |
| O | T |
| 1、目前全国没有专业规范的陈皮批发零售市场 | 1、受营业规模、资金、管理等限制，导致商家入驻项目的意愿不强 |
| 2、政府政策的大力支持 | 2、市场上存在大量的假"新会陈皮" |
| 3、陈皮协会的积极推动 | 3、消费者购买随意性大，没有形成消费习惯 |
| 4、新会陈皮经销商对深加工场地和标准储存仓有一定需求 | 4、消费者对价格敏感度高 |
| 5、五邑黄金旅游线路 | |

图 4 – 12　陈皮村项目的 SWOT 分析模型

总结：1. 从新会陈皮产品和产业优势与市场机遇结合分析（SO），在国家大力发展现代农业的利好下，建设囊括新会陈皮全产业链的专业批发（结合零售）市场，拥有更好更远的发展前景。2. 从优势和外部挑战结合分析（SW），对于新会陈皮产业而言，尽快发展专业批发市场为品牌农产品提供了扩大市场份额的机会，同时也排斥无品牌农产品的市场进入。3. 从 SWOT 四个整体分析，市场的建设须以新会陈皮的历史文化和新会地区的历史文化结合起来，发展新型特色化农产品市场，发展观光农业旅游的样板，通过发展农产品电子商务，搭建电子商务平台。为实施农产品品牌营销提供广阔的空间。

（三）功能定位

1. 一个中心：中国（新会）陈皮交易中心是项目的核心，是项目最主要的业态，也是项目的基础。交易中心主要以新会陈皮及其制品的批发零售为主，兼营陈皮制品、新会土特产等产品。市场功能分为鉴定区、精品区、品牌区、特产区。2. 两个热点：休闲养生、文化旅游是整个项目的热点，将吸引众多的消费者前来消费，使项目有充足的人气，其中：特色餐饮主要包含特色养生宴和特色小吃。柑普茶休闲：将养生与休闲旅游相结合，同时满足高端客户休闲、商务会晤的需求。3. 三个支撑点：产品深精加工、产品研发、投资收藏是项目的支撑点。产品深精加工，为项目提供产品包装、深加工的服务，丰富产品线，是项目的基点。产品研发，包括新会陈皮的文化研究和新会陈皮新产品的研发，是项目的价值源点，为项目的价值提升提供源源不断的动力。投资收藏，是项目的战略制高点，提升新会陈皮的产业价值和项目的品味（注：这为后来的陈皮银行新模式给出了方向）。

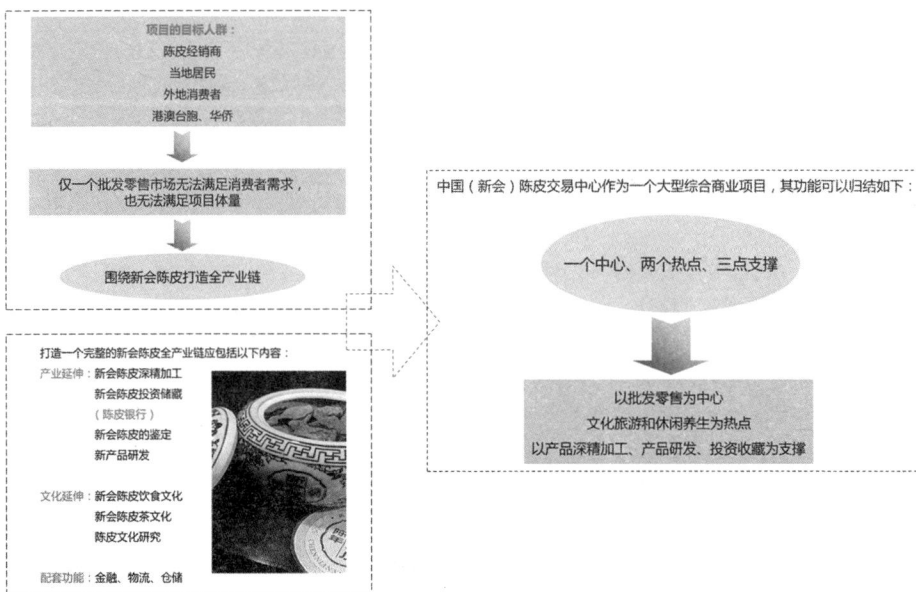

图 4-13  新会陈皮村功能定位分析图

（四）文化与形象定位

项目处于人文鼎盛的五邑侨乡——新会，深受岭南文化、广府文化滋养。项目应具备岭南文化的厚重、广府文化的大气、区域侨乡文化的特色。项目建筑风格上融合了岭南特色元素。项目周边的广场上可树立"游子思乡"主题的雕塑，展现五邑游子爱乡、思乡的情怀。

中国新会陈皮交易中心在人们心中的形象是：1. 专业：代表着价值提升的原动力。项目以新会陈皮为着力点，囊括了新会陈皮的鉴定、加工、交易、文化旅游、养生，形成了全面的产业链，提升了产业价值。2. 高端：高端即品质，品质是价值的保障。项目经营的是最好的陈皮（新会陈皮）；有最好的配套（标准仓库、物流体系）；最好的品质保障（陈皮鉴定中心）；最优的业态组合（产品研发、交易）。3. 稀缺：是项目最大的价值体现，它是唯一的。新会陈皮是道地的陈皮，中国（新会）陈皮交易中心则是一个主要经营最好陈皮的市场，一个囊括新会陈皮全产业链的市场，一个专业批发零售市场。中国新会陈皮交易中心专业、高端、稀缺的形象塑造应当与新会陈皮的历史文化和新会地区的历史文化结合起来。

（五）项目品牌内涵挖掘

1. 品牌内涵挖掘：包括产品价值、文化价值、商业价值、社会价值，分别进行推导。（图4－14）

2. 挖掘史料：从"和药"、烹饪养生与柑普茶三者剖析产品价值。《本草纲目》果部第三十卷："黄橘皮，其味属辛、苦、温，苦能泄能燥，辛能散，温能和。其治百病，总是取其理气燥湿之功。同补药则补，同泻药则泻，同升药则升，同降药则降。脾乃元气之母，肺乃摄气之籥，故橘皮为二经气分之药，但随所配而补泻升降也。"《中医手册》："橘皮以广东新会所产为佳，功效燥湿化痰、降逆止呕……"《中药大辞典》"新会皮，橘皮也，以陈年者辛辣之气稍和为佳，故曰陈皮。"《神农本草》《中国药典》《饮膳正要》《中药志》等对新会陈皮也多有陈述。近代新会陈皮更被称为"第一和药"。

3. 文化价值：（1）深挖历史文化，讲故事。故事一：新会陈皮的大量使用最早始于宋朝，距今近700年历史。民间对新会柑的来历有一段传说：在很久前一群仙鹭瑶池宴会后途径新会，见这里灵山秀水大为惊叹，于是把从瑶池带来的橘种散播在此，便有了新会柑和新会陈皮。"仙橘种＋灵山秀水"，表达的是天地相合孕育万物的思想。故事二：新会当地民间传说，距熊（ní）子塔越近的新会柑产的新会陈皮质量越好。这是因为熊子塔所处的地方是由潭江和西江冲击而成，具有不可复制的独特的地理环境和土壤条件，所以新会陈皮具有普通陈皮不可比拟的药用和食饮价值。业界有"一两陈皮一两金，百年陈皮胜黄金""千年人参，百年陈皮"的说法。陈皮也是广东"三宝"之首。（2）侨乡文化。新中国成立前新会地区人民贫苦，大量的新会人为讨生活背井离乡，闯荡港澳、旅居海外。新会与新宁县、开平县、恩平县被称为四邑，形成了独特的侨乡文化。每个旅居的五邑人在离开家乡时都会带新会陈皮，一来可以治病，二来也是对故乡的牵挂。五邑人对陈皮的眷恋就是对家乡故土的眷恋。现在许多华侨都回家乡投资造福家乡，给家乡带来资金、技术和繁荣。（3）文化传承。新会陈皮的制作技艺传承近700年，现在的新会陈皮制作技艺仍然与古代保持一致。新会葵艺、新会鲤鱼灯、白沙茅龙笔制作技艺、蔡李佛拳等国家级非物质文化遗产传承至今，在今人不断的钻研创新下焕发了新的生命力。

4. 商业价值："产学研"集成了陈皮产品的交易、储藏、深加工、投资金融、新产品的研发等多种商业功能。汇聚了陈皮的全产业链条，提升了陈皮的整体价值，使项目具有平台价值；项目设立了新会陈皮鉴定中心，对产品进行专业的权威鉴定，保证产品的质量，保证公平交易。项目提供专业的物流服务和标准仓储服务，有专业价值；项目以经营高端的新会陈皮为主，以普通陈皮为辅，设立陈皮文化研究中心、陈皮加工厂、标准储存仓，使新会陈皮的产业链向高端的保健品、金融投资等延伸，有行业价值。

5. 社会价值：项目作为新会陈皮产业发展的里程碑，围绕新会陈皮进行深度的文化开发，发掘陈皮的养生文化，通过陈皮养生宴、陈皮养生茶、陈皮风情街等文化的深度包装，吸引消费者。促进旅游购物、旅游养生、文化休闲的消费，使其成为新会对外的城市文化名片。项目围绕新会陈皮汇聚研发、加工、交易、投资全产业链条，提升新会陈皮的总体价值，促进就业增长和种植果农的增收。

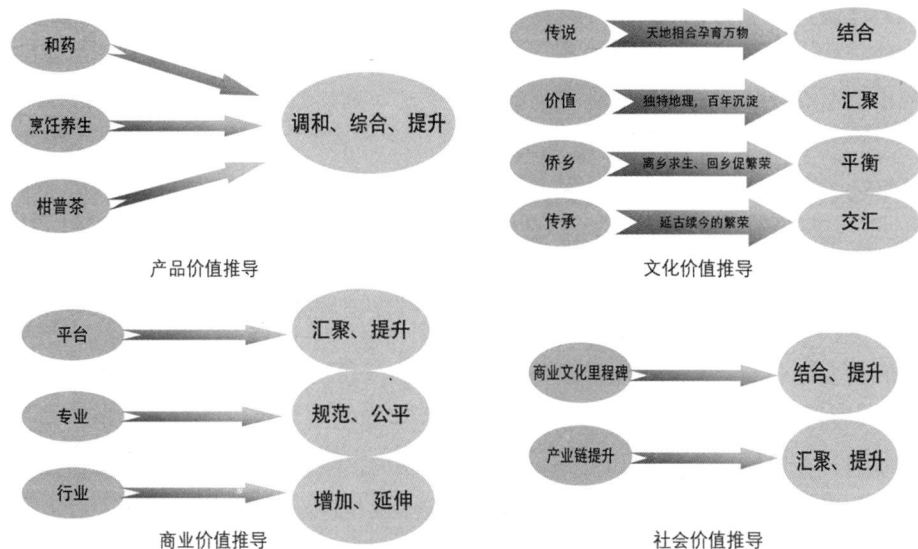

图 4 – 14  新会陈皮村品牌内涵价值推导

### 三、项目核心价值阐述

（一）核心价值提炼

1. 与陈皮产业之和，聚合陈皮产业链的相关资源，将拥有更好更远的发展前景。2. 与休闲养生之和，创造了特色餐饮、文化旅游等功能于一体的新聚焦点，予人身心愉悦的体验感受。3. 与文化旅游之和，连接新会旅游黄金线，依托特色餐饮和相关休闲项目，形成联动的旅游效应。4. 与投资收藏之和，首创融合交易、仓储、研发、金融于一体的高端专业平台，迸发出融资服务的勃勃生机。5. 与区域特色之和，以新会陈皮为聚焦点，充分挖掘侨乡文化和五邑文化的地域特色，扩大其传播范围与影响力，渗透和辐射全国甚至国际。（图 4 - 15）

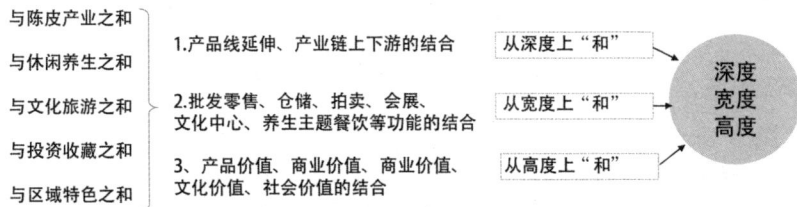

与陈皮产业之和
与休闲养生之和
与文化旅游之和　　　　1. 产品线延伸、产业链上下游的结合　　从深度上"和"
与投资收藏之和　　　　2. 批发零售、仓储、拍卖、会展、　　从宽度上"和"　　深度
与区域特色之和　　　　文化中心、养生主题餐饮等功能的结合　　　　　　　宽度
　　　　　　　　　　　3、产品价值、商业价值、商业价值、　　从高度上"和"　　高度
　　　　　　　　　　　文化价值、社会价值的结合

**图 4 - 15　新会陈皮村项目核心价值提炼**

（二）拟人化阐述核心价值

以"天人合一，万物和谐"为落脚点，阐述品牌之道，包括品牌视觉、分阶段的广告口号、广告传播、营销传播、文化传播和作品设计制作等具体环节。将中国（新会）陈皮交易中心的"和"文化拟人化来剖析推广，包含五个内容，分别对应五个方面的推广传播：1. 身份即品牌定位。就是明确要做一个什么样的人。中国（新会）陈皮交易中心以新会陈皮为核心，成为新会陈皮品牌形象"和"文化的有力传播者。2. 思想即品牌文化。项目的核心价值是"和"，以"天人合一，万物和谐"的文化内涵，聚合包容着陈皮产业、休闲养生、文化旅游、金融投资和区域特色等，形成有价值、有力量的整体。3. 风度即品牌气质。项目既包含了具有岭南特色的建筑物，同时以"和"的理念融入西方现代装饰风格，集合展览、金融投资等国际高端行业，将成为新会地区形象名片，让每一个来到这里的客户都能感受到中国（新会）陈皮交易中心的魅力。4. 行为即公关营销。项目用"和"的理念，汇聚陈皮产业的经销商和消费者，共同打造公平诚信的平台，营造和谐的氛围环境。公关活动的主题、宣传产品等都以核心价值进行推广，全面整合企业利润、消费者需求和社会价值三方面的内容。5. 言即广告传播。项目全面诠释"和"的核心价值，品牌视觉语言、分期推广的广告语和广告传播内容，包容电视广播报纸杂志网络广告，都将围绕核心价值来创写。（图 4 - 16）

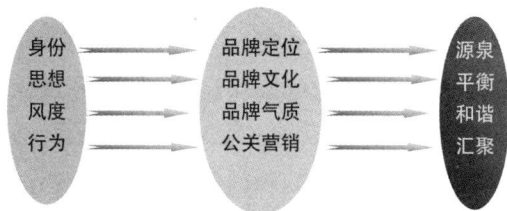

图4-16 新会陈皮村核心价值运用导图

### 四、品牌标志设计理念

#### (一) 品牌标志的本土性和唯一性

品牌标志设计强调新会的本土性使其具有地域情感，突出并提炼新会陈皮制作的开皮方式是体现品牌标志的唯一性。"两刀三片"是新会陈皮制作工艺中特有的开皮方式，通过对其制作工艺的"抽丝剥茧"进行艺术化的处理。方案对新会陈皮的形体特征进行艺术提炼，把新会陈皮两刀三片的工艺反映到设计上，更体现新会陈皮村品牌形象的唯一性。陈皮的价值在于"陈"，陈皮上的"蹦口"是陈皮存放时间长久之后出现的形体特征，这个细节增加了品牌形象的辨识度。(图4-17)

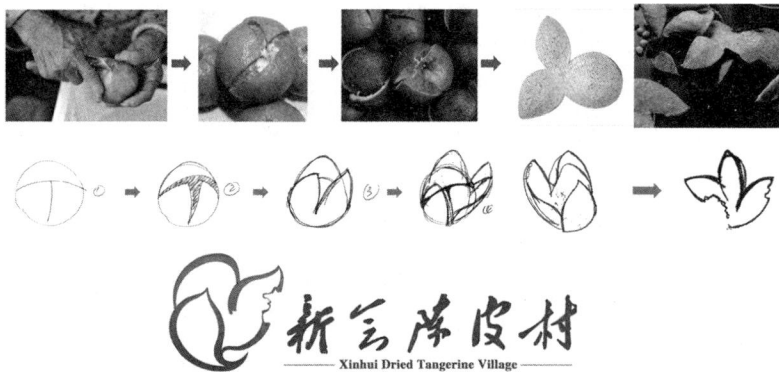

图4-17 新会陈皮村品牌标志创作思维导图

#### (二) 策划新域名

大多数市场经营者忽视了市场名称和品牌口号。在信息时代，要让别人知道品牌的存在首先要有好的名字，即品牌名称。如何让大家记住或者了解品牌？需要合适的自我介绍，通俗地讲，能用一句话向顾客介绍品牌的利益、信念、价值和功能，即品牌口号。

1. 品牌名称不仅是让别人知道，更是品牌核心价值的表达。品牌要在顾客认知中打造"可信"的形象。新会陈皮村不是一条自然村，也不是行政村，而是经品牌策划后取的名字，是新会陈皮农产品交易市场的名字。在新会，当地民间有一个说法：距熊子塔越近的新会柑产的新会陈皮质量越好，熊子塔能望得到的地方是新会柑的核心产区。而新会陈皮交易市场就在距离熊子塔 500 米的地方，名称采用"'新会陈皮'＋'村'"，突出品牌的核心性与可信性，与品牌定位的专业性一致，为"新会陈皮村"作为新会陈皮质量的守护者奠定了基础。

2. 品牌口号是品牌形象的高度凝练。品牌口号要起到支持品牌名称和标识、强化塑造品牌形象、向顾客或客户展示品牌带给他们价值和信念、表现产品的情感价值四个作用。品牌口号要简短有力、好传播。根据新会陈皮品牌保证和新会陈皮村作为产业服务平台，从而塑造出"让世界爱上陈皮"这句话作为品牌口号，构建"新会陈皮村的使命"。

### 五、新会陈皮村品牌新价值

在 2018 年中国品牌价值评价中，新会陈皮品牌价值 89.1 亿元。"新会陈皮村"品牌名称准确地阐述了"新会陈皮"品牌的道地性，从某种意义上讲，新会陈皮村是新会陈皮的代言人。（图 4 - 18）

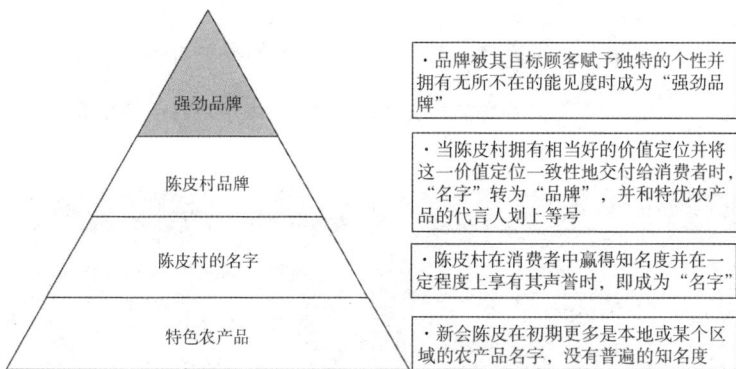

**图 4 - 18　新会陈皮村四个品牌经营阶段**

## 第四节　三产融合理论下陈皮村的规划与设计

2013 年 5 月基于品牌角度考虑，正式将"中国新会陈皮交易中心"定名为"新会陈皮村交易市场"，即启动新会陈皮村的规划与设计。

## 一、从构想到规划

### （一）从立项时的功能构想到总体规划的空间演绎

2012 年开始交易市场的创建构想，经过企业七年时间的建设发展，可以清晰看出陈皮村总体规划在动态上发展的轨迹。（图 4 - 19）到 2020 年，新会陈皮村三产融合示范园、丽宫陈皮产业园、新会陈皮产业公共服务中心以及新会陈皮文化博览中心一起形成新会陈皮产业文化推广圈的区域格局。（图 4 - 20）

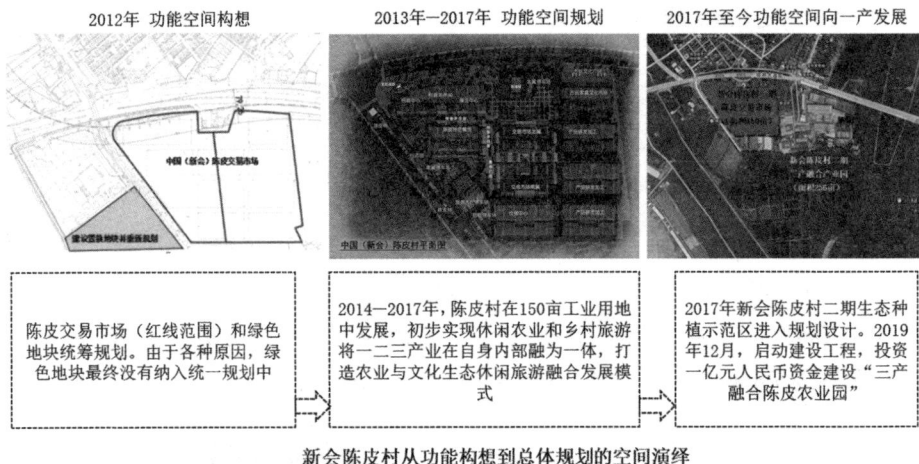

新会陈皮村从功能构想到总体规划的空间演绎

图 4 - 19　新会陈皮村从功能构想到总体规划的空间演绎

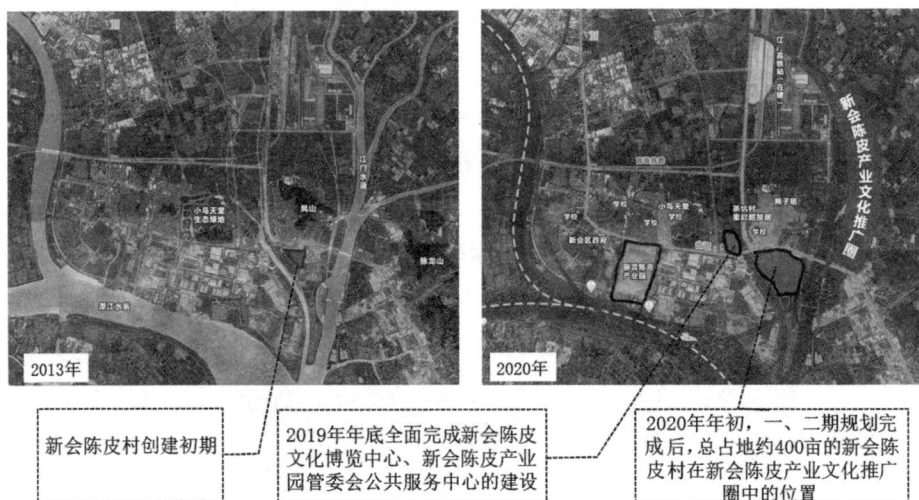

图 4 - 20　新会陈皮产业文化推广圈的区域格局（作者自绘）

（二）陈皮村场地的原状分析

陈皮村原状的九间厂房，分别编号为1—9号馆。（图4-21）

陈皮村原状：钢结构厂房内部，每间面积约6000—9000平方米，高约9米，由于缺少保温隔热设施，室内冬冷夏热

陈皮村原状：钢结构厂房外观

全国文物保护单位梁启超故居

总用地面积150亩，建筑面积约7.5万平方米

图4-21　2013年5月前陈皮村原状图

## 二、建筑形态规划的两种思路与融合理论下的必然选择

在陈皮村的建筑形态规划上，由于两种不同思路下曾先后出现两个方案，下面分别用A方案（原方案）和B方案（新方案）区分开来。

（一）A方案的剖析

钢结构厂房外观简陋单调，因此要在外立面贴上仿古青砖、灰瓦、仿古门窗将厂房改造成明清仿古建筑群，来美化钢结构厂房。建筑空间形态参考大型超市的做法，在室内装上中央空调达到舒适的购物环境，因此根据建筑规范中的隔热、节能等强制指标，在简陋的厂房上加上保温隔热层，解决中央供冷后的保温隔热问题。因为外立面加固了仿古青砖以及保温隔热层，增加了荷载，就要对厂房原结构重新评估，厂房四周也要重新加固基础和厂房结构。这种对原结构层层加固，进而又增加更多要求的做法，称为"一壳加固"。"壳"指钢结构厂房的围护外墙。（图4-22）

特点：建成商场建筑，室内像购物超市一样舒适，强调室内空间独立性和功能性。但工程造价高、设计工作进展慢、施工周期长，室内商业空间与室外景观之间的交融度不高。

图4-22　新会陈皮村A方案效果图（2013年）

（二）B方案的剖析

利用厂房空间高、跨度大的特点作以下的设计：1. 尽可能保留厂房原始面貌。结构轻盈、空间高大是每座厂房的最大优势。原厂房结构和主要外墙围护已经符合工业加工场所的要求，不需再做加固改造。钢结构厂房的屋顶和外墙本身是功能壳；2. 充分利用厂房跨度大空间高的特点，在室内再造一个具有场景特征的装饰壳——称为"内建筑"（关于内建筑在第五章零起点理论中详细介绍）；3. 在厂房外面建一个生态壳——以植物和园林景墙组成的带状景观层。（图4-23）

图4-23　新会陈皮村B方案鸟瞰效果图

三层壳相互独立，又彼此相互作用：1. 原厂房层作为"功能壳"为内建提供挡风遮雨的作用，使装饰壳（内建筑）可以灵活搭建各种乡土气息的室内或室外场景，类似舞台布景一样；2. 装饰壳起细分空间以及内隔热作用；3. 景观生态壳装饰厂房建筑单调的外立面，还起降噪音、遮阳等作用，同时室外景观透过玻璃渗透进室内，为室内的商业提供了生态景观画面。这种方式被称为"三壳融合"。（图4-24）厂房功能壳是已经存在的，生态壳采用植物、水系和景墙组成，最后的焦点是装饰壳的建造与装饰材料的选用上。这种建造与装饰材料要符合重量轻、易造型、采购货期短、施工快的要求。因为陈皮村倡导"和药"的健康养生主题，所以这种用在建造与装饰上的材料要环保。经过对比分析，用当地的乡土材料——竹材——对钢结构厂房进行改造，可以为矛盾的突破找到切入点。

特点：原建筑结构不需大范围改动，设计时间短，施工工序少，可以快速成形。但对设计中融合多专业的能力要求较高，对创新的要求也高，竹材耐久性低，大面积应用有一定的风险。

（三）B方案是融合理论下必然的选择

B方案设计思路是将陈皮文化中"和"的价值观融入规划设计中。（图4-25）新会区地处珠江三角洲的银洲湖畔，在地貌上三山环抱、三水汇聚。由于西江的洪水、潭江潮水以及南海的海水共同作用，形成独有的"三水融通"的水土特色。新会陈皮具有"和药"特征，陈皮的"和"不仅表现在对食材、中药的调和作用上，更体现在调和、综合以及提升的文化内涵上。

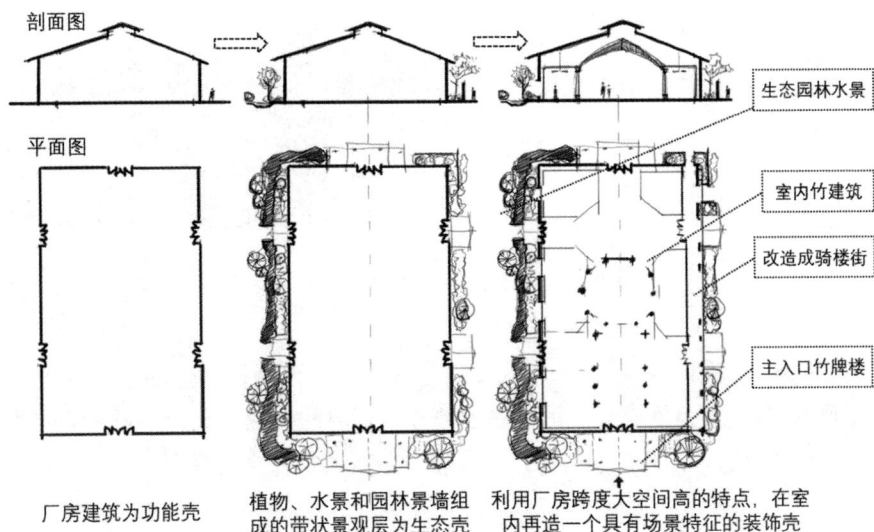

剖面图

平面图

生态园林水景

室内竹建筑

改造成骑楼街

主入口竹牌楼

厂房建筑为功能壳

植物、水景和园林景墙组成的带状景观层为生态壳

利用厂房跨度大空间高的特点，在室内再造一个具有场景特征的装饰壳

图4-24 新会陈皮村"三壳融合"方式剖析

"三壳融合"讲究围合与开放交织，围合是要遮挡简陋厂房的表皮，因此要做得轻盈，采用园林绿化是最好的方式。开放就要将厂房原有的低矮的铁皮围敞（约3米高）打破，采用内凹方式将骑楼空间、天井等嵌入厂房内，让室内外空间相互渗透。同时采用落地玻璃窗将室外景观引导入室内，也把室内的空间场景向外展示，让室内外的景观产生交流。要落实"三壳融合"设计的关键点是说服投资商取消交易市场室内集中供冷的方式，让大面积的公共部分，如大厅、内街区、走道等空间采用自然通风，而办公、餐厅、体验馆和商铺等室内则采用分区空调制冷。基于可以节省运营成本的原因，这一点经营方完全接受。

总而言之，"三壳融合"尝试用融汇贯通的思维方法去解决场地中诸多的问题：1.利用中国传统园林虚实手法，竹建筑装饰，内外水景的融入以及内外广场的围合等方法，解决原厂房简陋单调的问题；2.利用地域特色文化，生态环保理念和可降解材料，去解决商业、文化、环境三者相互的"融和"；3.利用岭南建筑"天井"的概念解决室内外景观交融，以及建筑的通风与采光等问题。以上措施达到生态景观与商业的互相交融。

在陈皮村经营者对比了A和B方案后，特别是考虑B方案能解决经营者面临的"痛点"时，果断选择了B方案。"痛点"一词多用于产品的市场营销中，是指用户遇到的问题（关于陈皮村的痛点思维在本章第五节阐述）。

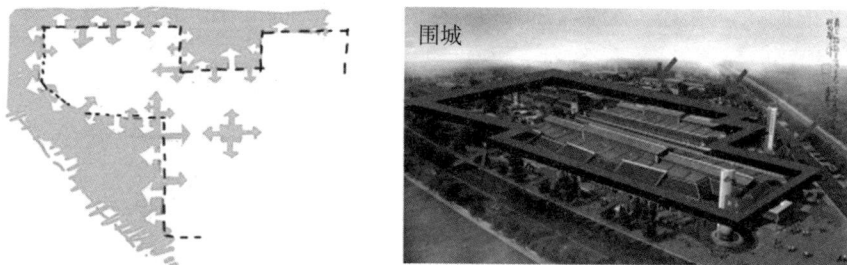

围城

图4-25　A、B方案对比分析图

A方案（右图）比较封闭，缺乏流动性，犹如铜墙铁壁一样严实。B方案（左图）绿色部分是生态景观区，白色部分是室内的商业文化区，两者以"和"为主题相互渗透。让观众感受多层次丰富的景观效果和文化享受。

### 三、从"前店后厂"商业模式到"前店中厂后院"的三产融合全格局

#### （一）"前店后厂" 商业模式

"前店后厂"传统商业模式的特点是利用同一场地的窗口区域及时收集和反馈市场信息，利用后台场地资源和劳动力优势进行产品的加工和仓储，缩短从加工、仓储到销售终端的距离。陈皮村农产品市场要实现产业融合就要在规划布局上处理好三大功能模块内若干子单元的整合与动线设计。规划设计以6、8号厂房为中心，再利用靠西北主干道的1、3号厂房，形成以展销、体验为核心的前店区。重点投入资金对厂房进行装饰改造，在开阔地建设生态景观；利用东南5、7、8、9号厂房规划成"L"形布局的后厂区，保证物流、加工、仓储三者工作流程在空间上的顺畅关系。同时在前店中心区设置标准仓储样板间和加工示范点，与其他展示功能一起形成紧凑的参观体验动线。后厂区保留原厂房建筑的工业化特点不作任何装饰，既节省装修投资成本，又与前店区的乡土特色的竹建筑形成鲜明的对比。

#### （二）"前店中厂后院"的三产融合全格局

随着陈皮村二期"陈皮文化三产融合产业园"建设的启动，陈皮村交易市场在空间业态上的"前店后厂"模式向更完整的三产融合示范模式转变，形成了"前店中厂后院"的三产融合全格局（图4-26）。

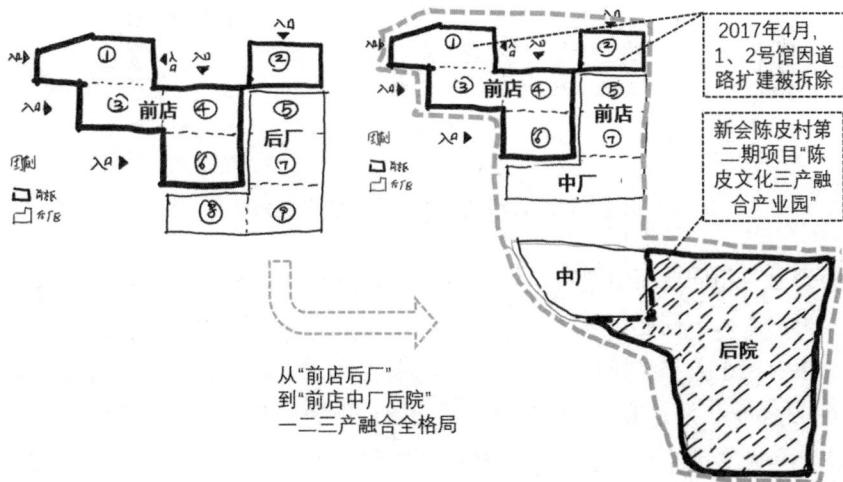

图4-26　前店后厂模式发展分析图

### 四、三大功能融合下业态模块的整理

设计者洞察到九间钢结构厂房布局紧凑、室内高大、交通完善等特点，从规划入手，在厂房内融合加工、销售和特色文化旅游三大功能。三大功能下有各自的业态，每个业态内有若干个单元，例如，加工功能内的原材料仓库和旅游服务功能内的餐厅等即为单元。其中销售模块下的实体交易市场有将近200家店铺，由此可见，三大功能下就有近五百家功能子单元。采用系统分类将之归纳为两类不同层面的模块：一是功能模块，二是功能模块下的业态模块。例如，陈皮村的服务功能包含销售模块、旅游模块和会展模块，而旅游模块下有餐饮业态和住宿业态子模块。每个模块内有鲜明的特征与要求，同时在产业融合下各模块之间又表现出渗透性，即某些业态特征边界与功能归属模糊化。（图4-27、图4-28）

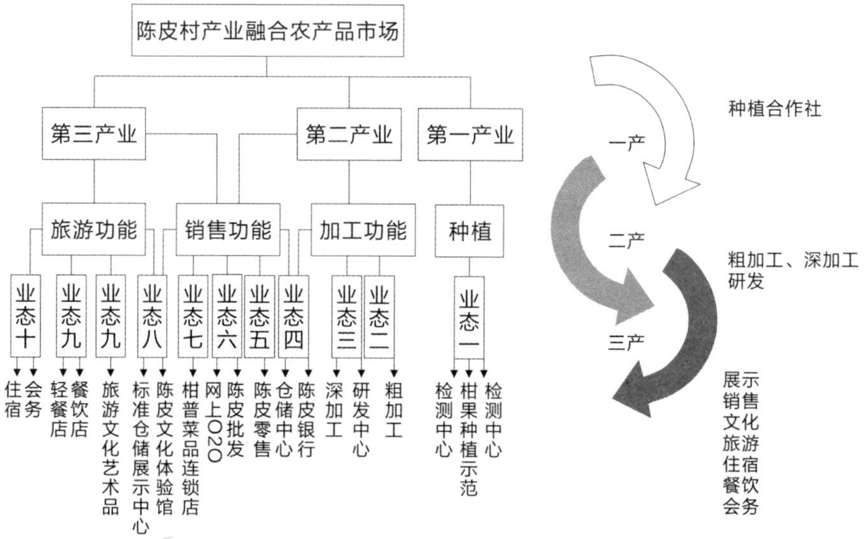

图4-27 三产融合型市场功能模块系统

整理是对相同或相似业态单元进行归纳并形成业态聚集，融合则要求在同业态集群内渗入不同业态单元。功能综合（integration）有利于不同类别的消费需求，也有利于人群多样化（diversity）的社会需求。陈皮村单栋厂房建筑面积约有6000—9000平方米，满足同业态单元数量上的聚集，为功能模块内同一业态提供相对独立的空间。例如，餐饮功能的单元就集中在"美食987"的3号馆，该区为每家餐饮门店统一提供中央制冷和新鲜风设备系统，还有油污的统一处理和排放，避免子单元重复建设造成的不便与浪费。在美食987的东区临街铺面，又规划少量的零售店，它们以零售陈皮产品为主，同时扮演便利店的

功能，为游人提供饮料、零食和一些生活小用品。（图4-28）休闲性的轻餐店与饮品店（一般不需要厨房）则在一号馆（运营中心）的南边和陈皮零售店混在一起。在陈皮村的美食街用完餐，大多数人会到市场里逛一下，轻松散步之余随手捎上一袋陈皮，或专门带朋友来买陈皮时顺便在这里吃上一顿陈皮宴或古井烧鹅。多元和混合的业态可以做到"你中有我""我中有你"，相互促进消费。业态的相对集中又利于资源的共享，让节能和环保的措施发挥更大的作用。厂房之间约10米宽的道路改造成具有古邑侨乡风情的骑楼街，形成户外休闲与购物特色景观区，每到节假日举办土特产小集市，为游人提供多元的购物体验。户外街景上空建设跨街风雨廊，方便游人在雨天或日晒时从一个功能业态区（一栋厂房）到另一个的联系。（图4-29）

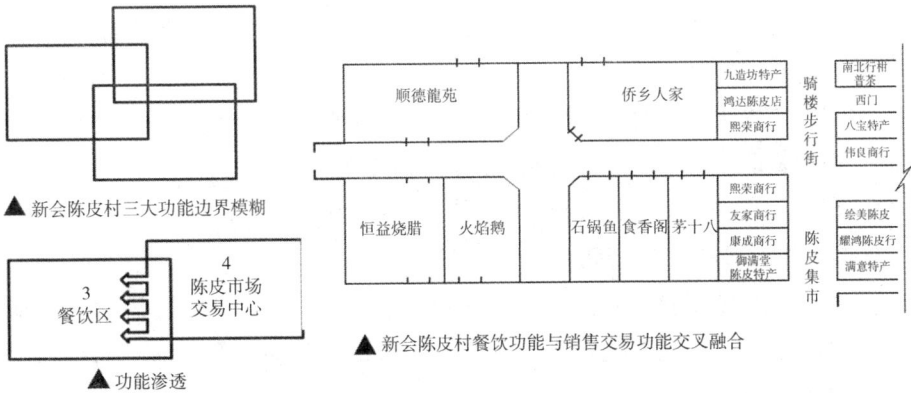

▲ 新会陈皮村三大功能边界模糊

▲ 功能渗透

▲ 新会陈皮村餐饮功能与销售交易功能交叉融合

图4-28 三大功能边界模糊与交叉融合

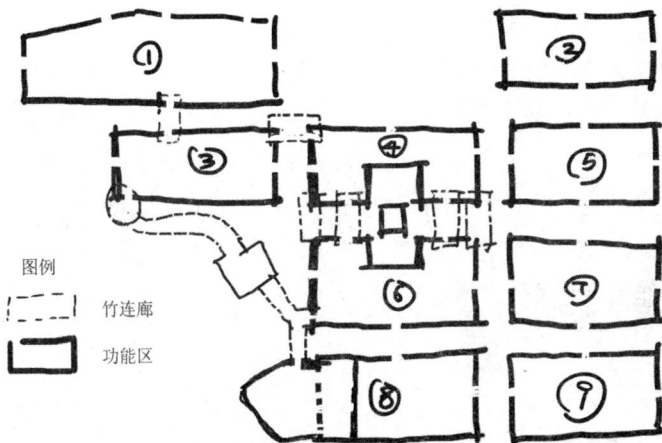

图4-29 竹建筑与功能区联系图

### 五、多元特色文化的交融构建六观空间

乡村特色是陈皮村在"三产融合"理论下构建"资源观""科技观""产品观""空间观""产业观"以及"主体观"六观空间的有效融合剂。

（一）侨乡文化与陈皮文化交融

陈皮村的乡村特色是由多元特色文化组成，包括侨乡建筑文化、农耕文化、陈皮"和"文化以及创新的时代精神融汇而成。江门五邑地区是全国最著名的侨乡之一，最早出现移民的时间可以追溯到宋元时期，19世纪中期鸦片战争后，由于海外对廉价劳动力的大量需求以及五邑地区天灾不断、土匪横行等原因，五邑人被迫走上越洋之路，奠定了五邑华侨在世界各地的基础。[5] 在大量华侨回乡建设的大拉力下，各地华侨将其他国家的文明、思想以及成果带回了国内，并深深地影响了当时的五邑乡土义化，表现最为明显的是近代五邑地区乡土建筑的发展。一方水土一方人，侨乡文化的开放与兼容、"三水汇聚"独特的风土人情、新会陈皮"和"药的文化内涵所呈现的文化价值，一直为当地人所推崇，并潜移默化地影响着五邑地区人们融合创新的精神特质。

（二）"拔点抽疏"增强中心文化凝聚

特色文化旅游的核心在于挖掘、展现乡土特色与产业文化，因此要在前店后厂模式内加强文化功能的凝聚作用。规整的厂房布局无论从空间序列上和文化主导上都缺少了一个中心。设计采取"拔点抽疏"方式在厂房建筑群中拆除4、6号厂房的一部分钢结构，腾出空地营造天井空间，并用连廊将两幢厂房间的道路改为半室内空间，形成南北纵向布局的中央组团区。在天井中央建设大型全竹演艺舞台，重要节日举办大型主题活动，平时有民俗文化表演，是特色文化旅游的重要内容。（图4-30）围绕舞台广场从北向南依次布置陈皮交易中心、陈皮文化体验馆、农业O2O平台、品牌加盟示范店、农合商城和仓储样板间，它们直接或间接地向游人传播了关于陈皮文化的起源与形成、陈皮商贸、现代柑果的种植、陈皮标准化加工以及创新商业摸式等与产业有关的知识，并在参观游览上安排多种与产业有关的体验，将文化与销售展示功能紧密融合。

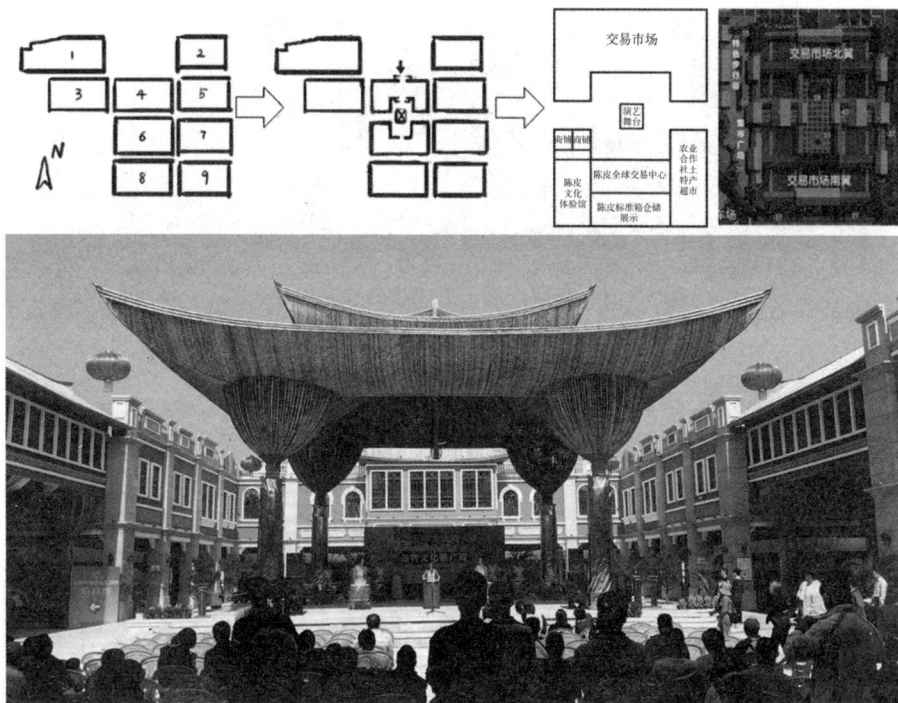

图4-30　"拔点抽疏"建造中央演艺舞台分析图

说明：2013年第二届新会陈皮文化节，在天井中央演艺舞台举办民俗文化表演

（三）特色的竹建筑是"六观一体"的最强融合剂

1. 侨乡特色建筑的融和性。碉楼、庐式建筑和骑楼建筑是五邑地区一种反映乡土文化与侨乡文化融合的建筑形式，具有中西融合的特色。（图4-31、图4-32）碉楼在当时是具有防御和居住功能的创新式乡村建筑，具有很强的地域实用性。庐式建筑是带有明显西洋文化色彩的别墅类建筑，在立面上采取了西方古典建筑的三段式处理手法，这种建筑形式与手法也是中西方文化融合与创新的体现。骑楼建筑主要建造于乡镇商业街市两厢，建筑立面把古希腊、古罗马等的建筑装饰与中国传统的硬山顶、砖墙瓦顶进行融合，建筑形式适应五邑地区多雨潮湿、炎热的气候，在商业上采用前店后厂、一层经商二层居住等融合思想。在碉楼、庐式建筑和骑楼建筑大量建造的时期，正是中国传统社会向近现代社会过渡的阶段。碉楼、骑楼和庐式建筑体现了五邑乡村主动接受外来文化的一种开放与包容心态，这种融合的思想融入了五邑地区的方方面面，并在此基础上进行创新。在陈皮村，将五邑侨乡建筑风貌与竹建筑融为一体，形成具有时代气息的乡土新建筑。

图4-31 开平碉楼、庐式建筑和骑楼建筑图

建筑文化相融合

图4-32 传承发展岭南文化、侨乡文化和乡土文化

2. 岭南传统竹建筑的特点。在岭南地区用竹材作商业建筑有着悠久的历史，在1990年代，越来越多商业农庄用竹子搭建仿亭台楼阁的造型建筑。这些竹建筑由当地的工匠按照传统的样式完成，具有浓郁的地域特色。由于没有设计师参与指导，当时的竹建筑多采用简陋的方式建造，一般体量较小，空间低矮，建筑的样式也缺乏新意，加上竹子耐久性和防虫防火等方面受到质疑而难以登大雅之堂。（图4-33）由于竹子作为建筑材料具有产量大、分布地域广、可塑性强、不需要复合加工、施工便捷等特点至今仍被广泛使用。在这样的背景下，一部分设计师仍然不懈地利用竹材的诸多优点，将竹材创新应用在现代建筑的构造和装饰上。早在20世纪70年代，上海同济大学的冯纪忠教授就创新利用竹材探索中国传统与现代建筑的传承之路。[6]1978年，这位20世纪30年代留学奥地利的建筑师，采用毛竹架梁、茅草作大屋顶、方砖砌地坪等方式，将不入流的乡土材料建成一幢颇有现代气息的生态建筑——何陋轩。千禧年后，以竹材来演绎的新建筑不断进入人们的视野。

3. 利用厂房高大空间建造超大体量特色竹建筑。（1）在陈皮村中，利用厂房原有的钢结构系统，建造大体量的竹建筑（近四万平方米），摆脱了传统竹建筑狭窄低矮的空间感受（图4-34）；（2）以传统的手法低成本地解决竹建筑的节点问题；（3）利用竹材的柔韧特点，加工高难度的建筑造型，如拱肋结构、穹顶结构；（4）使用竹材作为建筑结构、围合与装饰材料，降低成本，缩短施工周期，减轻厂房结构上二次装修的荷载。竹子重量轻，将附加在原有厂房结构上的材料重量降到最低。同时利用完整竹秆、半边竹和竹篾的结合做成建筑的围合，竹材独特的肌理和氧化后形成的金黄色正好是建筑表层的装饰。这样一来，结构、空间、装饰三者都可以用竹子一气呵成，施工时间大大缩短；（5）与当地消防专业人员的研究与试验，采用上下双喷淋的方式有效地解决了大体量公共竹建筑的防火问题。

图 4 - 33　当地农家乐餐厅竹建筑

图 4 - 34　大跨度竹穹顶建造过程

说明：竣工后的竹穹顶，平面跨度为 14.8 米，高 8.9 米。

4. 竹建筑使陈皮村具有强烈的文化吸引力和识别性

在商业项目中，一个流行的趋势是追求商业与文化的结合，期望获得体验者对客体的文化认同和精神追求，目的是在同类项目中脱颖而出，以更好地提升商业竞争力。新会陈皮村也不例外。

回到本章前面讨论过的 A 方案，采用了钢结构、混凝土、仿古门窗、青砖灰瓦等材料在厂房的外围仿造了一圈明清建筑群。这样的明清建筑在全国许多风情街、仿古街中屡见不鲜，反映了设计者尝试用文化提升建筑认知上的惰性思维，即缺乏因地制宜的创新。新会属于五邑侨乡，大量带有西方建筑样式的碉楼和骑楼与传统的中式建筑相互影响，共同形成带有强烈地域特色的乡土建筑，这种风格多元的建筑组合比明清仿古建筑更能突出五邑地区的地域特色。然而，值得注意的是，地域性文化对该地区的人来讲既有文化上的认同，也存在审美的疲劳，而对非本地人而言，因为旅游和媒体的发达，对这类地域性文化也不足以为奇。因此，完全模仿已有的建筑样式，难免会陷入陈旧、枯燥的一面。提供给顾客一种新奇感，始终是一个以体验消费为特色的商业项目追求的焦点。如何在认同和独特之间找到平衡点，成为项目成功与否的关键。竹材的应用为寻找这种平衡找到了切入点。

陈皮村的设计者将碉楼以及骑楼等建筑中的西方建筑元素进行提取，并与中国岭南传统建筑进行相互融合，在中西方建筑融合的基础上创新使用竹材来搭建，打破了材料与建筑形态间传统的固定搭配，并将竹造型进行异变、改良和提升，形成新的组合。（图 4-35）例如，飞鸟式坡屋顶、大辫子立柱、葵型穹顶等。这使得陈皮村的建筑形式具有侨乡文化气息的同时也具有强烈的辨识度与视觉震撼力（图 4-36）。创新的造型和丰富的装饰细节也改变了人们对竹建筑简陋的认识。多元的建筑风格——既有西式的也有东方的，包括古典的和现代的元素——本来难免会出现杂乱的视觉感受，但使用了竹材进行建造和装饰，使差异和突变形成独特的视觉冲击力，最后又统一在亲和力的情感之下（在很大程度上，自然界的乡土材料给人亲近的感觉）。如室内采用哥特式建筑的尖形拱肋方式建造穹顶竹天花，又与新会的"葵"文化相融合，在穹顶中编织成葵扇的装饰图案，提升场景的文化归属感。（图 4-37）用竹材建造的建筑和装饰反映自然的乡土气息，也容易引起人们对乡土文化和场所的认同感。把握住大众心理上既要认同又要新奇的两面性，巧妙地利用竹材在普遍认知上的缺点来引起人们强烈的好奇感，这种大胆的应用，也是创新的一种形式。大家会想：没有人会用粗糙的竹子这么做，而陈皮村做了，到底是怎样的？大众的心理有时就是这样的奇怪,是竹材的所谓缺点造就其成为搭建独特情境与文化认同两者间的桥梁,而设计师又进一步利用竹材天然的优势,将之应用在新的建筑形态和风格上,并辅以钢结构,采用防火、防虫、防腐等技术突破了竹材自身的不足,使其在应用中蓬荜生辉。全新姿态的竹建筑让项目具有强烈的文化吸引力和识别性(recognition),无形中增加了项目的宣传效益,使之在同类项目中具有较强的竞争力。

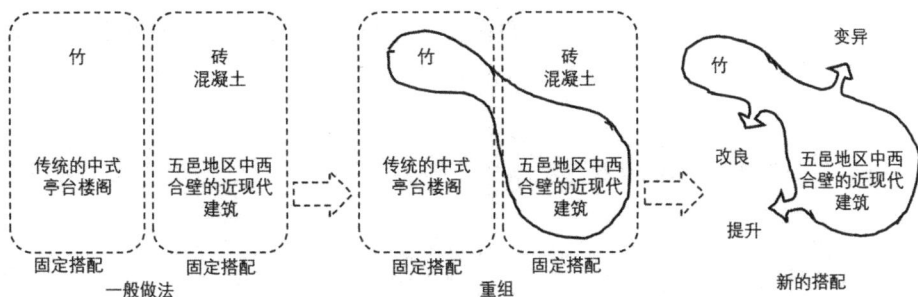

图 4-35　对传统样式的重组、变异和提升的思维导图

图 4-36　陈皮村竹建筑的屋顶和立柱(摄于 2013 年)

图 4-37　哥特式穹顶竹天花(摄于 2013 年)

4. 低成本建造的竹建筑节点方式。在现代竹材的应用中，最昂贵的部分是竹与竹之间的相连位置，也称竹节点。陈皮村竹建筑的节点，采用铁钉和扎捆等简单实用的方式将几十万根竹子连接固定起来。在竹建筑刚搭建时，竹匠先用铁线将几根竹子扎稳，然后从背在身后的工具筒里拿出一根约 12 厘米长的镀锌钢钉，用自制的铁刀背将钢钉锤入两根竹子之间进行固定。这种传统的竹建筑节点方式简单而有效，且成本低廉。

5. 关于竹建筑设计关注生态效益以达到生态审美功能，围绕社会公平性以达到更高层面的精神追求，在下节中详述。

## 六、基于痛点思维的设计策略

（一）陈皮村的"痛点"

搜索百度，"痛点"是指在产品营销中用户尚未被满足的、而又被广泛渴望的需求。显然，这个描述没有抓住痛点的本质。痛点并不是代表问题那么简单，痛点本质上是问题未能解决时产生的一种焦虑甚至恐惧。在 2013 年陈皮村创建时，"痛点"集中在两个矛盾上。矛盾一：2013 年 11 月第二届中国（新会）陈皮文化节要在陈皮村举办，在当地政府的大力支持下，吴村长决定将七万平方米的工业厂房改建成陈皮村农产品市场。项目从 2012 年年底立项，而 2013 年的 6 月，现场还没有施工的动静。建筑的 A 方案要在不到一年的时间里完成项目的规划设计以及施工，显然是个极大的挑战。2013 年 3 月，设计的图纸仍然未能完成，这就牵制了预算和招投标工作的展开。此时，离开幕式已经不足 8 个月的时间，陈皮村经营者心急如焚。矛盾二：当年由于新会区城市道路的规划，在三年后（即 2017 年）一二号馆要拆除，土地将用于道路的建设。一号馆作为临时建筑只能使用 3 至 4 年，采用仿古明清建筑的做法投资较大，这是不划算的一笔投资。

（二）找诉求谋策略

在抓住经营者上述两大痛点后，还要进一步找出经营者的诉求。诉求和需求是不一样的，例如，一个人饿了需要吃饭，这是需求；而这个人饿了不仅仅想吃饭，还想吃海鲜大餐，这是诉求。经过反复沟通，找到陈皮村经营者的诉求是：能快速建设，解决上面的痛点；还要低成本投入，建成一个具有乡土文化、时代气息的高体验场景。

为了清楚理解痛点与诉求，又要再一次回到陈皮村 A 方案和 B 方案的讨论上：A 方案是采用钢结构、仿古青砖、灰瓦、仿古门窗将厂房改造成明清仿古建筑群。这个方案让上述的两个矛盾变得难以避免。设计师依据现场的钢结构厂房结构简单、保温隔热条件低等问题，采取一系列的措施来达到改善的目的。这种只是解决表层问题的思维方式普遍存在设计师和经营者的身上。相对于解决钢结构厂房的保温隔热问题，经营者的痛点和诉求才是深层次要解决的。

B方案采用竹子作为建造的材料，可以将建筑结构、空间、装饰三者合而为一，例如，竹子材料韧性和表面独特肌理，作为构造的同时装饰面也已经完成，在塑造建筑时呈现出意想不到的飘逸形态和自然之美。施工材料单一，工种也相对不多，施工程序因此变得单纯了，避免多工种的交叉工作，施工管理的难度降低了。在多种因素的作用下，采用B方案的近四万平方米竹建筑在三个月内完成，顺利迎接第二届中国（新会）陈皮文化节的开幕。2017年4月，早已规划的城市主干线进入施工阶段，因为属于道路控制范围，在使用三年后，一号馆的拆除如期到来。陈皮村也因为一号馆竹建筑的艺术特色而获得相应的拆迁回报，补偿的资金重新投入到陈皮村新的发展中。一号馆所用的材料几乎都为自然和工业提供养料，从而实现从根本上杜绝废物产生的设计初衷。上述两个痛点都在方案实施中一一解决，从陈皮村今天取得的成绩足以证明"能快速建设解决上面的痛点，还要低成本投入，建成一个具有乡土文化、时代气息的高体验场景"的诉求已被满足。

（三）创新需要开放的思维

解决危机无法求助于产生这一危机的思维方式——艾伯特·爱因斯坦（Albert Einsten）。

在漫长的生产实践中，人类要不断地总结经验并将经验以某种方式固定下来，向下一代传授，这是推动人类发展的重要基石。但是，一旦形成越是固若汤池的传统逻辑，在面对不断发展变化的情况时，也会变得保守和难以逾越，成为发展的障碍。以陈皮村为例，考量在陈皮村A、B方案背后两家设计公司的背景和各自优势。A方案作为一家建筑甲级设计单位，对建筑规范、节能指标等不可谓不熟。正是因为具有这样的优势，他们尽自己的所能，想方设法地对钢结构铁皮厂房进行符合各类指标的改造。为了不让建筑内的冷气向室外扩散，就在屋顶和四周铁皮上加上保温隔热层。在他们眼里，原先的厂房是脆弱的——既不美观也达不到保温隔热的要求，因此要在它的构造和围蔽上运用大量材料，将之包裹成坚固的外壳。在解决了美观和隔热的同时，对原厂房钢结构加固又造成新的问题出现，他们接着用专业的计算去验算各种数据，因此耗时之久，造成项目开工日期的不断拖延。每个问题的出现他们都用严格的经验和规程去面对。B方案是一家以室内设计为主的公司，设计师没有受"建筑"

这一单个主体的束缚，而是从整体环境、艺术、人的感受和可持续经营等方面入手，尽量维持厂房现状的铁皮壳，实施"三壳"概念。在铁皮壳外建一层装饰壳（竹门楼、广告牌、竹墙和植物），然后在室内建一个内壳（竹廊、竹穹岸顶和竹天花）。这样一来，三个壳之间既相互独立又互相依存，美观、通风、隔热保温等问题迎刃而解。竹子材料的介入，把构造和装饰两者合二为一，大大降低装修成本，很好地解决了时间和成本问题。然而，在传统逻辑的影响下，建筑设计公司的工程师们并不认同这种开放的、看似跳跃或不严密的思维方式。换句话说，他们也许习惯了单线思维下的原则，并把这种原则当成了金科玉律去考量碰到的各种复杂变化的问题。

在学校里，老师常这样教学风景区规划的学生："设置风景区垃圾桶的数量，要根据游人的流量和游人的类型科学地配备。"事实是，大多数时间垃圾桶在野外闲置，可是一到了节假日，再多的垃圾桶也不能解决垃圾遍地的现象。但在日本盛冈市的盛冈公园没有设置垃圾桶，在日本东部的净土之滨风景区，也找不到一个垃圾桶。原因是当地游人会把垃圾放到随身背包或衣袋里，带回家分类。（图4-38）这是一种建立在人们意识观念上的技术手段，它不只研究物，更是研究人，有效而成本低廉。为了很好地说明这一观点，不妨引用法国著名社会心理学家勒庞在19世纪末提出来的，对今天来说仍是具有启发性的思路：

> 从透视的角度看，立方体可以变成椎形的或方形的，圆可以变成椭圆或直线。但是，考虑这些虚幻的形状，远比考虑它们的真正形状更重要，因为它们，也只有它们，是我们所看到并能够用照相或绘画加以再现的形状。有时不真实的东西比真实的东西包含着更多的真理。①

当我们自以为掌握了事物科学客观的本质，并以此作为真理的标准，却忽视了真正影响我们生活的，并不是真理本身，而是每一个活生生的人对这个所谓客观事物的主观认识和判断。

在实现三产融合的理论实践中，不仅要研究场地、具体物质的条件，更应该关注人与人的关系。作为对产业融合型农产品市场的研究，要关注到农民、企业主和消费者的关系。

---

① 古斯塔夫·勒庞 著. 马晓佳 译. 乌合之众：大众心理研究［M］. 北京：民主与建设出版社，1998.

**图 4 - 38　日本的盛冈遗址公园**

公园内没有垃圾桶，但设有放烟头的烟灰缸，上面除了烟头外，没有一丁点纸屑和果皮。

## 第五节　陈皮文化体验馆专题研究

农产品文化展馆是融合型农产品市场的重要功能，也是农业产业园从一般产业向文化特色产业拓展的表现途径。

### 一、文化体验型的农产品展馆是产业园建设的重要内容

从千禧年开始，各地政府先后投资重建城市规划、旅游、科技等方面的体验馆，这些场馆规模大档次高，采用先进的声光电技术展现规划者对城市未来的憧憬。相比在城市规划展馆中广泛应用的声、光、电等多媒体手段，多数农展馆还停留在实物展示、场景复原的传统陈列方式上。在农业产业园的农产品展馆或体验馆的建设上，目前的情况不容乐观。以广东为例，2018—2019 年广东省共建设 100 个省级农业产业园。据初步调研，近 90% 以上都明确把农产品展销中心、展馆或体验馆作为创建清单的内容，但在实地调研的 20 家中，近 80% 以上的产业园实施企业把农产品文化体验馆简单理解成产品陈列或产品试吃馆。

　　在陈皮村陈皮文化体验馆建设前，对新会当地已有的两个陈皮文化馆的现状进行分析发现：1. 缺乏地域性特色，没有把五邑地区的历史文化和建筑元素融入规划设计中；2. 缺乏文化内涵，只有简单的陈列，没有把陈皮文化内涵和价值体现出来；3. 缺乏互动性，仅仅采用文字、图片和实物的展现，形式缺乏吸引力。（图4-39）这种传统的农产品展览方式是目前大多数农业产业园农展馆的缩影。

　　要提升农产品展馆的建设水平，可从下面几点考虑：1. 改变以往重产业轻文化的思想。2. 注重文化与商业价值并重。3. 互动体验是新型展馆的特征。4. 运用艺术与高科技手段相结合。乡土特色并不是落后的同义词，可适当运用科技含量较高的现代化展示方式。数字多媒体技术提升观众的体验感，也在展馆的环保上起到了作用。5. 与数字农业展示平台相结合，设置服务平台展示窗口，提升展馆在智慧农业方面的宣传普及功能。6. 有限的资金注定不能走城市展馆那种高大全之路，特色化创新是建设的主要方式。

陈皮文化长廊（陈皮博物馆）

位于会城北园西路，该博物馆占地面积达1000多平方米，
由投资新会尚书坊陈皮文化有限公司投资

功能分区：

1. 展销区　2. 陈皮文化展示区3. 试食区　4. 休闲区

丽宫新会陈皮文化博物馆

位于新会经济开发区江裕科技园内，馆分五大部分占地面积一千
多平方米，由丽宫国际食品有限公司投资

功能分区：

1. 文化区，通过图片和实物介绍新会陈皮文化的历史。

2. 食品加工区，游客可现场品尝陈皮饼等陈皮美食

3. 购物区，可以购买到各式各样的陈皮制品。

4. 产品展示和体验区，可以看到各种年份的陈皮。

图4-39　2013年新会当地的两个陈皮文化馆的现状

## 二、陈皮文化体验馆主题立意与空间次序

### （一）概述

　　陈皮文化体验馆位于新会陈皮村六号馆内，面积为1400平方米，由前厅、竹光隧道区、陈皮新韵区、陈皮飘香区、陈皮寻宝区以及互动体验区组成。体验馆采用艺术结合多媒体技术手段，其中的电控液晶玻璃屏幕是国内最大的智

能玻璃屏幕。体验馆总投资约 700 万，于 2014 年 6 月开馆展出，是中国首个国家地理标志产品多媒体体验馆。

（二）主题立意

陈皮的价值在于年久，随着年限的增长其挥发油含量大为减少，黄酮类化合物含量相对增加，香气越醇，品质也越佳。陈皮银行的标准化仓储中心近 5000 平方米，仓库内恒温恒湿，里面存放大量陈皮。经营者观察到在标准化仓储中心工作的员工少有患感冒，萌发出"能否把仓储中心每天'浪费'的陈皮香味送到体验馆来给游人最直接的体验"的想法。正是对新会陈皮生产的直接观察，启发了将"陈皮飘香"作为文化体验馆的主题。

（三）主题空间次序

体验馆围绕主题有序地组织了空间次序（表 4－2），并合理安排空间的布局，向游人展现一个全新的现代农业展馆。

表 4－2　陈皮文化体验馆展厅总体概述

| 展区描述 | 主题 | 展示内容 |
|---|---|---|
| 入口 | 陈皮艺术 | 使用装饰艺术将访客的注意力吸引过来 |
| 前厅熏陶区<br>序厅是展示开始的序幕，也是重要的公众聚集地。主要由天幕天窗、幻影生命之树、空间艺术装置等功能所构成 | 生命之树<br>——<br>仙鹭传奇 | 1. 让人对新会的生命之树对充满期待和梦想，为后续的视觉盛宴作铺垫 |
| | | 2. 衔接生命之树内容，展现陈皮村的生态之秀，一仙鹭采摘生命之枝，为后续埋下伏笔 |
| 竹光隧道<br>这是一段通往虚拟区的必经之道，需要营造一种神秘安静的氛围，并且配合光感来与人互动，主要包括竹、光设置、天花星空灯饰等 | 竹光隧道 | 人在行走过程中亮起一段段竹灯，与天花的满天星相映衬 |

续表

| 展区描述 | 主题 | 展示内容 |
|---|---|---|
| 陈皮新韵区<br>陈皮历史的集中梳理与展示，是故事发展的展示区，呈现出陈皮现状和未来发展的潜力，包括互动投影、虚拟成像、互动地幕系统、天幕背投等 | 新会剪影 | 虚拟新会特色景观小鸟天堂，让参观者身临其境感受小鸟天堂丰富、有趣自然生态景观 |
| | 陈皮古韵 | 陈皮仙子带领下巡游新会的景点与陈皮独特的地理生长环境 |
| | 新会剪影 | 衔接前面的伏笔，仙鹭摘来的树枝，种出大片柑橘林，完整展现柑树成长、开花、结果到成为陈皮的过程，同时带出陈皮产业现代化 |
| 陈皮飘香区<br>从听觉、触觉感受到陈皮之后，来到嗅觉为主导的区域，主要包括：陈皮标准箱、拉膜艺术造型、竹篓、麻袋、陈皮香等 | 陈皮飘香 | 利用管道传输陈皮香味 |
| 陈皮互动寻宝区<br>通过直接或互动方式用实践性形式介绍陈皮村，主要包括多媒体投影、全息投影等 | 陈皮探秘 | 通过不同媒体互动形式，全方位呈现陈皮文化从古代的诞生，到今天发展的历程，同时对陈皮的加工、制作工艺，药用价值等特点进行全面展示，以探秘的方式吸引访客去了解陈皮的历史文化和发展历程 |
| 陈皮村后续区 | 后续 | |

注释：全程时间控制在20—30分钟的游览路径，以陈皮飘香为线索，带出新会人文关怀、文化底蕴及特色产物的内容，作为旅游、地方特色推广场地

### 三、陈皮文化体验馆的融合理念与创新策略

（一）融合五感体验式的商业营销

从味、视、听、触、嗅五种体验入手，通过：1. 在前厅熏陶区采用直观的视觉体验方式呈现在访客面前，让访客对整个体验馆充满期待。2. 在竹光隧道区配合光感互动的视觉体验方式，营造奇幻色彩和神秘氛围的通道，为多媒体作铺垫。3. 陈皮新韵区作为让访客身临其境的视听间，感受新会的小鸟天堂的

盛况及陈皮的生长过程。4. 陈皮飘香区通过视觉和嗅觉结合的方式给访客带来对陈皮香及陈皮文化的全方位体验。用管道将仓储中心散发的陈皮醇香输送到体验馆的闻香区，为游人提供嗅觉上的体验，用低成本方式为陈皮村增添了一个鲜明的特色体验。（图4-41、图4-42）5. 陈皮寻宝区主要以触觉和视觉为主，通过外透的灯光效果营造神秘氛围，以及多媒体交互手段吸引访客去了解陈皮的历史及发展历程。6. 经过四感体验后，观众通过参观通道到达陈皮银行进行最直观的鉴赏和品尝。在品鉴体验区，访客对体验到的陈皮文化进行味觉的回顾，同时参观标准仓储示范区，了解陈皮金融的知识。（图4-43）

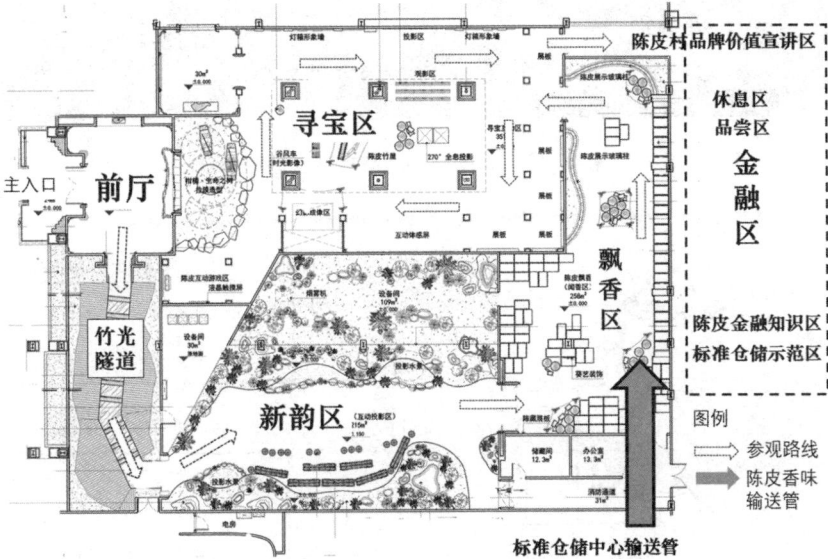

图4-40 新会陈皮村空间布局

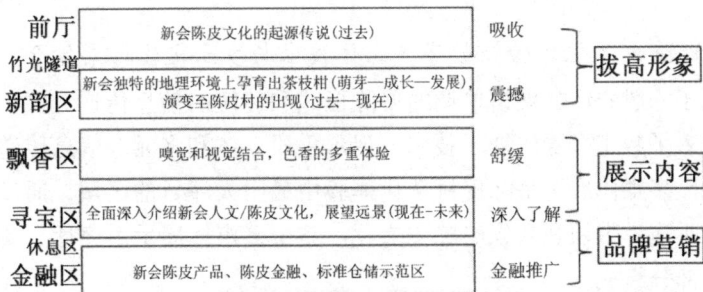

图4-41 新会陈皮村融合五感体验式的商业营销功能组合

图 4-42 陈皮飘香区与标准仓储中心

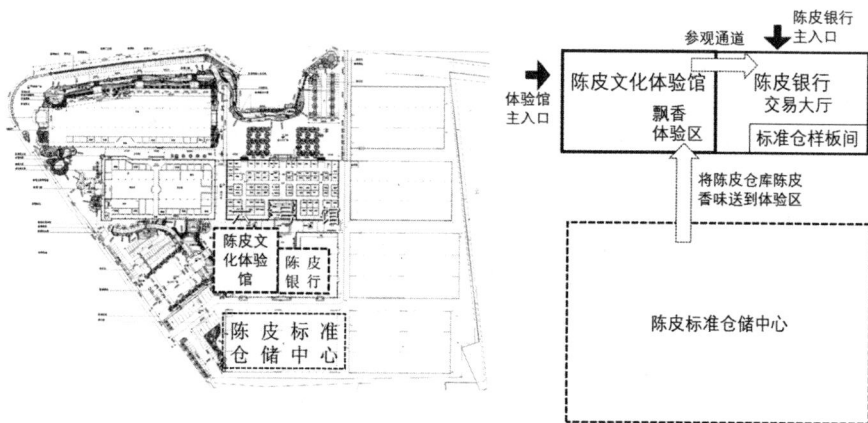

图 4-43 体验馆、陈皮银行和标准仓储中心三者流线图

（二）陈皮文化体验馆数字多媒体技术与乡土文化场景结合

区别于一般农产品展馆单调的展陈形式和传统的信息传递方式，陈皮文化体验馆引入了数字多媒体展示技术，展示手段立体和多元，信息传递方式也更加互动化。多媒体展示是陈皮村文化体验中最引人注目的区域，通过声光电一体化的视听演绎带领观众领略陈皮文化。整个多媒体展示由序厅、新韵区和寻宝区三大部分组成。

1. 序厅作为展示的开篇之处，运用通电玻璃投影、生命之树造型以及天幕投影等技术和多媒体短片讲述了"陈皮仙子（仙鹭）衔着柑种子到人间寻找种植之地"这一新会陈皮文化的起源，制造悬念，引入入胜。（图 4 - 44）影片中仙鹭最终飞往的方向便是竹光隧道。竹光隧道从序厅到演示厅之间长 20 米。尽管只是一个过渡展区，在用心打造下，这里成为整个展馆最特别的一处：漫天星光，让人仿佛置身于野外的星空下，充满了浪漫与艺术情怀。采用互动 LED 灯光与艺术竹造型完美结合，营造出充满奇幻色彩的通道，也将竹艺术与陈皮村建筑相呼应，为核心多媒体展示区作铺垫。（图 4 - 45）

2. 新韵区是 200 平方米的主演示厅，创新地运用了 3.8 米高、25.5 米宽的电控液晶玻璃屏幕，结合虚拟成像、互动地幕系统和互动天幕背投等高科技，将天空、墙面以及地面都变为可互动的影像载体，营造出身临其境的梦幻陈皮体验区。置身该展区，观众有如穿越时空，"亲身"经历着陈皮种子在新会独特的地理环境下的孕育、生长以及开花结果，见证了整个新会的陈皮文化发展和繁荣历程。为了增加演视的 3D 场景效果，设计创新地在智能玻璃主屏幕背后 6 米处设置 24 米宽的第二屏幕，与主屏一起形成前后屏幕。同时，为了进一步营造逼真的立体场景，在两屏之间 6 米进深的空间里设置多层面的植物景观，在演片播放时影像不断在多层面的植物景观场景间变换。（图 4 - 46、图 4 - 47）演示厅把馆内原建筑的钢结构立柱塑成仿生榕树群，营造岭南丛林景观，设置粗犷的条形圆木坐椅，让观众仿佛置身星空下的村野郊外，观赏着陈皮仙子的故事。（图 4 - 48）

图 4 - 44　多媒体序厅实景

**图 4 - 45　竹光隧道实景**

纵观整个陈皮文化体验馆，数字多媒体技术在展示中扮演了重要角色，并且互动体验成为展示核心，这也反映了当今展览展示的发展现状和需求。更重要的是，陈皮村文化体验馆将之与乡土文化场景相融合实现了多项多媒体展示技术的创新应用，提升了国内数字展示的整体技术水平。

（三）以虚拟场景娓娓道出陈皮文化的起源与发展

尽管多媒体演示方式已经在各地的农展馆中广泛应用，但由于内容表现平铺直述，展示方式相对落后，加之环境氛围单调，会造成观众没有耐心观看，宣传效果普遍不佳。

陈皮村多媒体展示从故事的脚本、展示技术以及场景氛围三方面相互配合进行创意设计，采用先进的数字虚拟动画成像，讲述传奇的故事，呈现新会人种植柑和陈皮发展历史文化和产业发展和潜力。要制作多媒体的展示，影片的创作费往往占了多媒体展示投资的40%，许多人可以把资本大量投资在设备、装修上，一旦涉及创意类等难以用物质衡量的脑力劳动，就接受不了它的价值。这也是创意产业难以在三四线城市发展的原因之一。在农业项目中更是如此。在陈皮村，经营者与设计师清晰知道创意的重要性，将体验馆总投资的20%用于多媒体虚拟影片的创作。

故事以仙鹭传说作为主线，是根据：1. 它来源于新会当地的神话传说，带有鲜明新会文化特色，神话故事能赋予陈皮更神秘的文化色彩，增强观赏的丰富性、趣味性；2. 白鹭是新会小鸟天堂公园中最为人知的鸟类；3. 仙鹭从天上瑶池衔回种子，给新会带来风味浓郁的茶枝柑，这也是新会陈皮与众不同的起源。创意以此为线索，展现一个生动、有趣的新会陈皮世界。

（四）低成本实施影视的高体验感

通过低成本达到高体验感是陈皮村模式的典型特征。在体验馆里，智能玻璃投屏的创新应用就很有说服力。主屏幕面积达97平方米，采用多块超大型电控液晶玻璃主屏幕作为前屏，运用电控液晶变色玻璃技术，通电后液晶膜变成不透明的乳白色，此时电脑控制的投影仪同步将影像投射到乳白色的玻璃上，主屏不通电时液晶膜变透明，电脑控制后屏投影仪同步投射影像到后屏上，人们可以透过玻璃看后面的影像。（图4－46、图4－47、图4－48）这种多设备同步协调的控制技术与影片中忽远忽近的动态画面配合产生类似3D影视效果，但成本只是3D影片制作费用的20%左右。

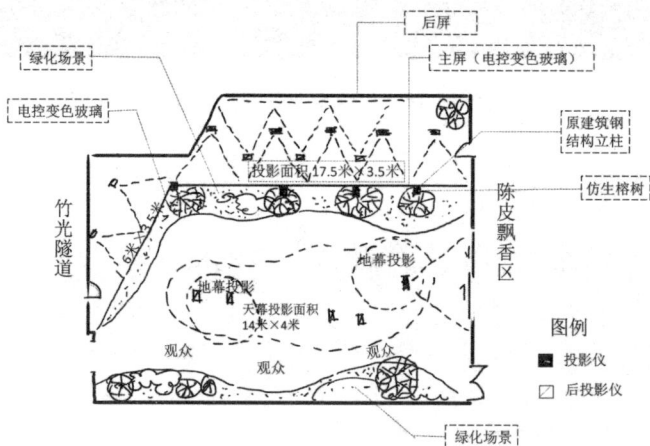

图4－46　多媒体演示厅平面示意图

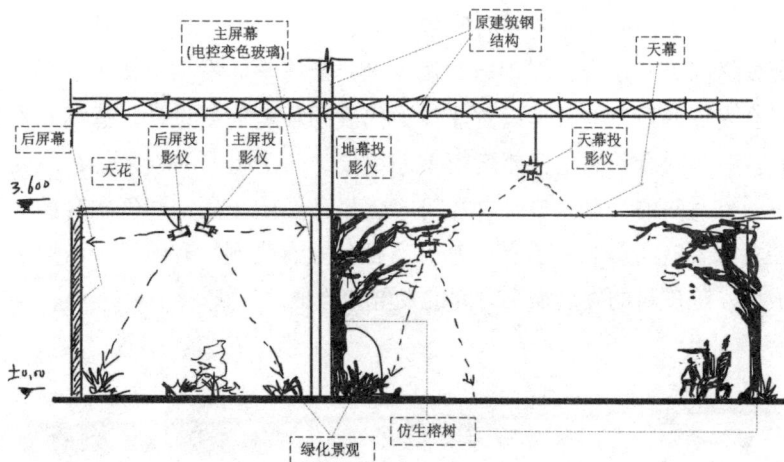

图4－47　多媒体演示厅剖面图

图4-48　多媒体演示厅实景图

## 第六节　三产融合发展的时间效力

### 一、时间是一个关键的要素

三产融合的动态发展特征让经营者不得不审视过程中的变化，承担机遇与挑战两者同时带来的应对。在方向正确、要素具备的情况下，时间是一个关键的要素。正如美酒的酝酿需要时间的发酵，在时间的作用下土地、劳动力、资金各要素之间充分融合，以创新为诱发剂，最终整体发生了作用。新会陈皮村三产融合发展的诱发剂就是以竹建筑为代表的环境创新设计，持续发力的是产业模式。三产融合并不是多要素简单的组成，一个重要的因素是在结构合理的前提下，有时间的培育，多要素之间才能相互发生作用，产生融合的效果。动态发展意味着有未知数、有持续期、有低谷、有高潮，有转机，当然也有各阶段的成果。陈皮村的发展需要时间的发酵和验证。

## 二、从铁皮厂房到国家特色景观旅游名村

### （一）从方案效果图到实景

陈皮村场地施工是分阶段的。对于竹建筑的施工属于非标准工程，其具有一定的随机性，即使是熟练的竹匠也没有施工过这种异形的大体量竹建筑。为了保证实施的整体效果，采取先建样板的策略，在评估样板的效果和工程造价后再大规模实施。对于在乡村建设乡土特色建筑，特别是创意性的，应采取先实验→再评估→后推广的策略。

以第一个入口竹门楼为例，在图纸完成后，设计师与竹匠的领班进行了图纸的解释。领班夹着厚厚的图纸满怀信心去干活了。二十天过去后，一座带翘角的庑殿顶建筑完成。这不是设计图上的样式，而是竹匠按照自己一直熟悉的做法，将入口门楼搭成了传统的竹建筑。从这个事件看出，最大的挑战是设计师和竹匠在沟通上的障碍：竹匠们大多看不懂专业的施工图纸，也不能理解设计上的专业术语。解决方法是：设计团队改变与竹匠们沟通的方式，在现场即时画草图，与工匠们一块搭建小模型进行探讨，直接拿起长长的竹竿指导工匠进行细节的搭建。因为体量庞大，这样的现场指导工作是令人疲惫的，但效果却非常理想。（图4-49）如果说首个竹门楼的完成还不能打消投资者对于时间进度和效果上的顾虑，接下来一号馆营运中心的竹穹顶大堂经过短时间内完成和呈现出蓬荜生辉的效果，彻底让投资者和他的团队接受了竹建筑。（图4-50）

**图 4 - 49  入口竹门楼实施过程**

陈皮村西边入口广场由竹连廊、牌坊和标志塔围合而成，是陈皮村向游客展示形象的主立面。（图 4 - 51）在重大节假日举办大型文化活动，2019 年文化节期间开展的"千人开柑皮"活动就在广场上举行。987 美食街将新会各镇街的美食带进陈皮村，通过引入大众餐饮、休闲餐饮、高端餐饮，增加新会陈皮特色餐饮的广度，让人们切身体验新会生活特色。（图 4 - 52）在多种因素的作用下，陈皮村近四万平方米的竹建筑在三个月时间内完成了。2013 年 11 月第二届中国新会陈皮文化节顺利开幕。（图 4 - 53）

图 4 - 50 一号馆竹穹顶大堂实施过程

图 4-51　陈皮村西广场实施过程

图 4-52　987 美食街实施过程

图 4 - 53　中央演艺舞台实施过程

（二）两个国家特色景观旅游名村的比较

2015 年 8 月，住房城乡建设部、国家旅游局决定将新会陈皮村列入第三批全国特色景观旅游名镇名村示范名录。同时在示范名录中还有开平自力村。自力村位于广东省开平市塘口镇，清道光十七年（1837 年）立村，该村自然环境优美，众多的碉楼建筑与田园风貌相映成趣，美不胜收。目前，自力村碉楼群是世界文化遗产地之一。在空间位置上，自力村和陈皮村同属江门市。在属性上，自力村是自然村，陈皮村是农产品交易市场。在发展时间上，自力村的碉楼群已有百年历史，陈皮村从规划设计到铁皮厂房改造升级后只有三年的时间。

陈皮村能和百年的自力村碉楼群一起进入国家关注的视野，成为典型案例，由国家层面推举为全国示范，背后有三大因素：一是国家对农业产业发展的大力支持；二是目前农业产业园的建设仍然处于探索期，需要更多具体的成功案例供参考借鉴；三是陈皮村在三产融合的理论实践中取得了具有示范意义的成果。因此，陈皮村成为国家层面推举的典型案例，也进一步证明了融合型农产品市场诸多要素的共融发挥了聚焦发力、快速成型、效果显著的作用。（图4-54）

**图4-54 全国特色景观旅游名村荣誉**

说明：陈皮村从规划设计到获得全国特色景观旅游名村荣誉经历了三年时间。

### 三、发展的契机与时间效力

基于阶梯理论，陈皮村的发展呈现阶梯递进和反向影响双重效力的作用，时间在当中扮演两个角色：一是产生机遇；二是促进融合发酵，产生合力进而爆发。而契机往往与困境和不明朗处在同一时空下。

（一）胶着的困境

2013年11月在顺利承办第二届中国新会陈皮文化节后，全国经济增长下滑的大趋势已经显现，新会陈皮产业的发展前景受到更多行内人士的怀疑。陈皮村仍处在开始的创建阶段，一系列的建设、研发和市场营销都需要大量资金投入。2014年6月美食街建成，但招商情况不理想。陈皮村商铺的开铺率也不到50%；在合作社的工作开展上，柑户积极性不高，成立农户合作社来整合第一产业的资源、提高种植质量和防风险能力的目的没能达到。特别是陈皮村加工项目启动后，当年柑果收购不足，陈皮村内加工厂新投资的半自动化生产线只能开开停停，仓储中心的陈皮存量也没上规模。不断的资金投入让陈皮村的经营者开始承受前所未有的压力。

（二）契机是偶然与必然的合体

陈皮村的创建对从塑料贸易跨界到农业产业的吴村长而言是偶然的选择，但在后来的发展中抓住了契机又是情理之中的必然。同样的例子还发生在陈皮村的商户上。古井恒益烧腊企业在陈皮村迈出了第一步，也迈出了乡镇农产品加工企业走向现代企业发展和市场化之路。2014年下半年，因为朋友偶然的介绍，新会古井镇一家经营百年的烧腊企业——恒益烧腊——与陈皮村签订了租赁合同，成为首家进驻的餐饮企业。恒益烧腊五代人都经营鹅的制品，其中烧鹅是该企业的特色产品。恒益烧腊的负责人看中了陈皮村环境的特色，才选择进驻这里。恒益烧腊陈皮村分店在 2014 年年底正式开业，大堂有 16 张餐台，还设计有 8 间房间。这间充满乡土气息的特色餐厅共投资了 160 万元，对于乡镇的小企业，这是他们首次投资上百万的金额用于市场的拓展。开业第一个月的营业额就超出经营者的预料。据陈皮村官方统计，2015 年陈皮村游客高达 120 万人次。游客在陈皮村游赏期间需要餐饮配套服务，许多持观望态度的餐饮商家看到恒益烧腊喜人的成绩后，终于意识到这里餐饮业的刚需，开始陆续进驻。到 2016 年年底，规划中的八家餐厅全部到位。当然，后来的餐饮企业的租金均比恒益烧腊餐厅的高。餐饮业态的完善，很大程度上解决了陈皮村特色文化旅游的配套功能问题，游客一般会在吃饭的时间段来到这里游览和购买陈皮。美食 987 内的餐厅菜品以五邑地区乡土特色菜为主，但每家店的品类不一样，加上停车方便，吸引大量的人过来消费。节假日高峰时段，车辆停满了村内外两侧的道路，周五、周六、周日三天时间，餐厅里几乎是挤满了人，周一至周四略显冷清，这是假日旅游经济的表现。而恒益烧腊陈皮村分店几乎从周一至周日每天的中、晚两市都坐满人，周六、日更要排队候位。（图 4-55）它面积不到 500 平方米，只有 230 个餐位，日均营业额近四万元，成为恒益烧腊现有的六家餐厅中面积最小却营利最高的餐厅。有了陈皮村店成功的发展模式，古井恒益烧腊企业在 2017 年投资八百万人民币升级了位于古井镇的总部餐厅，到了 2019 年，在广东总共开了近 15 家连锁餐厅。

图 4-55 恒益烧腊陈皮村分店

在陈皮村，每个商户的发展都是创造陈皮村契机和得益于契机的一分子，正是他们促进陈皮村的发展乃至新会陈皮产业的发展。这是产业融合的具体表现之一。

（三）时间的发展推进了产业聚集

陈皮村的创建与发展经历了两个契机和即将迎来第三个。第一个是在国家乡村振兴发展战略契机下成立了陈皮村市场；第二个契机是国家级现代农业产业园的创建成功；第三个契机是随着三产融合深度发展后将带来更大的机遇。第一个契机是陈皮村发展的基础，第二个契机是发展的转折，陈皮村三产融合的实践在经历了第一到第二个契机的发展，内部的产业业态已实现有机融合。换一个角度，新会陈皮产业园在 2017 年成功申办创建国家级产业园，陈皮村在当中起了关键性作用。

2015 年，陈皮市场内的商铺也全部装修进驻。同年，当地的柑果丰收，许多农户没有一点喜意，因为增收带来供大于求的局面让柑果的收购价大跌，这是传统农业种植面临的风险。而加入陈皮村合作社的农户却是另一派喜悦景象，因为陈皮村对其柑果的收购仍然维持去年的合理价。另外，柑橘种植合作社也从源头实现安全、标准化种植，并做出了示范效应。陈皮村内设有标准检测站和研发中心，以保证农产品的卫生安全。由于合作社的成功和陈皮村产业带动，当年收购的柑果经抽检无一例有农药残留，而在往年农药残留的现象还很普遍。这样一来，许多柑农意识到合作社的好处。2016 年合作社社员达 128 人（户），种植规模达 1500 面，产值约 3 亿元。由于柑果收购充足，陈皮村的加工厂生产线开足马力，半自动化柑果挑拣与清洗生产线也派上了用场。长期被废弃作肥料的果肉，也因解决了果汁带酸问题，被用于饮料的生产。一条专门榨汁的自动化生产线把果肉榨出汁供应给饮料厂，果渣则用来作肥料，这让柑果得到充分的利用。随着商业推广的深入开展，陈皮的价格开始上升。除了专业批发商和投资商外，普通大众也开始买入一两箱（标准 22.5 公斤/箱）的陈皮来保值或投资，仓储中心的陈皮储藏量越来越大，陈皮银行的运作也逐渐好转起来。

经过两年多的经营，"陈皮村"三个字的品牌效应开始初显。2015 年 11 月，第三届中国陈皮文化节在陈皮村开幕，中央电视台做了全场直播，再次把陈皮村的品牌向全国传播。在国家政策的大力支持下，农业产业的优势体现出来。2015 年陈皮村连续获得"2015 年特色文化产业重点项目""第三批全国特色景观旅游名村"两个国家级的奖项，还在文化旅游、农业"三产"以及生态设计上分别获得各种荣誉，令陈皮村的品牌宣传有了社会高度。经营者还在陈皮村品牌基础上开发了柑普茶的产品线，在北京开了第一家连锁店，把陈皮的深加工产品推向全国。线上的销售也取得突破。2015 年年底与京东网上商城的合作正式落地陈皮村。2016 年整个陈皮村的经营开始进入良性发展阶段。第二期约 236 亩的农业生态种植园开始进入设计阶段。

陈皮村店铺的商业价值同样在提升，2017 年年初的交易中，美食 987 餐饮区内面积约 50 平方米的店铺转让费达到 20 万元。餐饮聚集产生的效应开始向休闲购物区辐射。在陈皮村周边，出现多家陈皮小商店和新投资的餐厅，说明以陈皮村为中心的经济生态圈正在逐渐形成。从 2014 年 8 月正式开业以来，陈皮村先后建立了鲜柑交易平台、标准化加工平台、仓储平台和陈皮仓单交易平台，成为中国首个大型特色农产品商业文化综合体，实现了产业融合的第二种模式：农产品加工流通企业向前延伸建设基地带动农户，向后延伸发展物流和营销体系。目前整个陈皮村行业产值已达 12 亿元。2019 年重新建设的新商铺投放到了市场，平均地租达到 80 元/平方米，和 2015 年 30 元/平方米的地租相比，增长了两倍多。同年，以新会冈州古巷为主题的商业街开工建设，竣工后将会有 60 间商铺投放市场。经历七年时间的发展，陈皮村对于模式的探索已趋明确，平台逐渐加强，随着陈皮村品牌的影响扩大，更多的商户到陈皮村寻找发展空间，产业聚集的刚需开始初露端倪。

在陈皮村进入稳步发展期的某天，吴村长和本书作者一边泡着柑普茶一边聊起当年陈皮村创建之初的事："当我决定投资这个农业项目时，商业地产界的朋友极力阻止我。在投资建设陈皮村之后，我也曾怀疑自己是不是疯了。到了今天，我朋友的商业地产项目正在走下坡，而陈皮村让我越来越有信心。"这句肺腑之言，比任何的描述更能反映陈皮村在经济效益上给予经营者的良性回报。

（四）产业的推力迎来第三个契机

陈皮村的发展离不开国家对农业产业的推力，从第二个契机开始，陈皮村的发展上升到了新的空间格局。第二期陈皮文化三产融合产业园的设计和启动，标志着陈皮村内部全产业融合进入发展的新阶段。（图 4 - 56）陈皮文化三产融合产业园是以第一产业的生态种植为基础的三产融合。在未来五年的发展中，时间同样在对融合起催化作用，将三产的融合往深度推进，逐渐模糊了产业的边界。陈皮村要迎接新第三个契机的到来，前提是"契机是留给有准备的人"和"契机总是被已准备的人抢先抓住"。

图 4 - 56　陈皮文化三产融合产业园鸟瞰图

## 第七节　陈皮村可持续发展的经济、社会和生态效益

　　三产融合理论下的陈皮村实践符合现代农业产业园可持续发展的基本目标和要求，特别是在经济和社会效益上：1. 促进区域产业兴旺，带动乡村兴旺，实现国家乡村振兴战略的社会效益。陈皮村三产融合取得的成果具有社会效益最大化的体现；2. 经济效益体现在带动新会陈皮产业发展取得的成果，另一方面是陈皮村的经济效益进入良性发展。关于陈皮村三产融合带来的地方产业发展、联农带农的社会效益，在前面的章节都有详细的归纳和总结，这里不再

赘述。

可持续发展理论与三产融合理论的三维空间发展模式基本是一致的，两者的三维发展分别沿着 X、Y、Z 轴，先是各自寻找契机，再以自身的节奏发展，每一方面的变动都会使三棱锥的形状发生改变。当某一点的发展程度均超越了其他两点时，便成为三点中的引领者，经济体由量变跨越到质变，发生了属性的变化。三维发展空间的引领作用是动态的，在不同的发展阶段有不同的维度引领。根据动态发展和三维空间发展理论，在陈皮村的实践中总结出圈层理论，该理论提出首先以生态环境为引领、进而在不同的发展阶段有所侧重。生命周期同步理论也是基于可持续发展生态和经济成本最优化两方面理论进行归纳，并指导陈皮村的实践。圈层三要素理论、生命周期协同理论将在第五章进行讨论。

## 一、陈皮村三维空间发展模式和研究的切入点

在陈皮村的规划设计中，始终把建设生态文明放在经济社会发展的首要位置，树立生态发展理念，为形成资源节约型和环境友好型的产业结构做出表率。（图 4-57）在生态优先理念的指导下，陈皮村形成独具特色的发展路径：一是采用以生态为主导的三维空间发展模式，引起社会的反响和关注，进而带动经济的效应；二是通过环境设计实现社会、经济、生态的可持续发展，完成三产融合发展模式的构建。

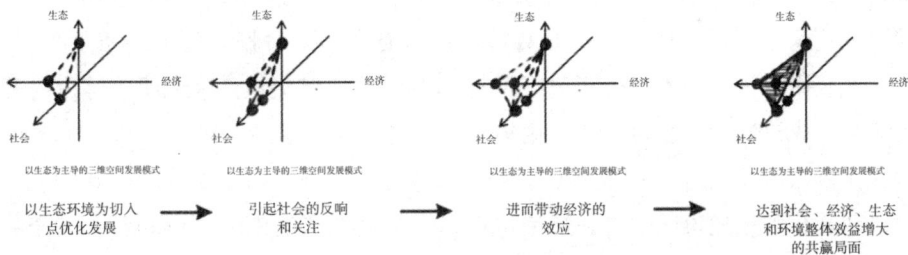

图 4-57　陈皮村三维空间发展推导过程

从生态环境维度入手进行剖析，就要把可持续发展设计作为切入点，分析设计的理念、目标和实施的效益评估。在陈皮村的研究上主要集中在运用乡土材料进行可持续建筑的实践，剖析所产生的生态效益和社会效应，以及逐渐产生经济效应的回报。研究内容包括棕色土地利用、竹建筑营造、生态溪流实施等方面，特别是在较大型农业商业项目中竹建筑的应用所产生的社会效益。

遗憾的是，即使是陈皮村经营者本身作为最大的得益者，也没有意识到应该对陈皮村生态环境与经济协调发展的理念和措施进行整理和宣传。在这方面，目前大多数的经营者对国家可持续发展战略了解不深，对可持续发展设计积极促进商业持续发展的作用缺乏认识，衍生更大的社会和经济效益就会大打折扣。有一个现象值得关注，在有国外设计师参加的重要项目中，很大部分都会对项目的生态环保等特征进行深度宣传，如上海深坑酒店、广州珠江城大厦、万科深圳总部建筑等项目，除了宣传建筑形态的新颖奇特外，还深挖背后工程技术的突破以及可持续发展设计理念，大力宣传企业的社会责任来增加社会的认同度，加深了品牌的影响力。在现代农业产业园的建设中应该给予重视。

## 二、生态环境的引领带动整体效益提升

### （一）棕色土地的利用，突破场地要素的屏障

关于棕色土地的概念，不同国家的内涵与外延都有区别，这一概念最早由美国提出。美国国家环保局是这样定义的：棕色土地是指废弃的、闲置的或没有得到充分利用的工业或商业用地及设施，在这类土地的再开发和利用过程中，往往因存在客观上的或意想中的环境污染而比其他的开发过程更为复杂。

陈皮村从一开始就以棕色用地作为建设场所，和国家的可持续发展战略相符合，2014年相关部门出台的指导意见提出：充分利用工业厂房进行农产品市场的建设。[7]此举既解决农业产业用地难的问题，还充分利用产业转移留下的大量空置厂房。利用棕色土地和原有厂房进行有利于乡村振兴发展的重要项目，不仅减轻了投资的成本，还彰显了可持续发展的环保理念，这说明了陈皮村开发理念的先进性。在乡村，建设用地难的问题几乎是目前农业产业园区遇到的最大困难之一。从陈皮村模式看，利用农业或工业的加工用房进行升级改造，可以快速化解用地难问题。在岭南地区，大多数农产品市场选址既不在农产品耕种区，也不是名村名镇所在地，场地设施简陋。在优质土地资源竞争越来越激烈的情况下，转型升级和新开发的农产品市场要实现三产融合，也普遍缺乏可供旅游开发的先天资源。能满足加工、销售、仓储运输等功能的场地，其自身并不具备旅游文化的资源条件。因此，对融合型农产品市场来讲，要实现三产融合，提升产业经营价值，首先要突破场地要素的屏障。纵观陈皮村的发展轨迹，利用已有的工业厂房进行农产品市场建设，突破场地要素的屏障带来的潜在收益可谓之重大。

2015年，因为陈皮村在产业园中的重要位置和社会影响力，其所利用的

"棕色土地"地块在新会区新的城市规划中被调整为城市商业发展用途，这意味着原来工业用地可以通过合法途径转为商业用地。土地性质的合法转变带来的收益，对于陈皮村的投资者而言，无疑是最大的经济回报。

（二）场地创新设计，提升土地要素的质量

从 2015 年开始，供给侧改革成为全国官方和专业人士宣传政策、讨论经济活动的一个热词。供给侧（supply side）是指供给方面，国民经济的平稳发展取决于经济中需求和供给的相对平衡。供给侧结构性改革旨在调整经济结构，使要素实现最优配置，提升经济增长的质量和数量。[8]劳动力、土地、资本是供给侧的三大生产资源性要素。有人在里面加上创新要素，创新与劳动力、土地、资本共同构成供给侧的四大要素，和资源性要素相比，创新是方法要素。土地是供给侧的基本要素，土地上的建筑物、构筑物、园林、广场和道路构成场地要素，是农业生产销售、休闲旅游等各种复合功能的重要载体，直接影响项目运营、劳动力的配置以及顾客的切实体验，在资金投入上占较大比重。通过场地创新设计可以大幅提升土地的使用效率和降低开发成本，有效提高土地要素供给品质。

（三）土地要素的品质提升，提高资金的使用效益和劳动生产效率

土地要素供给品质的提升，进而提高资金的使用效益和劳动生产效率，是提高农业生产质量的重要途径：1. 提升资源优化配置。陈皮村提升土地的使用效率和降低开发成本，有利于将资本投入到当前农村最缺乏的现代管理、人才、科技等要素中，提高资源的利用效率，增加农业产出和产值；2. 突破农业"边际效益递减"。中国农业被"边际效益递减"规律所支配，对于多数传统农业生产项目而言，更多的投入所增加的产出，实际已经不足以弥补投入的价值。这就使得国家补贴成为必须，否则农民将不会增加自身的投入。这一情况在新会陈皮村得以好转。陈皮村创新提升土地要素的供给品质，提高了一二三产在场地空间的融合发展，场地要素的创新使用所带来的成效鼓舞经营者持续探索农业生产标准化和商业模式创新。创新需要知识与技术的支撑。随着知识与技术要素投入的增加，产出越多，生产者的收益呈递增趋势明显。新会陈皮村以科研投入、技术提升、业态创新带动传统行业迈向农业现代化，有效缓解了"边际效益递减"这一难以避免的问题。

### 三、陈皮村可持续发展设计的生态、经济与社会性考量

陈皮村的可持续发展设计优先考虑生态设计效应，同时将经济性考量与社

会性考量结合于一体。陈皮村的建筑场所是所有要素运行的载体，它的投入占初始投资的最大份额，建筑使用成本也影响陈皮村的运营成本。生态效益考量是基于建筑生命周期全过程对环境、节水、节能产生积极的一面，包括竹材应用、生态溪流和室内烟囱效应等系统进行评估，同时评估这些积极措施的成本、产出的经济效益。

（一）乡土材料应用的生态经济效益

在评价陈皮村竹建筑的生态经济效益时，应从竹材的生态效益、多种因素下达到的低成本、解决当时矛盾突出点以及竹建筑的商业附加值等方面一起进行考量。1. 促进欠发达地区的经济。建造陈皮村的竹材来自广东肇庆的广宁县。中国是竹资源最丰富的国家，大面积的竹林分布在我国东西南 20 多个省，据资料统计，2005 年福建竹资源为 1366 万亩，广东为 267 万亩，四川为 39 万亩，而广宁县竹林面积达 108 万亩，竹种植与加工是广宁县的主要产业之一。陈皮村建造所需的原竹材料约 30 万根，大大增加了当地竹农的经济收入。2. 生态上的优势。从材料来源地、材料本身的生态特性、材料的生产加工过程、使用后回收再利用的程度以及废弃后对环境影响等方面进行生态环保性的评价。材料来源地的范围影响了运输的成本和运输的能源消耗，因此，关于材料来源范围的评价中，材料的清单里应包含其产地，产品的产地越近越好。选用本土材料，缓解了能源消耗和废弃物的产生，也同时促进了当地经济和社会的可持续性。满足该标准需达到的条件为：大部分原材料（大于 50%）必须选购离生产基地800 公里以内的地方。300 公里范围内对材料获得的成本、运输能耗则是一个较佳的距离。广宁县距离新会不到 200 公里，既促进区域经济又达到成本降低和节能的效果。（图 4－58）

图 4－58　竹材从广宁县运到陈皮村

陈皮村竹材应用达到生态上的优势，综合起来是：源自天然，本身无毒无害，属可再生资源；生产加工过程以物理加工为主，不排放有毒有害物质，耗电量少；生命周期结束后也不对环境和生态产生任何损害。2017年4月，一号馆因市政道路的扩建要被拆除。从一号馆拆下来的材料主要是竹材和钢材，它们为自然和工业提供了养料，实现从根本上杜绝废物产生的设计初衷。

（二）竹建筑的商业附加值

竹材应用在建筑上的成本低廉是人所皆知。如果只是简单地从环保和成本低来考虑，陈皮村的投资者肯定不会同意采用竹材来建造。得益于采用竹材，大大缩短施工时间，在不可能完工的时间内完成了陈皮村的工程，准时提交场地迎接第二届中国陈皮文化节的到来。从某种意义上讲，这个"准时"挽救了陈皮村项目的命运，"避免直接和后续的损失"成为最大的一个经济效益。

如果采用竹材准时完成的陈皮村竹建筑也像农家乐餐厅那样传统简陋，就谈不上具有持久的经济效益。"低廉粗糙"这种印象不利于竹建筑向更多类型的商业空间推广应用。没有基于文化认同与创新应用衍生的附加值，去谈论或宣传竹子生态质量、节约能源以及经济性，只会变得毫无说服力。竹材本身不具有这种附加值，只有当它被创新应用后，作为满足人们精神追求的载体作用时，才会被加倍放大。正是这种无形的附加值带来的商业效益，成为投资者乐意接受竹建筑的重要理由，也为项目追求更大社会效益和生态效益的良性循环创造了条件。

（三）竹建筑围绕社会公平性达到高层面的精神追求

竹建筑设计关注生态效益以达到生态审美功能，围绕社会公平性以达到更高层面的精神追求，从社会责任、伦理道德和情感上得到人们的理解。

正是通过可持续发展设计理念的系统规划，使陈皮村成为符合当今先进思想的践行者，在对外影响力上，陈皮村项目从生态社会责任的角度获得10个环境、建筑类奖项。在被人们广泛认知之后，项目的价值和影响力被加倍放大，从而进一步获得政府和社会的支持。包括由文化部评定为"2015年特色文化产业重点项目"和由住建部、国家旅游局评定为"第三批全国特色景观旅游名村"，都让陈皮村在资金、项目规划创意、对接推介、投资融资、人才培养、专家咨询等方面得到扶持和服务。这些都在陈皮村品牌打造和资金扶持上起到很大的作用。2019年，陈皮村获美国IDA国际设计大奖的金奖，说明陈皮村践行的可持续发展设计理念是当今国际社会普遍认同的价值观。

一些在经营上并不那么成功的商业项目，发现经营者只关注投资→建造→运营→获利这样一种"点到点"式的商业经济模式，一般情况下，他们并不关心（大多也并不具备这种意识）与赚钱无关的生态责任、社会公平等价值观念。从新会陈皮村获得政府的支持与回报，说明了注重商业盈利的同时顾及社会共同利益，社会资源的天秤才会有所倾斜。

（四）三壳结构的技术策略降低运营成本

前面谈到，当 A 方案的建筑设计公司看到铁皮厂房保温隔热措施相当差时，于是从保温隔热入手将铁皮厂房裹得严密，目的是减少室内的空调耗能。新的竹建筑方案是将室内公共区域全部取消空调设备，采用自然通风和辅以风扇，以达到生态经济效益。这样一来在冬冷夏热的铁皮房内，人们是否感到舒适就成为重要的衡量指标。

让我们看一下现场采集的一组数据。（表 4-3）观察的时间是 2015 年 7 月份，地点是一号馆（营运中心）的室内和室外温差的对比。从表中数据可看到有竹穹顶的室内，从上午 9：00 至下午 5：00 温度保持在 30—32℃之间，而这时候室外的温度在 36—40℃之间，而对当时仍未装修使用的二号馆铁皮厂房进行测量，室内温度在 35—37℃左右。在辅以风扇的情况下，夏日的一号馆室内温度是怡人的，这全靠一号馆北边生态溪流与室内双壳结构形成隔热和自然通风系统。这是陈皮村环保节能中重要的"三壳结构"技术措施。它由生态溪流、灌乔木层、室内竹拱券（竹穹顶）层、铁皮厂房原有隔热层、屋顶透气高窗以及室内东南两端两台工业排气扇组成。高大的乔木结合户外宣传牌，在夏日起遮阳的作用，同时柔化铁皮厂房的外观。这样的处理避免对铁皮厂房外墙全方位的装饰改造，这和室内竹穹顶的处理一起颠覆了原先的改造思路，也因此减少了一系列的投资。

表 4-3　2015 年 7 月陈皮村一号馆室内外温度记录表

铁皮厂房是系统当中的主体构造，属于硬层，起安全、围护作用。在设计中把墙面离地 2.4 米高的铁皮拆除，装上全景玻璃以增加景观效果，在玻璃的底下装上可透气的铝合金格栅，这是自然通风系统中重要的部分，在室内烟囱效应的气压作用下，室外空气——经过生态溪流和灌木层过滤——从透气格栅补充到室内来。室内竹穹窿属于系统当中的半软层,竹穹顶和铁皮厂房顶棚(设有通风槽)之间有两米左右的空间,即烟囱效应中的空气廊道。顶棚上的金属瓦顶传热系数大,空气受热后从顶棚的通风槽散发。室外的空气从入口门廊和铝合金格栅进入室内,并向上补充。因为竹穹窿顶部的竹与竹之间有许多空隙,空气也从这些空隙间向上升,进入铁皮屋顶与竹穹顶之间的空隙(空气廊道),形成室内空气的流动。(图4-59)整个自然通风系统与使用竹材建造的出发点是一致的,均以生态效率和低成本为优先考虑,使70%的室内区域在夏日不依赖空调设备,在运行当中又处处体现生态环保节能的要求。

在炎热的夏天开启风扇,人们可以在大堂安坐,没有不适之感。这得益于室外和室内的温度差,更主要的原因是天花上设置了空气流通层,让室内产生流动的空气。在技术层面上,室内的竹拱券建筑既达到保温隔热作用,又巧妙利用顶棚夏日酷热的特点形成烟囱效应,达到自然通风的效果。三号馆(美食987)四号馆(陈皮市场)同样采用这一措施解决公共区域自然通风的问题。

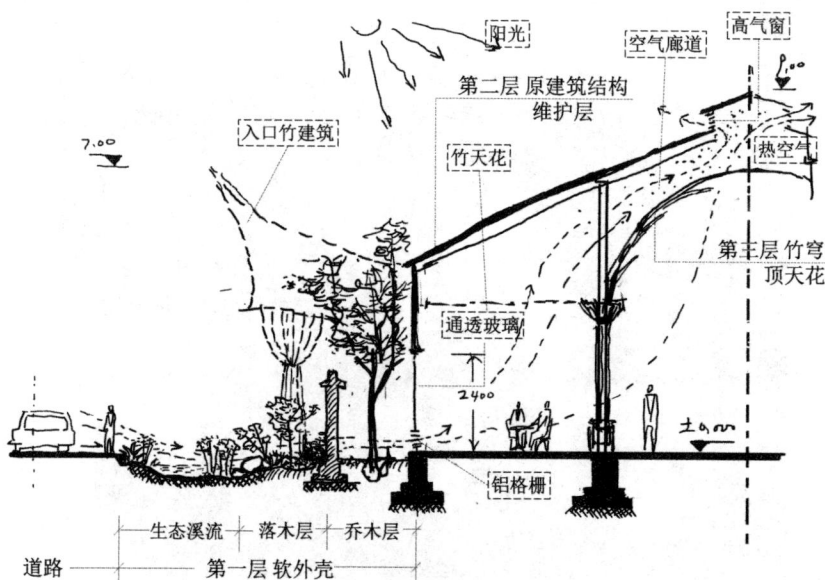

图4-59　陈皮村自然通风系统示意图

(五)基于生态审美和经济成本的溪流设计

1. 生态溪流的生态性和美观性。生态溪流位于一号馆的北面,长约200米,在离陈皮节开幕前一个月开始施工。一般情况下,为了防止景观水池中的水渗漏,常考虑做混凝土溪底。在实施陈皮村景观溪流时,对生态溪流的做法有了全新的理解，并应用在设计中。正因为时间紧迫，采用混凝土做溪底的方案已难以实现。这给了生态溪流一个实施的契机。关于生态水景生态性和美观性，国内和国外的做法有较大的差异。以美国西雅图的微软总部和广州的某科技园绿化对比为例。微软总部的道路两侧的绿地一般比道路低 10 厘米形成洼地，以起到在下雨时积聚雨水的作用。国内大多数的绿地要用花基砌起来，绿化要比路面高出 10—20 厘米，以防止路面的雨水流到绿化带里。（图 4 - 60）这是对待生态与审美上两种不同的思路，广州的某科技园采用突起来的绿化带（下称 A 类型），首先考虑的是审美，不让水浸泡植物，保持植物造景的美观性；美国低洼下去的绿化带（下称 B 类型），首先考虑的是通过洼地收集雨水，形成小范围的湿地，在一定程度上，既减少地表径流对河流的压力，避免洪水或城市内涝的发生，也让雨水在湿地的作用下缓慢回到地下。A 类型是基于对人工景观（具有仿自然性）完整性和美观性产生的精神享受，称为情趣审美；B 类型在审美诉求上基于人类安全、生态环保考虑下，进而对某种借鉴自然系统形成的景观产生的精神享受，称之生态审美。两者出发点的不同决定了两者考虑的精神层面不一样。

**图 4 - 60　A 类型与 B 类型对比**

2. 低成本营造乡土特色。基于上述的思考，长两百米的人工溪流并没有采用常规的混凝土浇筑硬底河床的做法，而是借鉴当地柑果种植园田梗的构造和采用田梗边的本土植物，按照 B 类型的思路实施陈皮村的生态溪流。第一步摒弃混凝土池底的方案，用机械挖出溪流雏形，分层将土夯实即形成池底；第二步将凸起来的路侧石降到与路面平，新铺设的道路向溪流微微倾斜，下雨时利用生态溪流疏导和收集道路雨水；第三步在溪流两侧和池底分别种上喜阳、喜阴、半水生、水生等特性的本土植物。本土植物选用果园田埂上的野生植物种类，这些植物生长快速，耐水耐旱性强。当下雨时，道路雨水收集到溪流中，形成湿地景观，干枯时形成旱景，可以观赏原生态的植物。这一做法节省施工时间，快速成型，同时减少一半以上的成本，得到经营者的肯定。最终成型的生态溪流就象一条马路的排水渠，所不同的是经过植物的点缀，具有美观的效果，同时还是一条对生态友善的溪流。（图4-61）

**图4-61　生态溪流成长图**

说明：（a）为2013年10月，（b）、（c）为2014年期间的生长过程，（d）为2016年8月生长情况。2017年4月随着二号馆的拆除，这片生态溪流也完成它的历史使命一起被推平。

### （六）各措施的生态经济效益评估表

在陈皮村中应用的几项节能环保措施，把它们放到陈皮村生命周期的表中评估一下，看看在不同阶段下生态和经济的表现。（详见表4-4）

## 四、陈皮村可持续发展设计的社会性考量

比起环境、经济效益的评估，对社会公正、人文关怀等的评估始终难以量化，在短时间里还不容易显现和观察。新会陈皮村大型竹建筑规模较大，由投资方建设，由设计师进行规划与设计，实施后用于商业的运作，正因为这些特点，在成功实施后，所涉及的社会增值的量相对可以观察和评估，也有利于解

决乡土材料在现代大型建筑应用上遇到的新问题。下面尝试从文化生态突变下的技艺传承、顾及底层的社会增益和地域性的创新与竞争等方面谈陈皮村可持续发展设计的社会性考量。

（一）劳动密集与传统特色技术有机结合

近年来，产业从劳动密集型向技术密集型转变的步伐加快，这是经济发展的必然规律。如果结合中国目前的人口现状来看，农村剩余劳动力多，且素质较低者占较大比例，这就决定了劳动密集型在相当长的一段时间里对增加就业有很大的作用。

表4-4　生态经济效益评估表

| 生态经济效益＼措施＼生命周期 | 建造 | | 使用 | | 结束 | |
|---|---|---|---|---|---|---|
| | 经济效益 | 生态效益 | 经济效益 | 生态效益 | 经济效益 | 生态效益 |
| 竹装饰竹连廊竹门楼 | 高 材料成本低 | 高 环保无垃圾 | 高 尽管需要一定的维护，但附加值高 | 表现不明显 | 高 易拆除少垃圾 | 极高 没有废弃物 |
| 大堂、交易市场的烟囱效应 | 高 不用保温隔热维护 | 高 竹材的使用 | 高 运营成本低 | 高 节能 | 无明显表现 | 极高 没有废弃物 |
| 生态溪流 | 高 建造不需要混凝土底板、施工容易 | 高 | 高 不需循环水、节省运营成本 | 极高 | 不错 容易拆除 | 高 拆除后对自然没有影响 |

在陈皮村竹建筑施工的高峰期，每天约有150名竹匠在现场工作，他们多来自有竹建和竹艺生产传统的乡镇。在与竹匠的接触当中，可以看到中国乡村传统工匠在现代化冲击下的一些现状：他们一直以某种乡土材料为应用素材进行技术的改良、传承，并因此而受到当地人的尊重，获得相应的报酬，而材料的使用会影响他们的生计。这种劳动密集与传统特色技术有机结合的方式，可以称之为劳动技艺密集型，是中国劳动密集型产业发展的有效补充。陈皮村项

目的成功向人们展示了这种模式的前景：充分利用当地资源，由投资商提供资金运作，工匠提供技艺，设计师主导创新，使这种模式取到了很好的增值作用。这种增益可以通过表4-5的对比进一步显示出来。同一规模的项目采用前者（工业化生产材料）和后者（竹材），可以看出前者的建造材料繁多，对电动机械使用依赖度大，能耗也较高；而后者的建造材料单一，人工比重较大，劳动者的工资收入有较大的提升（或就业率增加），对拉动农村的消费有促进的作用。相对通过大量消耗物质促进经济的方式，后者在可持续发展上是有优势的。

表4-5　两类建筑材料在应用上的对比

| 建造材料 | 造价（万元） | 人工费占造价比例 | 构造与装饰 | 流通环节 | 环保节能 | 对当地就业的促进 |
|---|---|---|---|---|---|---|
| 工业化生产材料 | 1500 | 施工人员投入较少，工人平均日工资为200元，约占20% | 构造与装饰往往是两种或多种材料，现场材料种类繁多 | 需要经过工业加工的多个环节，流通环节多 | 工业生产过程和运输环节的耗能，施工现场电动工具加工耗能、建造过程和生命周期结束后产生大量不可降解的垃圾 | 依靠电动工具的劳动技术密集型，人员投入相对较少，工人来源于各地 |
| 来源于当地的乡土材料：竹 | 1300 | 投入工匠较多，工匠平均月工资为300元，约占40% | 构造与装饰往往可以合二为一，现场施工材料以竹材为主 | 从产地集市直接到现场使用，流通环节少生产及运输过程能耗少 | 手工制作建造过程几乎不耗能，材料可降解，建造过程及生命周期结束后对环境污染少 | 依靠自制工具的劳动密集和技艺相结合，人员投入较多，且多为当地手工技艺者 |

注释：1. 本表根据两种方案的概算进行比较，其中后者为实施方案。
　　　 2. 概算均不含钢结构、混凝土基础、照明和园林绿化部分。

（二）顾及底层的社会增益

可持续发展建筑设计关注项目的建造和使用对当地社区就业的促进，并努力探讨通过建造方式改善当地就业环境的可能性。工业化生产的材料和与之相适应的建造技术，往往让传统的手工技艺失去竞争力，当然也影响工匠——靠这种手工技艺养家糊口——的生存状况。相对年轻的劳动力，这些掌握传统技艺的人常处在就业的"夹心"状态下。分析陈皮村项目工匠的年龄层和文化层次可以发现：1. 他们年龄在38至55岁之间；2. 几乎来自项目的周边乡镇（最远不超过400公里的汕尾地区）；3. 受教育水平均不超过初中程度（含初中）。这些特点，决定了这一群体在新环境下的就业处在尴尬的状态：1. 所从事的传统工作逐渐式微；2. 他们上有年迈父母下有儿女，既是家庭经济收入的主要创造者，也是照顾家庭的重要承担人，长期在外工作不利于家庭稳定；3. 学习新技术的能力较慢，在新环境里生活的适应力较差；4. 选择新工作的限制大，收入常处于不稳定状态。他们面临的生存压力，是中国广大乡村地区手工业者的真实写照。

　　陈皮村项目的设计师一开始是为了解决项目具体问题而选用竹材，但在确定竹材的同时，已自觉地把上述问题作为选择建造方式的考量因素：结合当地的材料和技术，主动地在商业项目中使用乡土材料及其特有的建造方式，为劳动密集与传统特色技术有机结合创造机会，既鼓励满足个性化和多样化的市场需求，又改善了这一底层群体的就业状况。在陈皮村项目的施工过程中，由于采用竹材施工的面积将近3万平方米，在4个月的施工期间，每天投入的竹匠约为80人，高峰期间更达到150人，竹匠平均日工资为250—300元/天（2013年），这在很大的程度上增加了这一群体的经济收入。（图4－62）

**图4－62　竹匠工作场景**

### （三）关注文化生态突变下的技艺传承

文化生态是各地区各民族原生性的、祖先传下来的文化生活，这个文化生活就体现在日常生活中。在技术落后的条件下，当地人通过寻找最普遍获得的材料和最适应当地气候条件的建造技术来建造房子。这种技艺通过师授徒承的方式代代相传，掌握技艺的人被称为工匠。工匠及其传统技艺不但对历史上的科学技术发展有着推动力，还包含着独特而又丰富的人性内容，它们都是文化生态的组成部分。

社会物质生产发展的连续性，决定文化的发展也具有连续性和历史继承性。乡土材料在长期应用中的缓慢变化，让与之相适应的手工技艺得以传承。但是，在工业化生产和快速城市化的双重冲击下，区域内文化生态本该缓慢发展、自我修复的过程被瞬间打破。由于传统的乡土建造技术在农耕时代是一个相对稳定与平衡的系统，正是这种相对封闭和以人为核心的活态流变的特点，在面临现代社会发展时带有了明显的不适应性和脆弱性。由于现代材料的使用，建造方式也随之改变，这些工匠为了生活，只能转行或学习新的方式，技艺传承功能也逐渐衰退。独特的技艺是工匠在乡土环境中沟通感情的纽带，也是彼此认同的标志，更是他们倾注情感追求自由的精神寄托。随着技艺的消亡，这种"技以载道"的功能也随之丧失。采用他们熟悉的建造材料，是对工匠、工艺与经验的尊重、保护和传承。在这一层面上，当代有必要尊重、重温和适度恢复传统工匠及其乡土建造技术。

在新会陈皮村项目中，竹匠对竹的施工表现出非常自信，特别在项目最开始时，即使有图纸，他们仍然会按自己的想象搭建出不同的造型，当设计师否定他们的某些做法，指导他们尝试另一种造型时，他们对设计师表现出不信任，这应该是竹匠对自己熟悉领域被冒犯时表现出的一种自尊。一旦设计师帮助竹匠们取得尝试上的突破，他们会举一反三，帮助设计师拓展思路。这时，竹匠们对设计师表露出极度的崇拜和高度的配合性，并在实施过程中解决多个难点。这种突破往往是令人欣喜的，因为设计师在设计时不知道竹材运用上的许多窍门。在施工当中，尽管有设计师的图纸和现场指导，许多制作的细节仍然由工匠们来完善，所以完成后的建筑比图纸多了许多细节和新意。竹建筑的完成，除了技巧之外，特制的工具也起到关键的作用。从"匠"字的构成可以看到匠人、技艺与工具有着密切的关系。[9] 值得研究的是，一把自制的多用途砍刀，既可砍、削竹，还可以用宽厚的刀背锤钉子，而刀把上还有起钉子的功能。（图 4-63）在针对乡土材料的使用上，这些自制工具毫不逊色于工业化生产的标准工具，从中可以看到工匠们在长期工作中利用智慧解决实际问题的能力。许多经验和规则是得以通过工匠才能总结和流传下来，工匠的作用是非常巨大的。设计师处于项目的关键位置，有责任通过自身的影响帮助这种技能得以传承，当中也包括精神的传承。

图4-63 竹匠的自制工具

（四）鼓励地域性的创新与认同

陈皮村的可持续发展探索与实践属于创新实验应用型，它们的成功在很大程度上给了投资商信心，也鼓励着设计师坚持不懈地进行探讨。在它们的指引和启示下，陈皮村的设计师完成了借鉴—创新—总结—加强的这样一个过程，在总结后再应用于新项目上，从而进一步地为更多的设计师进行本土的探讨提供新的、成熟的经验。尽管包括陈皮村项目在内的这类案例还不是主流，但当中每一个案例的成功实践，都会对某些方面有所提升和促进，它们包括五个层面：1. 项目阶段性的成果得到业主和社会的认可，鼓励更多的投资商投资这类探索性的设计，为创新提供有利的市场条件；2. 鼓励本土设计师利用现状条件进行因地制宜式的创新，提升本土设计师参与国际交流与竞争的自信心；3. 作为本土文化生态的组成部分，传统手工艺者受到启发从而加速技艺的创新，增强了以运用乡土材料为技艺的工匠在现代化过程中的生存空间和竞争力；4. 促使政府相关部门积极应对，创新性看待新事物，对一些僵化的规定做出相应的检讨和调整；5. 鼓励地域性的弱势文化与普遍性认知中强势文化的竞争，打破现代建筑一统天下的局面，使得公众可以认同差异、认同本土、热爱本土。

（五）从社会性角度思考和总结的意义

在可持续发展设计的实践和探索中，始终存在一种重技术设备，轻社会伦理的现象，忽视了作为主体的人在整个关系中的主导地位。材料影响到建造技术，建造技术影响到人，进而影响社会中人与人的关系。因素间的影响不是单线的，而是相互联系和错综复杂的。当我们充分意识到这一点，就能以具体的物为切入点，以更宽的视野，从更深层次中考虑和评估可持续发展设计产生的社会效益，并在实践当中加入人文的关怀。新会陈皮村可持续发展建筑设计的实践正是基于这一点，选用乡土材料进行建筑的构造和装饰，而对它的分析和总结始终没有离开社会影响这条主线，社会性考量既是实施前所考虑的，也包括实施后分析要侧重的，以此实现项目的社会可持续性，这种实践的出发点不仅具有新的视角，还具有关注当下的现实意义。

从社会性角度思考和总结一个环境设计项目，这本该是由社会学家去做的事，但研究社会关系的人绝大多数是不从事设计的。而问题是可持续发展设计不仅仅是美学的事，其涉及社会学的方方面面，只有把各种复杂因素联系在一起，进行整合研究，才能说明建筑设计的类型和模式怎样受制于所处的社会环境，又怎样影响着社会各阶层的人。

从人类可持续发展探讨的层面上看，由于我们面对的是一个不太确定的将来，每一个以可持续发展为目标的案例，在成功地实施之后，都会成为我们摸索着过河中的一块石头。作为一名设计师，尝试从社会学角度去分析设计中的问题，难免会落于肤浅，但在跨专业甚至跨学科的研究中可以发现一些新问题，找到一些新启示，这无疑是本书作者所期望的。

## 第八节　新会陈皮村品牌价值未来展望

从"一块皮"到"一条链"，再到"一个园"，新会陈皮产业跨越式发展的背后，是新会打造中国陈皮之都，世界陈皮中心的雄心。展望未来，陈皮村不仅仅在于打造一个陈皮交易中心，更在于打造一个集陈皮交易、产品加工、金融投资、生态旅游以及陈皮文化研究于一体的综合性服务平台。

### 一、陈皮村在产业园品牌文化发展中的关键作用

（一）夯实新会陈皮现代农业产业园产业与文化的基础

新会陈皮产业园规划布局为"一轴、两带、三基地、四中心、五园区"，陈皮村作为五园区中的三产融合示范园，其从定位开始就具有引领与定标作用，在整个行业中更是起示范作用。陈皮村的发展不是单一产业的发展模式，而是努力打造一个以陈皮产业为核心的多业融合发展平台，并成功建设了融合型农产品市场新模式。这个模式以产业发展为基础，以产业文化为内核，融合特色农产品加工、标准仓储、销售和休闲文化旅游等功能。

陈皮村作为多业融合的平台，已经成为新会"陈皮旅游"的领军企业，通过这个新平台孵化的陈皮创意企业超过 200 家，创意产业规模超过 6000 万元，扩大就业 5000 多人。2018 年新会陈皮以 877 品牌强度位列全国地理标志产品第 41 位，在这其中，新会陈皮村通过文化旅游促进品牌推广发挥了积极的作用，并极大地促进了陈皮产业与陈皮文化的发展。

（二）开辟了农业产业园乡村特色文化旅游的新模式

从 2013 年运营至今，陈皮村创新发展了"陈皮产业 + 文化 + 旅游 + 金融 + 仓储物流"新模式，作为国家特色景观名村、4A 景点，与梁启超故居、新会小鸟天堂、古井皇族村、崖南海战遗址等旅游资源形成乡村特色和历史文化旅游休闲带。尤其值得一提的是，陈皮村年接待游客量达 100 万人次，而其中海外游客约占一半。陈皮村的努力，不仅为江门新会开辟了一个社会经济发展的新天地，更重要的是，它还为现代文化旅游业发展构建了一个新模式。

陈皮村突破了传统旅游资源观的束缚，从特产陈皮产业切入到旅游业，从一开始就将陈皮文化与建筑创意紧密连接在一起，并将陈皮产业所涉猎的各个环节加进了旅游要素，将一般产业经营向文化产业拓展，将一般观光引导到文化旅游体验，增强了品牌打造，并充分利用文化旅游将品牌进行传播与推广。在发展的各阶段把生产、营销环节与科普、文化、艺术、旅游体验要素融入其中，从生态功能、特色景观营造、装饰艺术和文化创意上都体现了产业特色文化，使农业场所具有识别性与观赏性的同时也构建了全产业共同发展的全新局面。可以说陈皮村的发展模式，不仅带动了当地柑橘种植业、加工业和地区陈皮文化产业的发展，更是为乡村特色文化产业发展开辟了新模式。

## 二、品牌价值未来展望

（一）打造新会名片，提升区域形象

项目实施对于提升新会的地区形象具有重大的推动作用，汇聚新会陈皮品牌企业以提升城市形象。新会陈皮村的品牌不断建设与推广，必将带动新会地区整体发展，不仅有利于地区经济的振兴和腾飞，还将成为新会的标志乃至江门的城市新名片。

（二）壮大陈皮产业链，带动经济发展

以新会陈皮交易为中心，同时带动种植业、新会陈皮深加工、批发零售、文化旅游等全产业链发展，为整个区域的健康良性发展提供新的契机。不仅为陈皮投资与陈皮消费的环境带来质的飞跃，而且为区域的经济发展提供强大的推动力，成为新会经济发展龙头。

（三）结合本地文化，推动区域文化发展

新会陈皮村将广府文化、岭南文化和五邑文化进行融合，并内化为项目本身的视觉表达中，把三者巧妙地融合在一起，形成新的消费热点，成为区域文化倡导者。

（四）增强区域实力，加强交流合作

有助于加快推进粤港澳地区陈皮交易的深度合作，以项目的辐射力吸引珠三角、港澳的客户共同合作。为新会地区甚至是整个珠三角地区的陈皮商人提供优质的服务，包括规范的陈皮交易和服务平台，促进粤港澳陈皮产业的交流和发展，成为区域产业交流新平台。

（五）促进城市和谐，推动社会进步

新会陈皮村的发展推动了新会地区的发展，对区域的稳定和谐发展起到重要的推动作用。从经济增长率、人口就业增长率、犯罪下降率等指标表明此项目是促进社会稳定和谐发展不可缺少的力量，成为社会和谐的强大推动力。

新会陈皮村作为一个现代农业产业园的代表，依托政策、交通、文化、历史等综合优势，面向广东地区陈皮交易市场的需求，通过政府、企业和金融机构的合作互动，形成强大的陈皮交易基地，必将大力推动粤港澳地区陈皮产业的发展。

# 第五章

# 陈皮村模式的理论创新

## 第一节　创新的背景与理论概述

### 一、关于理论创新的三个观点

（一）观点一

在陈皮村实践中总结的新方法新理论，是围绕着艺术设计的内容展开，再通过从其他学科角度进行补充和拓展。作为一名艺术设计者，本书作者尝试从多个角度对理论进行归纳，即使理论探索还带有局限性，理论探索还不是很完整，但在对于原创性的创新上，尽快把探索的初步成果通过各种机会向大家宣传和验证是最好的完善方式。

（二）观点二

当下，有一种声音认为乡村目前的现状水平和发展需求不高，在建设中有设计师指导就很不错了，不需要也消费不起高水平的设计师，原创性设计更是奢求。恰恰相反，在很大程度上，由于乡村的生态系统较城市脆弱，加上长期以来投入建设的资金不足，发展上有更多的薄弱之处，建设起来比城市更加复杂。这是普通设计师无法胜任的工作。有鉴于此，乡村建设更需要有综合能力、有使命担当、熟悉乡村的设计师，能够抓住乡村发展的"痛点"，找到新策略、新方法。

（三）观点三

艺术设计学科团队主导了融合型农产品市场的策划、设计、施工组织和参与了运营的过程，并在多方联控中担任组织与沟通角色。从陈皮村的经验看，这种机制是成功的。在大多数人眼里充满浪漫色彩的艺术设计师主导取得的成功到底是巧合还是必然？是否还可以在陈皮村之外起到作用？本章总结的艺术设计主导的多方联控机制，作了肯定的回答。在融合型农产品市场初始创建阶段，具有独特文化艺术感染力的环境场景对品牌传播、文化旅游推广起直接作用；艺术设计中的品牌视觉、空间设计、交互设计在融合农产品贸易、休闲农业和特色的文化空间等功能中发挥主要作用；当艺术设计者跨越专业局限与营销、技术、信息等学科融合时，可以整合各学科优势，在创建融合型农产品交易平台的多方联控机制中承担起策划角色；当策划者同时掌握可持续发展理念，会优先、擅于运用创新的思维寻找优势策略达到可持续经营目的；而在新农科下的艺术设计学科因为肩负着乡村振兴的历史使命，会自觉地走到引领创意农业发展的前台，激发原创性的灵感，把艺术设计学科交叉融合的本质特征发挥得淋漓尽致。这是本研究的核心观点。

## 二、有待进一步建构和运用

在前面介绍了陈皮村首创的陈皮银行金融模式，这是在三产融合理论实践中借鉴茶叶银行的模式优化出来的陈皮村模式。根据双向阶梯理论，陈皮村向前实践的每一步，都会做好总结并反向检讨前一步的工作，从而作用于下一步。如此反复的归纳与实践，发现某些应对当时情况的做法在取得成效后会被反复诉说。这种诉说包括日常交谈和汇报两种方式。作为陈皮村创建发展的陪伴者，本书作者逐渐在各种诉说中整理，并根据实践中的实证，找到一些规律从而形成初步的理论成果。这些新理论已经在新的项目中运用（第六章对新的项目进行介绍），由于应用时间不长，效益还有待观察并作进一步理论的建构。"三产融合"的提出本身是一个新事物，成功实践的案例并不多，加之各地情况不一样，作为"第一个吃螃蟹"者，陈皮村的创建过程或多或少带有一定的随机性，中间经历的波折不少。如果当时有具体的理论指导，哪怕是一些经验也好，都可以避免过程中无必要的损失。陈皮村的新方法新理论有其独特的视角、产生的实际情况和应对的具体问题，可以给后来者及时的参考和启发，变被动为主动，避免走弯路。

## 三、陈皮村创新理论的概述

通过归纳整理的理论涉及融合型农产品市场的创建、发展、协调实施三方面，包括：1. 钻石创建理论。2. 圈层三要素发展理论。3. 零起点创建理论。4.

生命周期协同理论。5. 艺术设计主导的多方联控机制。每个理论又从产生背景、思路和观点、策略与措施三个要点进行阐述。

　　钻石创建理论强调融合型农产品市场是产业园三产融合发展的内核，在产业园创建期，顶层设计应聚焦内核发展，避免面面俱到，要让聚焦点发光，引人注目。钻石理论提出实施路径：从产业已有的基础面→集聚到点→将点切割成无数的面→反射光芒→吸引（推广）→带动基础面走向更宽广。圈层三要素发展理论提出产品、服务和场地环境三要素在产业融合型农产品市场发展中依次担任引领者的作用和角色是动态变化的。发展一般经历三个阶段，受消费者的关注力和经营者市场营销的推动力影响，每个阶段的引领者会发生转变，即原先的引领者会退到第二层面，原先第二层面者会走到前面，到了成熟的深度发展期三要素形成共融。圈层三要素发展理论强调在顶层设计中要把三要素排好序，在实施中有步骤有侧重地进行。零起点创建理论是基于目前农业产业园普遍存在建设用地桎梏的问题，提出通过一系列创新方式提升土地要素的品质，进而提升资金的使用效率和产业融合的能力。融合型农产品市场具有交易功能和文化功能的双重属性，相对传统的交易市场，对场地要素有着更高的要求。零起点创建模式抓住了用地要求与现实条件难以满足的矛盾，从而提出陈皮村解决方案。生命周期协同理论是从竹子建筑的寿命拷问开始思考商业业态、商业建筑以及建造材料三者的生命周期在时空发展中的关系，提出在循环经济理念下实现消费、环保以及价值提升的思维方式与策略。生命周期协同理论在陈皮村中得以实证，也为乡土材料在大型农业商业建筑中的创新应用找到了理论依据。艺术设计主导的多方联控机制是基于陈皮村的成功实践去思考艺术设计学科在产业园创建中角色定位的问题。在陈皮村的案例中，艺术设计团队是在原创性灵感方案的竞争下脱颖而出，走到了项目创建的前台，在策划、设计到实施三大环节中起到顶层设计和企业实施中间层次的角色作用。其理论实施路径分为三步走：完成艺术设计学科内部专业融合→跨学科合作→在项目中主导联控。而艺术设计是否能在多学科联控机制中起主导作用，一个重要的前提是依托新农科的背景。农林类院校艺术设计团队通过产学研方式，结合市场运作模式，在农业产业项目中具有角色优势。

## 第二节　钻石创建理论与实践

### 一、理论背景

（一）现实背景

1. 20 世纪 90 年代后期开始，中国主要农产品由长期短缺转变为总量基本平衡，由卖方市场转变为买方市场，农产品供不应求和同业竞争、同类竞争、同品竞争激烈现象同时存在；2. 目前许多农业生产者经营的核心不是品牌而是农产品，缺乏品牌形象实力的营造，不能有效地开展品牌经营，市场竞争优势不强；3. 中国地域辽阔，自然条件的差异使农产品的品种和品质产生巨大的差异，以资源为依托，发挥地域优势形成名优农产品交易市场，是农产品品牌营销的重要策略；4. 目前一些产业园建设中，资金使用摊大饼情况较普遍，对建立市场的意识不强，对品牌营销作用认识不深。在上述背景下，以陈皮村建设为实例，思考我国现代农业产业园品牌营销战略，借鉴 Porter 钻石模型，推导出三产融合理论指导下的钻石创建理论，探讨融合型农产品市场的创建策略。（图 5 - 1）

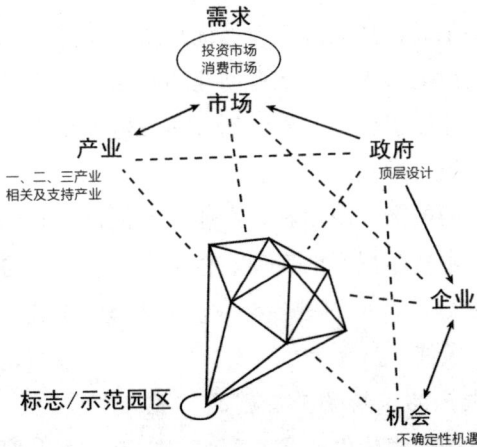

图 5 - 1　产业农业园钻石创建理论模型

（二）钻石理论渊源与借鉴

Porter（1990）提出竞争优势理论，即钻石模型理论，认为产业是国家优势的基本单位，但一个产业的成功绝对不会是来自单一要素的成功，而是来自众多要素纵横交错的产业群聚。[1]一个产业的钻石模式（Diamond Model）为一个双向系统，模式中任一因素必然会影响到其他因素，由各因素间的互动关系产生群聚效应。对个别产业而言，每一个因素具备其本身之竞争优势，通过群聚越强则竞争优势越大；反之，将会导致竞争优势的递减，由于各种资源限制，将导致没有一个要素能在产业中居领导地位。因此，对一个产业发展最好的做法就是将资源投注于最具竞争优势的产业环节，以持续地维护其竞争优势。国际贸易理论中的钻石模型指出，由于产业的不同，其组成要素的条件也会不同。在不同时空背景、产业类别、经营环境的情况下，钻石模式的构成因素将会随之改变。把钻石模式作为一项分析工具，用于探讨与产业相关的问题，发掘其关键性的因素，而不要求各因素重要性一致。

## 二、钻石创建理论构建

钻石创建理论主要用于产业园创建期和品牌营销战略的开展，对于顶层设计和企业实施理论提供了方向的思考。

### （一）钻石创建理论的概念

钻石创建理论指在现代农业产业园的创建中，相同的时间和空间里，不要把有限的资金、时间和资源平铺，应围绕农产品品牌营销战略，聚力到农产品市场的创建和发展中来，选择融合作为最优角度将农产品市场打造成"钻石"，使其在市场竞争中发出七彩光芒。钻石创建的路径：产业基础面→点→将点切割成无数的面→反射光吸引注意→带动后面更宽的面。即一二产是基础，三产是聚焦面，农产品市场是发光的点。

从国家层面推动的国家级现代农业产业园的创建具有标杆性示范作用，这是钻石创建理论在国家战略层面的表现。作为产业园自身的建设，应集中区域优势资源建设极具标志性特征的融合型农产品市场，打造产业融合的聚光点，引起社会各界的广泛关注。

### （二）融合型农产品市场是产业园的"钻石"

融合型农产品市场是现代农业产业园吸引市场、走出市场、沟通市场的重要渠道。融合型农产品市场一旦成为现代农业产业园的聚光点，将会全方位为现代农业产业园导入政策优势、市场投资、科学技术、文化创新等各方面资源，为现代农业产业园的持续发展创造更多的有利条件。在政府与市场的高度关注下，融合型农产品市场对农业发展大方向的把握更为精准，牵引着现代农业产业，建立以市场为导向的农业生产体系。

现代农业产业园以融合型农产品市场为农业产业化的突破口和试验点，打破传统的农业和工业、服务业相分离的困境，面向国内外市场，集中并优化配置土地、资金、劳动力、技术等生产要素，实现农业三产融合一体化。

（三）钻石的多面性

钻石的天然晶体常呈多面体形状，经过完美比例进行精确的切割才能最大限度地把自然光转化为七彩光，呈现出完美的光泽。现代农业产业园打造"三产融合"发展平台，涉及多种业态模式，如同钻石的众多切面，每一切面具有不同切割角度和面积。因此，需处理好一二三产之间的关系，把握好主导产业的特色优势，在创新驱动下不断拓展产业范围，着重培育极具竞争力和园区特色的业态模式。（图 5 - 2）

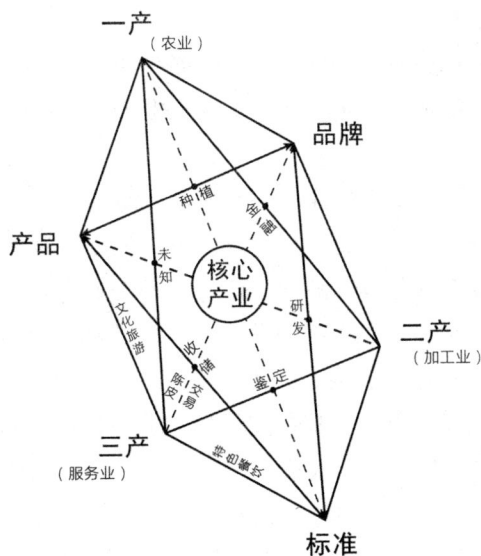

图 5 - 2　现代农业产业园的钻石多面性

## 三、基于钻石创建模型的陈皮村模式分析

（一）发掘金刚石

金刚石是钻石的原身，是自然界中天然存在的最坚硬的物质。钻石创建理论实施要点是选择好具有金刚石质地的实施主体企业。从广东省现代农业产业园的创建而言，地方政府统筹整合涉农资金投入支持建设，省级财政补助资金（除贷款贴息项外）与撬动地方统筹资金和社会资本投入比例达到 1 : 3 以上。[2]

因此企业的自身实力很大程度上影响了产业园的建设品质。顶层设计中一个重要功能是挑选有钻石结构性质的企业。实施主体企业不是为了创建而临时拼凑起来的，很多时候，企业组织稳定的架构保障了决策的稳定性和实施的有效性。主体企业要有类似金刚石的硬度，这样才能经得住风险的熔炼，才能进行切割。企业和企业领军人物自身要有光学性质，即使不加切磨也可展露良好的闪烁光，经打磨后才能发出更耀眼的光泽。从陈皮村的成功创建来看，实施企业自身就具有金刚石的性质。（陈皮村的企业情况在第三章有所介绍）

（二）钻石的多切割面

1. 选好角度进行切割

不经过切割的原石还不能称为钻石，钻石有众多切割面，先从哪块入手？在创建具有示范性、标志性的现代农业产业园，融合是最优角度。在新会陈皮产业园围绕第一产业打造综合性产业体系基础上，陈皮村交易市场以销售为核心融合加工仓储、特色旅游等功能业态，创新性拓展农业经营理念，跨越式转变农业经济的属性，使现代农业产业园具备了融合产业的功能和特征。

2. 分步切割

陈皮村三产融合的发展模式并非一蹴而就，而是一步一步地抓住重点兼顾多方发展而来，从三产的角度切入，构建以新会陈皮"种植、收储、鉴定、研发"为核心，集陈皮交易、特色餐饮、休闲养生、文化旅游于一体的特色农产品商业文化综合体。面对繁复的多方面业态格局，陈皮村有所侧重地进行创新，有针对性地进一步做深做精。例如，新会陈皮村最先建设的大体量竹建筑群，成为陈皮村最具辨识度的符号，把铁皮厂改造升级成国家特色景观旅游名村，为产业文化与地域文化相融合的旅游体验提供了载体。打造首个国家地理标志产品大型文化体验馆，以五感体验传播新会陈皮的品牌文化，一段时间内，新会陈皮村成了新会陈皮的代名词。接踵而至，陈皮标准仓储中心的建设和陈皮银行金融产品的推出，带动第二波陈皮业内人士、设计领域人士、农业专家、各地游客慕名而来关注。经过分步切割打磨，陈皮村钻石般的吸睛效果，如同聚光灯打在身上，让普通市民对新会陈皮从不认识到了解再到形成持续的消费力，让投资者对新会陈皮这一传统行业的不看好到摸清行业发展态势，最终形成成熟的市场投资等的一系列反应，将新会陈皮推上市场高潮。

（三）钻石的光泽效应

作为五园区中的三产融合示范点，新会陈皮村有效推进政府制定一个全局性的新会陈皮产业发展规划，培育农业产业化龙头企业和联合体，进一步推动新会陈皮国家现代农业产业园的申报创建。陈皮村交易市场具备专业性的品质和品牌效应，起到以一带百的作用，在创建开始就如钻石般的光泽照亮了新会陈皮这一传统行业，刺激市场对新会陈皮的关注度与敏感度，形成新会陈皮行业发展浪潮。

## 第二节　圈层三要素发展理论与实践

### 一、理论背景

（一）提出圈层三要素发展理论的目的

在钻石创建理论解决了顶层设计思维后，根据融合型农产品市场发展的不同阶段，提出依序建设的策略和方法。了解圈层三要素发展规律，在融合型农产品市场建设中做到有的放矢。

（二）从快时尚餐饮业中得到启发

在竞争时代下，同品类的餐饮店为了快速吸引消费者，在菜品品质基本趋于一致的情况下，高体验感的就餐环境能吸引大量顾客；而要增加老客户的二次消费，就要依靠菜品的味道和品质；如果要保持顾客到店持久地消费，就要增强服务的体验感。例如，海底捞餐厅就以无微不至的服务理念得到市场的认可。其在品牌认知度逐渐变高的时候，餐厅空间往往不再需要新奇，大方舒适的空间就能为顾客所接受，食品也是普通家常食材，但以服务优先的竞争策略一直保持着市场的竞争优势。

（三）基于新媒体营销的竞争策略

互联网时代下，新媒体逐渐表现出多途径、范围广、二次传播影响力大，信息传播更加便捷化等特点。传统的农产品营销策略中，大多以产品或服务为中心，当农产品本身还没有传播力时，关注度很容易被别的新兴事物夺去。而造型新奇、互动和体验感强的农产品交易场所具有体量大、穿透力强和易传播性等特点，往往能自带流量，在新媒体的营销矩阵中不断裂变传播，低成本实现有效的品牌推广，从而达成销售高转化。

（四）基于业态促销模式

业态促销模式（SP - SalesPromotion）是利用新兴的购物场所吸引顾客，实现销售的营销管理样式。在市场竞争的条件下，购物场所是否符合消费者的购买行为，直接影响并且决定促销的效果。在营销初期，新颖的购物场所是新媒体营销竞争策略的重要手段。

（五）消费层次的改变

随着人们收入的提高，消费水平也随之得到升华，渐渐地从简单的物质需求开始演变成精神消费这个层面。农产品市场也不再局限于农产品交易本身，而是在整个消费过程中成功地体现在消费者对产品自身的满意度以及美好的体验。而美好的体验，往往受到环境、产品以及服务三大要素的影响，从而影响顾客的游览购买行为。

## 二、圈层三要素发展理论

### （一）圈层三要素发展理论概念

圈层三要素发展理论是指在复合业态的农产品市场中，环境、产品、服务是构成农产品市场的三大要素。在其动态发展中，三大要素对顾客影响力的大小随着农产品市场的发展阶段而更迭：初始期，体验感高的场地环境能吸引更多的人气；在发展期，产品的质量、多元化的产品开发让项目具有持续增长力；在成熟期，完善的服务平台可以让项目整合更大的资源，进而推动产业向纵深发展。（图 5 - 3）把握好圈层三要素理论重点是在初始期用好环境要素。

1、项目初始期，特色的场地环境对顾客起直接的影响力；

2、项目发展期，产品的好坏对顾客起直接的影响力；

3、项目成熟期，服务的好坏对顾客起直接的影响力；

图 5 - 3　圈层三要素发展理论模型

### （二）圈层三要素发展理论的要点

1. 项目初始期的环境直接影响力。在复合业态的农产品市场项目初期，造型独特的建筑设计，乡土气息的空间氛围，明确清晰的导向次序能给人以新奇、愉悦、舒适、融入的共振感受，形成吸引顾客首次进入该农产品市场的强烈磁场，至此，环境已成为影响顾客的游览购物行为与感受体验的直接因素。融合型农产品市场的环境与顾客游览体验和购买行为均成正相关关系，良好的环境能够带给消费者良好的游览体验；良好的游览体验促进消费者购物。与此同时，环境很容易地就通过影响消费者的情绪而间接地影响到了产品自身的地位。研究发现，当消费者的情绪良好时，他们会对产品的评价更高；反之，情绪低落时对产品的评价偏低。（Gorn, Goldberg and Basu, 1993）因此，环境给人带来的良好评价会直接影响到顾客购买行为与美好体验感的产生。

2. 项目发展期的产品直接影响力。在发展期，是顾客由初始阶段的空间环境体验转向关注产品品质的阶段，以性价比和产品的价值内涵作为二次消费或长期消费的决定性因素，甚至影响其游览的频率，这是顾客对该农产品市场由相识到相知的过程。产品的丰富度与高品质成为顾客再次进入该农产品市场的首要考虑因素。在项目的发展期，产品作为直接影响因素，产品的质量、多元的开发让项目具有持续增长力。

3. 项目成熟期的服务直接影响力。在成熟期，已不是"商铺的组合"那么简单，完善的服务平台可以让项目整合更大的资源，进而推动产业向纵深发展。例如，商业购物空间公共区域比例的扩大意味着服务意识的提高。商业租户和公共空间的比例，已经由7：3变成了6：4，甚至到了5：5。公共空间为人们展现在空间上的广泛参与、交流与互动，包括文化体验、休闲娱乐、信息获取等活动。服务的概念并不局限于工作人员对顾客所做出的引导、推荐、体验等服务性行为，更是包括了扩展后的公共空间带有展览性质，其功能接近媒体和内容发布平台，为入驻商家或游览者或投资者等提供及时的资讯，亦可作为体验区，其功能更接近艺术文化展馆或数字化科技体验馆，为游览者营造空间氛围或将科普信息进行可视化互动式展示。而在商铺组合方面，从战略角度"锚定"重要租户依然是服务好客户、拉动客流的关键。此外，提供差异化的服务，以此拉开与其他同类型场所的区别。

4. 融合型农产品市场的服务转变。一方面，融合型农产品市场服务的重心依然是农产品交易，为农产品产业的投资者提供专业性服务，面向行业提供共享信息。另一方面，在消费升级所带来的翻天覆地的变化之下，融合型农产品市场的经营者与规划者都必须扩大自身视野，挖掘园区服务的可能性，把身份转化为文化休闲服务的提供者，乡村建设品质的提升者。当融合型农产品市场得以综合发展后，建设颇有吸引力的"综合社区"是未来发展的趋势。"综合社区"提供社会化服务和行业化服务，是融社会、经济、生态三者于一体，提供生活、工作、购物、投资服务的"微型小城镇"。从新会陈皮村规摸的扩大和周边区域融合发展形成的新会陈皮产业文化推广圈，有整体朝着以陈皮文化为生活主题的微型小城镇发展的趋向，如此一来，为游览者回归乡村生活提供了可能，使得园区客流量得以持续增加，同时又使产业投资回报实现最大化，推动

美丽乡村建设的发展。（图5-4）

**图5-4 陈皮产业文化推广圈**

说明：以新会陈皮村为中心的陈皮产业文化推广圈，具有向陈皮文化特色小镇发展的潜力。

### 三、基于圈层三要素理论分析陈皮村的阶段性发展重点

根据圈层三要素理论，陈皮村的空间环境对顾客行为具有直接影响力。而事实证明陈皮村所营造的高体验感环境吸引更多人气，聚集更多社会目光。在陈皮村的品牌认知中，最先带动陈皮村影响力的是通过环境创新设计让场地要素发挥积极作用。陈皮村的环境设计从三个方面为核心功能服务，创立特定的环境与文化资源，以旅游消费为引擎，实现了消费聚集。这三个方面为：1. 以人为中心，考虑场地对项目消费聚集的持续促进作用；2. 考虑人的行为多样性与审美趣味的多元性，将特色的风情、风格与风貌三方面一体化，突出环境的识别性和认同感；3. 进行生态、文化的专题设计。在经营初期，最吸引人气的不是陈皮产品，而是独特环境，在近三年的运营当中，在网络上传播最多的是竹建筑，让企业获得基于文化认同与创新应用衍生出来的商业附加值。

在陈皮产业庞大的市场竞争当中，陈皮村本身就是一个融合各种功能的服务类产品，为了增强产品在同类平台中脱颖而出，陈皮村在创建初期就依靠创新驱动力，搭建了高水平的服务平台。在新会陈皮产业服务创新上，把柑橘的种植、收储、鉴定等生产和营销的环节融入了金融的创新科技元素，加上新技术、新媒体和新体验理念的运用，形成了一个相对完整的产业链，并打造了全国首个农产品仓储及销售的创新模式，增强核心竞争力的同时推动产业高水平

高质量的发展。创新新会陈皮全产业链服务平台和经营管理模式，提高产业融合的整体效益，促进了陈皮产业的发展。陈皮村作为复合业态的农产品市场，在其成熟期时，完善的服务平台将让项目整合更大的资源，进而推动产业向纵深发展。

### 四、陈皮村圈层三要素的共力

产品、服务和环境场地三要素在融合型农产品市场发展中担任引领者的作用和角色是依次排序和动态变化的，到了成熟发展的后期，即深度发展阶段，三要素开始由排序逐渐演化成交融共力发展。（图 5-5）陈皮村经历了七年的发展，也开始进入到文化属性、服务属性与功能属性相结合的体验型阶段，开始进入综合体验经济的新层面。

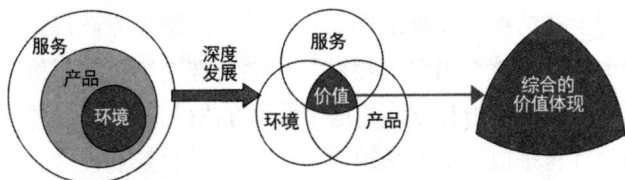

产品、服务和环境场地三要素在融合型农产品市场发展中担任引领者的作用和角色是依次排序和动态变化的。到了深度发展阶段，三要素开始由排序演化为交融共力发展，进入到文化属性、服务属性与功能属性相结合的体验型阶段，开始进入综合体验经济的新层面。(三个圆交集部分是消费者对于市场综合服务的价值感受)

**图 5-5　圈层三要素的共力演示图**

1999 年，经济学家约瑟夫·派恩和詹姆斯·吉尔摩向世界宣布体验经济时代已经来临："继产品经济和服务经济后，体验经济已经来临了，要想在当今激烈的竞争中脱颖而出，必须非常注意营造一种体验主题与体验过程。"[3] 体验经济是一种开放互动的经济形式，特征之一是经营者和消费者一起参与到了全新的价值体现阶段，并加快了三要素合力共融的进程。随着体验经济时代的升级，圈层三要素先后排序的阶段在时空上会变得更加短暂，从而快速进入共融时期。在这种情况下，经营者一开始就要发掘三者的卓越优势，并同时投放到市场中来。这是因为消费者的体验值不断被升高，进而渴望三要素共力产生的综合体验价值，这种体验是多维度的。因此，随着产业园建设数量的增加以及整体质量的提高，对融合型农产品市场在三要素上全面建设的要求会变得更高，如果创建者在目前不抓住机会，按圈层三要素的发展理论加快投入高水平的场地建设，在不久的将来，必须花更大的资金集中投放到三要素的整体营销策略上才能达到现在的效果。这样一来，资金的门槛会变得更高，一般的企业就很难跨越这道门槛。

## 第三节　零起点创建理论与实践

### 一、理论背景

融合型农产品市场在创建时碰到建设用地难、建设资金投入大、回报慢等问题，机会是国家政策对农业发展的支持以及乡镇县工业企业转型腾出的空间。一般情况下，这些可以用于建设的场地大多不具备可供文化旅游的资源。零起点创建理论针对上述情况，在陈皮村创建经验中归纳出方法理论。零起点创建理论涉及场地要素这一核心内容，相对其他创新理论侧重在思维方法上，零起点创建理论更侧重具体措施和方法，是一系列方法措施构成的整体解决案。

通过规划设计将平白无奇的场地建成可供游乐的景点，这是主题公园常用的模式，例如，长隆、迪斯尼等主题公园。这种方式投资大，在融合文化旅游功能的农产品市场上应用较少，主要原因是农产品价值低，投入周期长、回报慢，花巨资创造出平地而起的旅游景点显然不可取。

和传统的农贸市场相比，融合型农产品市场多业态、复合功能对场地要素有各自的要求，但这些要求之间往往又相互掣肘，甚至形成矛盾，表现如下：1. 三产中的乡村或文化旅游功能要求场地上有可供旅游开发的资源，因此选址应在人文风情现存典型、具有历史文化遗址或较好田园风貌等高资源优势的地方，例如，保存完整的古村落具有这种优势；2. 但是，能融合三产的农产品市场首先要求场地空间大，能容纳二、三产业的功能业态，有些甚至能容纳第一产业的功能，如新会陈皮村市场占地 25 万平方米，其中 15 万平方米的面积是新会柑标准化种植示范区；3. 不仅如此，还要求功能业态集约化和场内外交通系统便捷，因此不适合分散分布，也不适合在乡野村落当中。所以，产业融合型农产品市场要融合休闲农业或乡村旅游，其自身对于条件的要求又与纯粹的休闲农业或乡村旅游有很大的差别。

针对以上情况，零起点创建理论提出低成本实施策略，对于突破融合型农产品市场的建设桎梏具有现实的意义。

## 二、零起点创建理论

### （一）零起点创建模式

零起点创建模式是在产业融合型特色农产品市场创建中，针对本身不具备可开发旅游资源的场地，通过规划设计突出产业和文化主题，低成本实现可游乐景点的整体解决案。零起点模式最大的特点就是遵循经济性原则，将平白无奇的场地特色化，以达到品牌推广和吸引旅游的目的。（图5-6、图5-7）

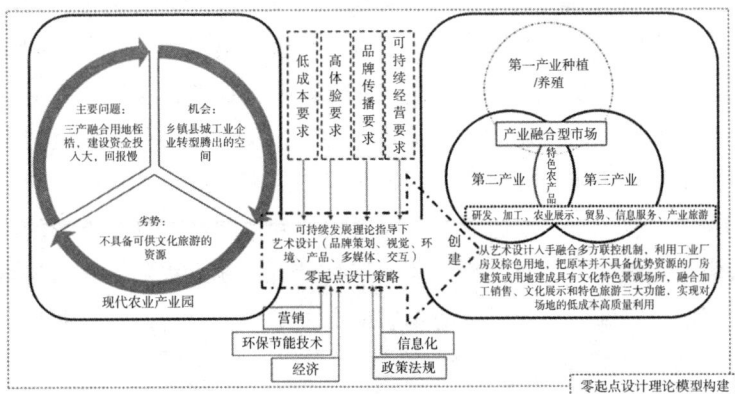

**图5-6　零起点设计理论构建**

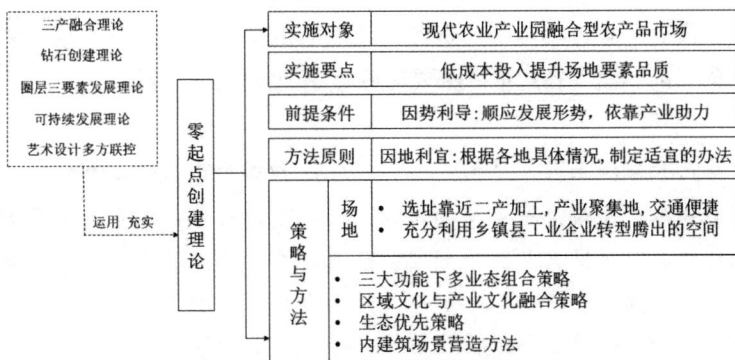

**图5-7　零起点创建理论实施策略框架图**

低成本原则是零起点创建模式的要求。在场地建设中考虑经济的承受能力，适度地投入资金换取综合效益较显著的提升，通俗讲是高的"性价比"。本书采用"低成本高体验"的说法概括了两个意思，一是针对投资者与游客两者而言。

投资者在场地建设中适度地投入资金，通过一系列创新机制提升场地的品质，从而给游客高的体验感；二是针对投资者。即投资者在场地建设中适度地投入资金，通过一系列创新机制提升场地的品质，从而给游客高的体验感，进而让投资者获得更好的价值回报。

（二）前提条件与方法原则

俗话说"一分钱一分货"，这个规律如何在农业产业园中突破？为什么可以在农业项目实施低成本高体验的策略？

1. 因势利导是前提条件。首先，突破必须要有一个重要前提，即项目必须依靠产业发展大背景，还要因势利导，顺着事情发展的趋势，向有利于实现目标的方向加以引导。[4] 在大局上跟着国家的大政方针走，这是"重要前提"之一。二是利用所在地区产业的支撑提供源源不断的商机。例如，农产品交易市场与产业加工结合或毗邻种植区，加工业的产品研发等一系列服务配套机构就会进驻到市场中，充实市场的业态。大面积的种植园区可以为市场的旅游功能提供生态农业观光的大舞台。反面的例子是没有产业支撑的一些旅游景点，花巨资建造了游乐设施，经营了一两年后就变成了空城。所以与农业相关的旅游项目在实施低成本高体验上有天然的优势。

2. 因地制宜是方法原则。遵循因地制宜的原则，擅于运用因地制宜的策略。因地制宜，意思是根据各地的具体情况，制定适宜的办法。[5] 这个普遍适用的方法原则却因为许多人把它挂在嘴边却没有真正运用起来，久而久之，就变成空洞的概念，没有了具体的内容。追溯因地制宜的成语故事，里面很生动也很准确地表达了它的用法，在这里有必要花些笔墨把事情讨论透彻：

> 从前长安城里有一个佝偻人郭骆驼以种树为生，很多有钱人争相请他去移栽树木，因为他有丰富的种树经验，经他移栽的树木长势很好，有人询问经验时，他说只是因地制宜，让其自然生长，很多人从他种树经验上悟出治国的道理。①

从故事里看两个点，就能把握住因地制宜的真谛和运用技巧：一是郭骆驼并不是身体健壮的人。说明因地制宜运用的背景是针对自身条件并不是很优越的情况。如果所有的条件都是最优的，也就不存在要因地制宜的做法了。以陈

---

① 赵晔（汉）．阖闾内传．//钱笠 译著．吴越春秋 [M]．江苏：江苏人民出版社，2012 - 04 - 01.

皮村为例，铁皮厂房对于建造可供旅游的场所而言并不是具有优势的地方。故事第二点讲到郭骆驼要把树种好，就不能靠身体的蛮力（这是他的弱点），要顺应树的自然生长才能把树种好。寥寥几字就讲到了问题的要点：因为身体不行，所以要用心地观察树的生长情况，研究其生长习性，找出生长的规律。这是因地制宜运用的方法论。陈皮村就是摒弃拆除原有厂房去重新建造新的房子的简单手段，找出铁皮厂房的特点和遵守农产品市场有别于城市商业超市的运作规律（陈皮村经营者曾经想把陈皮交易市场建成城市型商业超市形态），通过方法创新和技术创新取得了成功。

总结起来，因地制宜的核心是要充分认识到自身不利的条件，并把原来不利的条件转化成促进创新的推动力，这是一种思维方式。当然，要实现这个"转化"，还得有一个关键的实施人的介入。

（三）关键的实施人选

有不少人认为农业项目的建设起点低，要求不高，所以一般的设计师就足以应付了。在现实中持这种观点的人大量存在，在一定程度上影响了产业园建设的质量。在调研中发现部分产业园实施企业，往往是找了身边懂一点设计的人，把自己的构思表达成图纸，就直接上马建设项目，诸如产品陈列、食品试食类的农产品展厅就是这样产生的。有些低劣的设计让参观者都感受不到美的愉悦，更不用奢谈融合创新带来的品质提升。

只有高水平的策划者才能真正运用好"因地制宜"，有经验、具有综合能力的艺术设计师是其中的人选。这一点在本章的艺术设计主导的多方联控机制中有所阐述。

（四）理论运用与实施策略

零起点创建理论的实践是在三产融合理论下探讨产业融合，运用钻石创建理论的聚力、圈层发展理论中初期阶段的环境引领、可持续发展理论的生态优先等内容，通过艺术设计主导的联控机制制定一系列方法措施，抓住目前建设用地的桎梏，实施相关要点。

### 三、陈皮村零起点创建的策略与方法

陈皮村零起点创建模式的策略方法如下（图5-8）：

（一）陈皮村选址紧密连接农业种植与加工

陈皮村选址紧密连接农业种植与加工，因势利导，在农业三产融合要求背景下产生，涵盖农村"三产"融合发展的四种模式的特征。在区域优势产业和

特色农产品的发展助力下，快速形成集仓储、加工、批发、信息四位一体的区域性农产品物流中心。

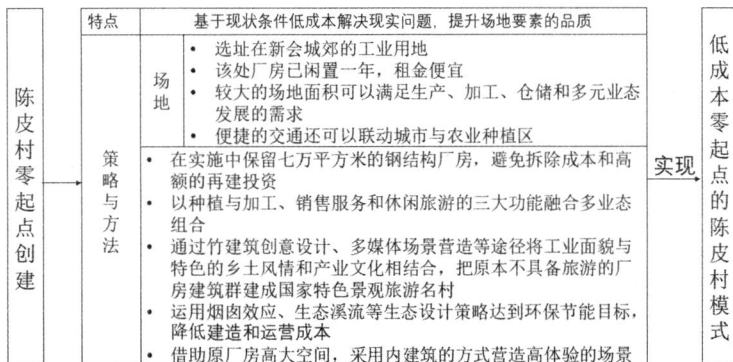

**图 5-8 零起点创建的陈皮村模式**

（二）陈皮村选址工业用地

陈皮村在资金有限的条件下避开了优质土地带来的高成本风险，选址在新会城郊的工业用地。利用棕色土地进行有利于乡村振兴发展的重要项目，此举不仅与国家的政策方针相符合，还减轻了投资的成本，彰显了可持续发展的环保理念，体现开发理念的先进性。因为"棕色土地"地块在新的城市规划中被调整为城市商业发展用途，由此带来了潜在收益。

（三）竹建筑创意设计与多媒体场景

项目建立从顶层设计开始，从环境设计入手的多方联控机制，遵循因地制宜建设原则，在实施中保留七万平方米的钢结构厂房，避免拆除成本和高额的再建设投资；通过竹建筑创意设计、多媒体场景营造等途径将工业面貌与特色的乡土风情、产业文化相结合，把原本不具备旅游的厂房建筑群建成国家特色景观旅游名村

（四）三大模块融合形成复合型业态融合平台

通过空间规划，以市场的需求为导向，将销售模块，旅业模块与会展模块三大模块融合，形成了紧密连结农业种植与加工、销售服务和休闲旅游的复合型业态融合平台，提升在同类中的综合竞争力。

（五）运用生态优先原则

把环保节能理念融入具体设计中，采用烟囱效应、生态溪流等生态设计策略达到环保节能目标，降低建造和运营成本。

（六）内建筑装饰营造高体验场景

借助原厂房高大空间，采用内建筑装饰的方式营造高体验的场景。

上面（一）至（五）点在前面第四章均有详细介绍，下面重点就内建筑的建造方式展开讨论。

## 四、内建筑装饰营造高体验的场景

采用内建筑装饰的方式营造高体验的场景，是低成本实现零起点陈皮村模式的重要途径。最近十年，随着体验消费的兴起，许多快时尚餐厅采用内建筑装饰，低成本、快速地搭建融和地域文化和乡土风俗的场景要素。这种方式手段有效地营造了高体验的场景，被大量应用在商场文创空间、餐饮文化空间中。在讲究乡村文化特色的农产品市场中有着重要的推广运用意义，下面对其进行详尽的分析研究。

（一）内建筑装饰的渊源

在博物馆里展现历史风貌时常常采用仿室外场景的方式，在餐厅里也会有复原某种烹饪场景的做法，但这些做法更多是展示的对象而不是典型的装饰语言。建于 20 世纪 80 年代的广州白天鹅宾馆，利用室内高挑的空间营造大型的亭台叠水场景，取名为"故乡水"，寄托思乡的情怀。[6] 在华侨中引起共鸣，成为华侨归国后首选的下榻之地。一些餐厅纷纷仿效，采用将室外场景在室内营造的方式，由于财力有限，亦多以园林建筑和小景观为主。2008 年竣工开业的澳门威尼斯酒店更是把大量威尼斯城市建筑群、特色拱桥、小运河及石板路搬到了室内，把这种设计手法发挥得淋漓尽致。这种方式一直没有固定的称谓，有仿室外场景、仿建筑布景、室内景观化、室内场景化等多种说法。到了近五年，这种方式广泛应用在日益快速增长的餐饮行业室内空间中。在竞争激烈下，餐饮企业为了达到营销目的，通过餐厅环境高体验感来满足人们趋向人文和自然景观相融合的要求，以此增强顾客的吸引力。在餐饮企业高度品牌化与连锁化下，这种有别于传统餐厅装饰的手法被快速传播和复制，同时亦被其他文化展示、旅游空间采用。最早把这种场景有针对性地应用在餐饮空间中的设计师是沈雷[7]，他把江南水乡的建筑场景大量应用在外婆家品牌餐厅的室内装饰中，并在更多的案例中采用这种相同的设计方式，这种手法成为其设计的重要语言，沈雷把自己的设计公司命名为内建筑。随着外婆家餐厅市场反响热烈，许多业内人士把内建筑和这种设计装饰语言联系起来。这种内建筑装饰手法被快速应用在商业空间中，有研究者在借鉴沈雷的提法后采用"内建筑"描述这种装饰特点。[8]

（二）内建筑装饰的定义及特点

内建筑顾名思义是在室内造房子，或称为室内的建筑。这种在室内建房子的方式仍然有别于严格意义上的建筑营造，其始终是室内装饰的手法之一。采用"内建筑装饰"一词概括和归纳上述的装饰手法是比较合适的，也更加直观和形象。

概括地说，内建筑装饰是利用建筑室内高大的空间，在室内搭建建筑场景或模拟室外景观的一种室内装饰形式。其特点是：1. 内建筑装饰常应用在建筑主体功能不变，室内空间功能或装饰要经常变化的商业空间；2. 不需考虑天气变化的因素，可以为游人提供一个空间层次丰富、全天候、相对安全舒适的模拟户外场景；3. 里面的房子不需要考虑防雨防晒等气候条件，对结构围护的要求大幅降低。一般情况下营造成本也比在室外建造要低；4. 可以借鉴舞台布景的手法实施主题鲜明、艺术性高、体验感强的建筑群落和户外景观；5. 与舞台布景不同的是，内建筑的场景和道具不仅供人们观赏，大多数可以供人们使用和体验；6. 在商业空间应用中可以把立体空间与平面视觉结合在一起形成品牌文化的符号，成为具有表征意义的装饰元素。

从早期简单的场景化布局，到体现品牌文化的装饰元素，内建筑装饰在创作中的手法越来越多样，归纳起来主要有两大类型：一是还原某一主题的场景；二是采用建筑蒙太奇式的手段，把两种或若干个建筑场景以特定的逻辑组织在一起，引导观众的注意力，规范观众的情绪和心理，激发观众的联想。蒙太奇式的内建筑装饰被大量应用。

（三）蒙太奇式内建筑装饰

蒙太奇（Montage）是音译的外来语，原为建筑学术语，意为构成、装配。最早被延伸到电影艺术中，后来逐渐在视觉艺术等衍生领域被广为运用，包括室内设计和艺术涂料领域。[9]蒙太奇作为影视广告的创作手法每个镜头都是对现实时空的记录，经过剪辑，实现时空的再造。在电影出现之初，建筑设计便以场景设计的角色进入电影，成了电影中重要的构成因素。而电影的逻辑也正逐步为建筑设计开拓了新的领域[10]。建筑蒙太奇通过场景与场景的组接关系，将空间重叠与多个场景的布置，在同一空间中呈现不同的生活情节，或不同历史阶段的情节叠合呈现在同一空间与其要素中。[11]蒙太奇式的内建筑装饰借鉴了影视蒙太奇和建筑蒙太奇操纵时空的能力，通过设计师对生活的分析，撷取最能阐明生活实质和抒述艺术家感受的部分，通过场面、段落的分切与组接，对素材进行选择和取舍，并将保留下来最重要的、最有启迪力的素材融合到室内场景装饰中，达到高度的概括和最生动、丰富的感染力。

（四）在现代餐饮空间中大量应用的启发

1. 餐饮空间属于典型商业性空间，对市场的敏锐度极强。2019 年餐饮业的总产值达到 4 万多亿。为内建筑装饰的应用提供了巨大的市场。同时，餐饮业的竞争也进入白炽化时期，在"三高一低"——租金、人工、食材的成本普遍上涨，利润呈下降——的压力下，餐饮业通过建造低成本和高识别性的就餐环境来达到营利目的。近几年，基于以下的新思维和新情况，内建筑装饰快速被餐厅运用：（1）从建筑的生命周期与餐厅生命周期两者的差异来看，餐厅长期保持某种风格的场景，难以适应不断变化的商业经营要求，激烈的竞争加剧了品牌更迭的速度，也加快了推陈出新的速度，要求更快捷表现不同的主题氛围。餐厅生命周期长的达到 5 年左右，高峰期为 2 年左右，之后就要对环境的主题风格进行更新改造，因此，容易建造的内建筑装饰在餐饮空间中大量应用，如广州的外婆家、广东道、广州鹅城等餐厅就是借鉴舞台布景的思路来营造不同地域、风貌各异的内建筑景观（图 5-9）。（2）对翻台率的重视代替了场地餐位固定数量的最大化追求，为高体验场景的营造提供了场地可能性。空间对于餐位的最大化利用已经不是唯一的要求。（3）自媒体和网络化让餐饮经营者更注重品牌形态的传播。（4）消费者对体验的重视，特别是对具有文化特色空间的精神享受。

图 5-9　广州鹅城餐厅内建筑景观（左图为原状）

2. 在乡村生态旅游以及农业产业文化旅游项目中，也出现了类似餐饮业的新思维和新情况。乡村产业现有的高大厂房和种植棚架为内建筑装饰提供了很好的实施载体，由于土地性质不能建设永久性构筑物，内建筑装饰正好适用不断变化的空间特色，营造高度主题化的体验场景。内建筑装饰在餐饮空间被大量应用和在市场营销中取得的成效，对不断发展的乡村旅游和农业文旅产业有很大的启发。特别是蒙太奇式的内建筑装饰手法，更是由于对生活感受的高度浓缩和场景具有丰富感染力而受到大众的欢迎。湖南长沙"文和友"餐厅是这种手法的最典型例子。"文和友餐饮模式"注重消费场景，致力于传统民俗餐饮小吃，结合潮流文化，重新构建了长沙 20 世纪 80 年代的生活场景，吸引大量年轻人到场体验和消费。[12] "文和友现象"在餐饮和零售界引起了广泛关注，也应引起农业产业的跨界研究。

### 五、在陈皮村的应用分析

1. 陈皮村零起点模式是充分利用钢结构厂房的空间特点，在大量公共空间和商业空间中采用内建筑装饰的多种手段，主要应用蒙太奇式的手法，将侨乡文化与不同地域的建筑风貌结合形成独特的室内景观。

2. 由于在铁皮厂房下建造，内建筑景观不需考虑天气变化的因素，可以采用多种材料轻松搭建立体丰富的场景，以游人游览的视线角度考虑布置哥特式拱廊[13]和村落内建筑场景，为游人提供一个空间层次丰富、全天候、相对安全舒适的模拟户外场景。内建筑景观主要应用在商业区域，即"前店后厂"中的商业服务、文化形象等内容，面积接近四万平方米（图 5-10），包括：（1）一号馆运营中心的哥特式竹建筑；（2）二号馆交易市场区再现冈州古巷风貌的内建筑景观；（3）三号馆 987 餐饮美食街的五邑侨乡风貌区；（4）四号馆交易市场哥特式竹建筑；（5）六号馆陈皮文化体验馆和陈皮银行的哥特式建筑与侨乡建筑融合区，利用夹层空间建造办公区，达到空间使用的最大化。

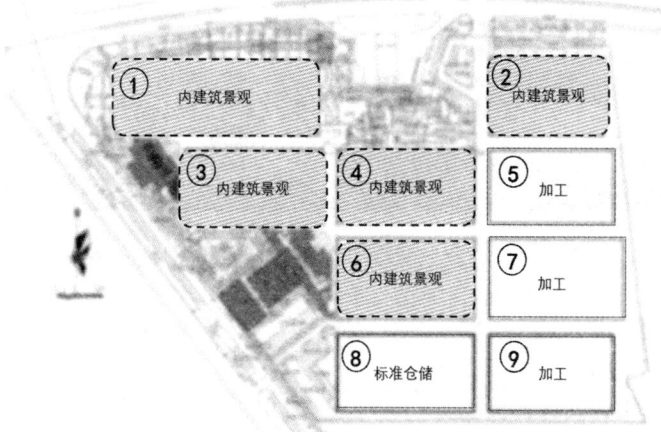

图 5-10　内建筑景观应用示意图

3. 营造的材料为钢材、竹材、木料、河石、砖瓦、泥土和当地的植物（大部分为仿生植物）。部分空间结合了声光电系统，如文化体验馆。大多数材料为本地乡土材料，施工工人80%来自本地的工匠，施工的成本相对较低。

4. 以三号馆987餐饮区恒益烧腊和侨乡人家两家餐厅为例，它们在室内营造了乡野田畔、农家院落等内建筑景观。注重场景照明的应用以及艺术配饰的陈设，并在体验动线上采用葵叶、稻草泥墙、废旧砖瓦材料来建造农舍、村间舞台、夯土墙篱等，同时摆设农业生产与生活用具，加强经营环境的乡土气息，把老物件重新组合赋予新功能供游人使用，营造出来的场景具有很强的体验感和互动性。（图5-11）内建筑装饰体现立体的装饰元素，强调视觉的品牌穿透，同时还让顾客在场景动线中感受动态的交互。在乡村场景的烘托下，让游客体验到五邑地区烹饪文化和陈皮宴席。据观察，这两家餐厅常常吸引众多的游客进来就餐，大多数人会拿起手机拍照并分享到朋友圈。

图5-11　987美食街施工中的内建筑场景

## 第四节　生命周期协同发展理论与实践

### 一、理论背景

#### （一）竹子建筑耐久吗

许多人在赞美陈皮村竹建筑的同时，都会提出这样的疑问：竹子建筑耐久吗？寿命有多长？陈皮村的经营者不止一次地问同一个问题。生命周期协同发展理论是在被不断地提出疑问后，开始对循环经济下商业发展与资源利用的关系进行系统的思考。

### （二）生命周期概念

生命周期（Life Cycle）在心理学上主要是指人的生命周期和家庭的生命周期，包括出生、成长、衰老、生病和死亡的过程。家庭的生命周期理论开始于20世纪30年代（Hill、Hansen 提出），兴盛于20世纪70年代。在家庭的生命周期里，家庭发展的任务是满足人们成长的需要，否则家庭会产生不愉快。（代表人物 Hill、Duvall）进入到20世纪90年代，家庭生命周期理论为人们提供了对于家庭"问题出现在过去的经历，现在试图去处理任务，将来要往哪里去的视野"（Betty Carter、Monica 提出）。[14]这种更积极关注家庭能力的思考角度启发了关于商业发展阶段与建筑全生命周期，以及材料生命周期三者间关系的思考。

产品的生命周期和人的生命一样，也要经历形成、成长、成熟、衰退这样的周期[15]。产品衰退并不表示无法再生，如通过合适的改进策略，可能再创产品新的生命周期。从扇贝形（scallop）图可以看出产品可以通过改进创出新的生命周期或延长生命周期。生命周期扇贝形图也适合解释不断进取的商业发展。

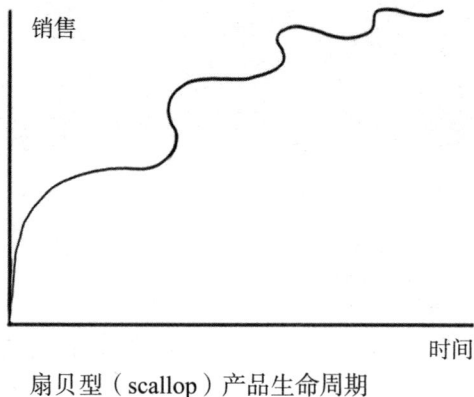

扇贝型（scallop）产品生命周期

**图 5 - 12　扇贝型产品生命周期图**

说明：因为产品不断创新或不时发现新的用途，使产品生命周期不断地延伸再延伸。

### （三）"从摇篮到摇篮"的循环经济理念

循环经济的思想萌芽诞生于20世纪60年代的美国。传统经济是"资源—产品—废弃物"的单向直线过程，创造的财富越多，消耗的资源和产生的废弃物就越多，对环境资源的负面影响也就越大。循环经济在物质的循环、再生、利用的基础上发展经济，是一种建立在资源回收和循环再利用基础上的经济发展模式。[16]但在过去十多年，国内学者呼吁、政府倡导发展循环经济，大多聚焦于从填埋焚烧垃圾到回收利用。[17]2005年，美国著名生态建筑师麦克唐纳与化学教授迈克尔·布朗嘉合作撰写了《从摇篮到摇篮：循环经济设计之探索》一书，通过为读者描述樱桃的生长模式，阐述了"从摇篮到摇篮"的循环发展新理念。书中讲到在森林生态系统中，要求自然界

　　不要乱扔垃圾的想法是荒谬的。效益系统的非凡之处就在于它追求更多的获得，而不是减少。①

新理论认为，在循环经济情况下，就需要发展从"摇篮到摇篮"的闭合企业模式，即通过对产品的维修和再利用、通过对部件的加工再制造、通过对废弃物的再循环加工，用尽可能少的甚至零废弃物的形式。这不是一种单向的从生长到消亡的线性发展模式，而是一种"从摇篮到摇篮"的循环发展模式。

## 二、商业机构、商业建筑与建造材料三者的生命周期

### （一）商业机构的生命周期

商业机构包括百货店、超级市场、大型综合超市、便利店、专业市场（主题商城）、专卖店、购物中心和仓储式商场等形式。以零售业为例，零售机构（商铺/商店）像它们所销售的商品和服务一样，也存在明显的创新导入期、成长、成熟和衰退的生命周期阶段。为了下面的研究更能贴近农产品市场的话题，我们以主题商城作为商业机构的具体形式进行研究。据一般的观察，主题商城的生命周期约为20年。主题商城里面由众多不同品类业态的商铺组成，商铺的生命周期一般为4—8年。（图5-13）这些数据（包括下面关于时间年限的数字）并不是科学意义上的准确无误的数字，但不影响讨论的正常进行。

---

① ［美］威廉·麦克唐纳，［德］迈克尔·布朗嘉特. 从摇篮到摇篮［M］. 中美可持续发展中心，译. 上海：同济大学出版社，2005：66.

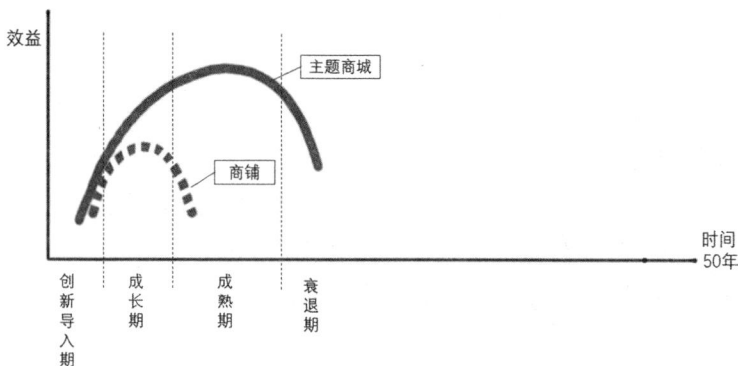

图5-13 商业机构的生命周期

**（二）建造材料与商业建筑生命周期**

建筑全生命周期是指从材料与构建生产、规划与设计、建造与运输、运行与维护直到拆除与处理（废弃、再循环和再利用等）的全循环过程。建筑全生命周期有规划设计阶段、施工阶段、运营、拆除四个阶段。建造材料是构建建筑物的物质基础，也大概可分为生产、施工、使用到处理（废弃、再循环和再利用等）四个阶段，材料生产、施工、使用到生命周期的结束，几乎影响着建筑物生命周期中关于使用、成本和环保等因素的评价。[18]我国商业建筑的设计寿命一般是50年。而建造材料有两大类，一类是与建筑主体的结构和围护密切相关的建筑材料，其寿命和建筑同步；另一类是建筑装饰材料，主要应用在建筑的室内，寿命一般为10—20年。（图5-14）

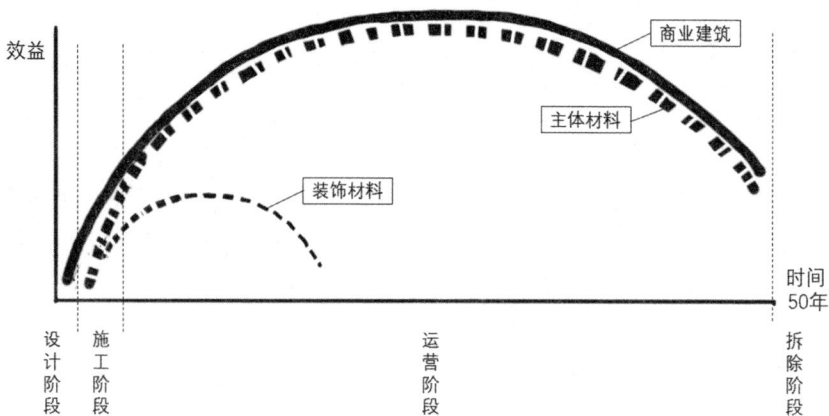

图5-14 建造材料与商业建筑生命周期

（三）商业、商业建筑与材料生命周期的同步与不同步

把商业（主题商城和商铺）、商业建筑、建造材料的生命周期曲线放在一起进行比较，四者的生命周期曲线有同步也有差异。（图5-15）在一般情况下，以时间为发展轴，商铺的生命周期最短，这符合商业紧跟市场消费变化的特征。商业建筑最长，因为存在投资较大，回报时间较长等因素。[19] 了解基本情况后，下面将会把两个重要的影响因素放到曲线中来讨论生命周期协同理论。

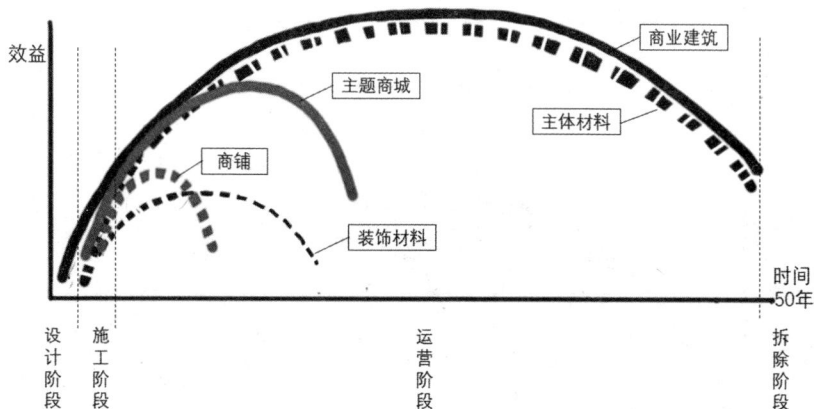

商业、商业建筑、建造材料生命周期

图5-15 商业、商业建筑与材料生命周期的同步与不同步

（四）基于两大因素的影响

1. 商业的快速迭代或扇贝形提升。在商业的成熟期，行业内主要企业市场占有率已开始出现滑波，新业态的特征逐步丧失，为另一种新业态的产生提供重要的契机。为了避免快速进入衰退期或延长生命周期，就要进行新的体验吸引消费者注意，促进购买行为的增加。基于快时尚时代的商业和业态促销模式（SalcsPromotion），在商业的成熟期就要不断升级改造购物场所，达到延长商业生命周期的目的。在曲线图中加入商业快速迭代因素后，表现为扇贝形提升和拱券式更替。拱券式更替即商铺进入衰退期，被新的商铺替代。（图5-16）

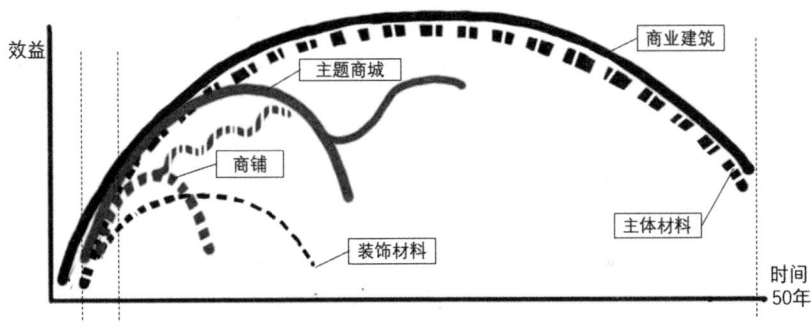

商业的扇贝形提升

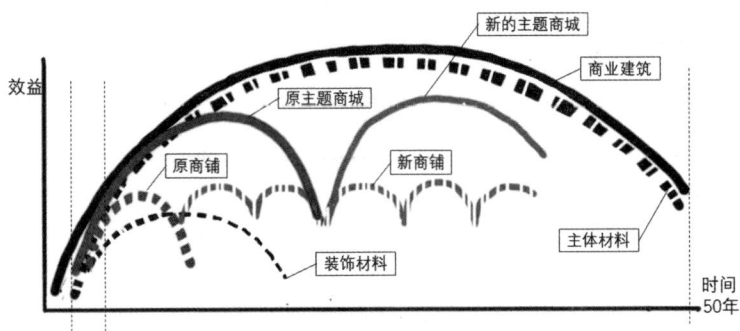

商业的拱券式更替

图 5-16　商业的扇贝形提升与拱券式更替

2. 土地价值的提升。显而易见的是，原来处于城郊的土地在城市发展中渐渐成为核心区域，土地价值得到大幅提升；或原来商业所在的区域发展越来越成熟，土地价值也会得到大幅提升。在这个因素影响下，曲线也会发生改变，主要是建筑投资商出于：（1）对当下设计的建筑形态是否适应未来商业发展的考虑；（2）对未来土地价值增长的预判性而提前作出主动的对策。一般情况下，投资商会选用主动缩短商业建筑的生命周期策略，以灵活的方式应对未来的不确定性。（图 5-17）

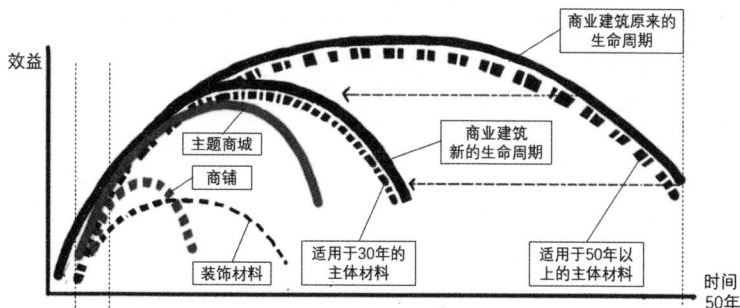

在考虑土地价值因素后，将商业建筑的生命周期缩短

图 5 - 17　土地价值因素介入商业建筑生命周期曲线

### 三、生命周期协同理论

（一）生命周期协同理论概念

协同并不是新生事物，它是随人类社会的出现而出现，并随着人类社会的进步而发展的。"协同"不仅包括人与人之间的协作，也包括物与物之间不同应用系统的协同。商业业态、商业建筑和建造材料三者因生命周期有所异同而有各自发展运行的规律，生命周期协同理论是在循环经济的理念下，在商业业态、商业建筑和建造材料三者运行过程中提前规划好协调与合作的步骤，促使三者在整体发展中形成协作效应，推动事物朝各自最优的目标共同前进。三者协同的结果是属性互相增强，并向积极方向发展。

（二）"从摇篮到摇篮"循环经济理念下的理论构想

循环经济下一方面要努力抑制并不真正需要的消费，让资源不会空置或浪费，另一方面要满足人们不同阶段、不断发展的真正需求，想办法寻求一种既不让生产停下来，又不对生态环境造成负担的途径。

1. 构想一：在变化着的商业项目中，不需要长生不老的建筑。诚然，我们需要使用寿命足够长的建筑，例如，博物馆、市政大楼和住宅楼，但大量只存在一段时间的建筑也是必须的选择。因为在一个动态的经营环境下，投资者要根据自身的财力、发展历程、土地使用年限，应市场变化、用途的改变等因素去规划项目。由于城市发展，土地价值的提升更是影响投资商不断审度土地的利用形式和商业建筑的功能形态，在土地价值达到较高的情况下，早期按 50 年甚至更长时间标准建造的建筑一旦满足不了新形势要求，被拆除将成为必然。因此，对于商业建筑建造，从它建造时就是环保的，根据使用者动态发展需要进行规划设计，建筑生命周期和它的商业使命同步，可以设计成寿命为 10、20、

30……50 年的各种使用期限，即使时间较短也不应该被定义为临时建筑（临时建筑往往与粗糙挂钩）。它们在使用期限内都是安全舒适的，建造材料的生命周期也与建筑生命周期同步，或与每个阶段的不同功能要求同步。例如，陈皮村利用的厂房建筑的生命周期设计为 15 年左右，其生命周期正好符合这一商业利用的规律，2017 年陈皮村一号馆在建筑拆除时，建造材料回收率达到 80%。

2. 构想二：建造材料是商业持续发展的养分。大量采用可再生材料作为装饰材料，不需要再顾及这些材料的寿命是否能达到 10 年甚至更久，因为新的商业需要新的表现和新的使用功能，从设计的阶段就为了与其他因素生命周期同步，研发生产只需要 3—5 年左右生命周期的材料，根据商业不断更替或迭代升级的需要，商铺的装修 2—3 年就更换一次，所有的材料均为商业的繁荣提供表现的载体，东西皆为养分，皆可回归自然，用完后随便扔也不破坏环境，或被回收再利用。

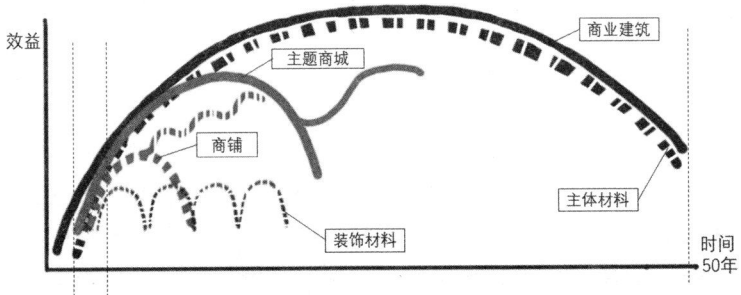

商业扇贝形提升同样造成装饰材料的生命周期被缩短

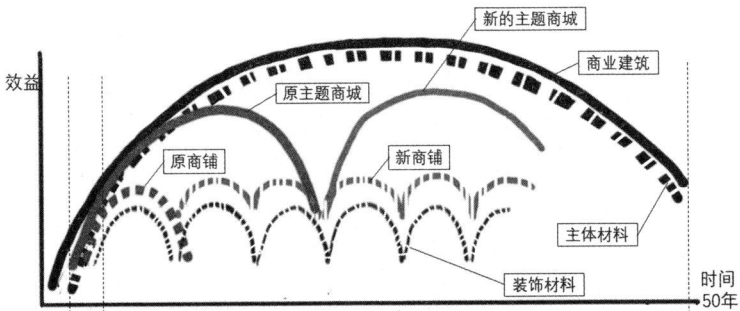

商业拱券式更替造成装饰材料的生命周期被缩短，原本10—20年的寿命只使用了一半甚至三分之一，随着新商铺的不断更替和新的装修不断开始，新的装饰材料又被大量地使用

图 5 - 18  扇贝形提升与拱券式更替造成装饰材料生命周期被缩短

3. 构想三：从摇篮到摇篮理念下的经济繁华。从"养分管理"观念出发研究商业业态、商业建筑和建筑材料三者生命周期的协同性。在产品设计阶段就必须预见和构想产品的结局，让物质得以不断循环，必须从新建筑的设计阶段开始重新考虑材料的再利用，使之朝着"从摇篮到摇篮"的循环经济发展目标出发。这些建筑物被设计成模块化，由相同生命周期的元素和材料构成模块组件，而这些组件又被设计成1、2、3……不同生命周期的属性，以对应不同商业发展阶段的要求。组件可以轻松嵌入，也可以方便取出，重复使用，生命周期结束后回收。在拆除的情况下，材料必须易于检索和重复使用，或者通过精心策划进行回收。既要资源不断地支持经济的发展，又不以破坏环境为代价。在这种理念下建设的商业地带，每天都有新的建筑产生，又有已经完成使命的建筑被拆除。支撑结构的材料因为牢固而被继续保留或循环再用（不是降级使用），而营造装饰风格、分隔使用空间等的材料寿命即将结束时不用刻意延长它们的寿命，用完后随便扔也不破坏环境。这样一来，建筑不断根据商业的发展需要而改变，既促进建造业的欣欣向荣，又不对生态环境造成负担。

4. 建筑设计中长效使用的适度原则

适度是指事物保持其质和量的限度，采用寿命较长的建筑材料是为了使建筑寿命得以延长，而这大多数适用于不易改变空间格局且使用年限长达几十年的公共基础设施和商品住房。大量建筑的周期被设计为70年或100年，但由于种种原因，许多建筑在建成后20年左右就发现原来的规划设计已经不合适当下的形势要求，新的需要要求对原建筑进行大范围的改建，有些还要拆除部分结构，更令人痛惜的是，一些建筑仅仅使用了不到四分之一的时间就因为完全不符合现在的要求而被拆除，生命周期提前结束，产生大量废弃物。许多时候，建筑在商业发展中应该担负的时间使命在一开始就可以预见，但由于各种因素的影响，在建造时仍按某种固定的标准或要求去建造和验收。人们在消费某一样东西时，不管需要与否，总是按照最高的标准或最持久的标准去要求它。因此，并不是一个建筑越坚固这个建筑被使用寿命才越长，而是建筑越利于改造，适应性越好其建筑寿命才越长。

5. 经济适用性原则

对于建筑设计来说，经济适用性原则是必不可少的统筹部分。在现代农业产业园的规划设计中经济适用性原则更占有重要地位，是站在全生命周期的高度上去考虑各个阶段的花费与收益的关系，统筹协调各个部分。基于生命周期同步理论上的可持续建筑项目的后期收益要远大于成本花费。建筑的整体化设计有利于建筑物的经济适用，综合考虑建筑物各种结构间的关系，基于生命周期同步理论的规划设计更要统筹建筑物各部门系统间的复杂联系，一方面站在投资者的角度上去考虑投资与收益的问题，一方面站在使用者的角度上去考虑使用舒适度、便捷度等问题，同时还要保证经济效益与生态效益，这些都是整体化设计的一部分。

（三）生命周期协同理论的适用

1. 该理论在现阶段特别适合乡村观光旅游、农业产业等商业项目，采用乡土材料进行特色化的建设，结合零起点创建模式可以起到显著效果。

2. 应用在餐饮业中也有所验证。竞争时代下餐饮业也开始采用不断变化的场地达到促进营销的目的。一些开有若干分店的餐饮机构，设计好装饰组件，按不同的季节进行更换，或定期在各个分店之间进行装饰组件的交替使用，不断变换餐厅的主题风格，避免顾客的审美疲劳。（图 5 – 19）

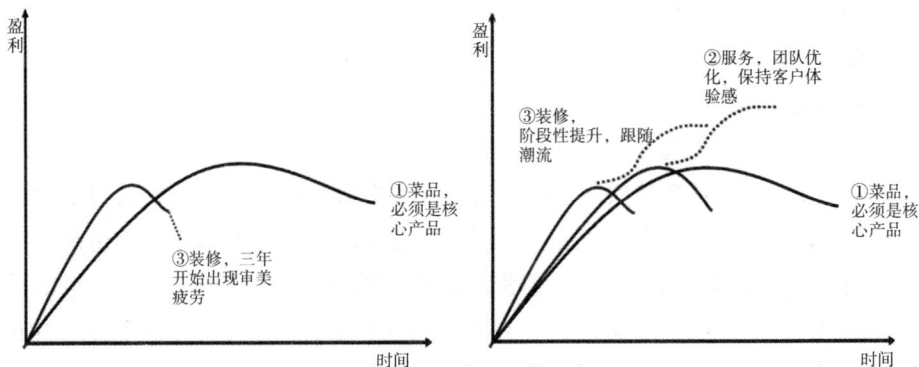

图 5 – 19　餐厅中各因素的生命周期

说明：左图装修的生命周期往往比菜品的要更快地走下坡，右图餐厅的生命周期则需要不断延长装修时间，变换装修风格以便适应不断变化的商业需要。

**四、陈皮村生命周期协同理论的实践**

（一）关于竹建筑寿命的问题

在赞美陈皮村竹建筑的同时，陈皮村的吴村长不止一次地问同一个问题：竹子建筑耐久吗？寿命有多长？

在对生命周期协同发展理论的思考后，回答如下。

"如果每年进行基本的维护，暴露在室外的竹建筑大概在 10 至 15 年"。

竹材自身防腐性随竹株年龄增长而增强，在竹材使用前，可以采用有机防腐剂进行有效抑制或杀死霉菌。有机防腐剂无毒且不会对竹材造成材色影响，在很多竹材中得到应用。但随着时间的增加，防霉剂对竹材的防霉效果逐渐减弱，所以要定期进行维护。[20]用竹搭建的农家乐餐厅，为了降低成本，建造时只对竹子做简单的技术处理，在日常的使用中也少有经常性的维护，它们的使用往往超过5—6年的时间，这是大多数农家乐餐厅的土地租赁时间。即使租期更长的，在经营六年以后，餐厅都要重新调整或拆除重新装修，以适应顾客新的需求。1983年在上海建成的何陋轩草盖竹构建筑，在使用了25年后，2008年更换了屋顶部分腐烂的毛竹，作为著名的建筑范例，何陋轩被很好地保存下来，至今已使用了37年。除了用作研究或因为某种价值需要长久保留之外，在商业运营下，想方设法去延长竹子的生命周期显然不是目的所在。

从土地价值的角度考量，陈皮村项目利用占地10万平方米的厂房建筑进行改造，尽管今天的陈皮村处在阡陌之间，但在城市发展的10年后，陈皮村所在的地方一定会成为城市新的商业区域，价值最大的是陈皮村厂房建筑所占据的土地。巨大的土地价值促使投资商重新审度土地的利用形式，高密度开发将会成为必然。所以陈皮村竹建筑10—15年的生命周期正好符合这一商业利用的规律。在15年后的陈皮村，当投资者正要更新换代拆除这些建筑时，竹子也到了寿终正寝的时候。拆除的工人把原来的钢材拆卸下来用于材料的回收，而竹子就随手被扔在田间，这样各取所需，废墟上没有多少令人头痛的建筑垃圾。这种美好景象不正是大家所要的吗？

听了上面的分析后，陈皮村的吴村长再也没有问过这个问题了。两年后，上面描述的"美好景象"在陈皮村一号馆得到了验证。

（二）一号馆的拆除体现"从摇篮到田间"的理念

前面第四章第四节详细介绍了陈皮村一号馆要在2017年被拆除，原因是新会区城市空间格局的拓宽，一条规划的主干道要从陈皮村边上穿过。一号馆用地属于被征用范围，也正是这个原因，B方案采用了竹建筑解决这个"痛点"。2013年陈皮村建设之初，运用了可续持建筑设计中材料生命周期评价工具对规划设计进行了指导。一号馆作为营运中心的所在地一直扮演陈皮村对外窗口的角色功能，经过四年的使用，一号馆的竹建筑已经充分发挥展示陈皮村美好形象、吸引游客参观的功能，从设计到它的拆除，它的整个生命周期的过程恰好验证了生命周期协同理论的大部分构想。

2017年4月，在一号馆拆除现场，近万平方米的竹建筑最先被拆除，拆除过程简单、快捷。人们会想象拆除后的竹垃圾撒落在现场有多狼狈。事实上，不到两天的时间，工人和周边的村民已经把竹子分类整理，完整地被拉回去搭建临时农舍，残缺的"竹垃圾"被拿回去当柴烧，不能再使用的竹屑，慢慢地成为泥土的一部分。原厂房的钢结构被一一拆解，被另外那些认为它们有价值的其他机构获得。(图 5-20、图 5-21、图 5-22)竹子的价值并不在它是否具有耐久度,而是为了促进商业繁荣展现昙花般精彩的一面。竹建筑从一开始就被赋予了这样的使命:生命周期结束后体现"从摇篮到田间"的生态价值,它的生长、建造、使用和废弃的全过程无一不体现可持续观念的底线,即公平、经济和生态。

**图 5-20 竹建筑的老化**

说明:在一号馆将要被拆除前,疏于维护的竹建筑(中图)加速老化,左图为崭新的竹建筑

**图 5-21 一号馆竹建筑从摇篮到田间的过程**

**图 5-22 一号馆室内竹建筑从摇篮到田间的过程**

（三）"山寨舍"践行"从摇篮到摇篮"的理念

一号馆竹建筑的拆除体现了从摇篮到田间的理念，同样用陈皮村的竹子搭建的"山寨舍"竹构架，在用于设计周的展览后，又回到了陈皮文化体验馆里作为室内的装饰，这一循环再利用的过程则彻底地践行了"从摇篮到摇篮"的循环经济理念。

1. 在设计周展览上展现艺术美与生态理念。2013 年 12 月，在广州举办的国际设计周的展览馆里，一座用竹子搭建的构架引起观众的关注。竹构架取名"山寨舍"，以框架的形式减少建筑的存在感，人们可以从各个方向进入展区。六根三角形的锥形竹塔是整个屋顶的支柱，也是陶瓷艺术品的展柜，还界定了展区的范围。竹建构通过屋顶的竹檩条解决了灯具和投影设备的安装。展区中央摆放著名雕塑家的艺术作品《人》。在展览中，山寨舍的竹构架成为背景，雕塑作品《人》成为场所中被瞩目的中心。以艺术的感染力来区别全场的商业宣传，进一步吸引观众进来了解山寨舍的建造和环保理念，从而让观众记住企业要传递的品牌价值，以达到差异化的营销目的。（图 5-23）

**图 5-23　竹构架实施过程**

2. 采用废弃物再利用。山寨舍竹构架采用了当年建造陈皮村竹建筑时剩下的竹子边角料进行搭建。这些边角料本来要被当作垃圾清走。设计师和工程人员在仓库里挑选竹子，发现边角料要么是尺寸不够长，要么是竹子开裂，头尾大小差距太大，挑出一根适用的竹杆需要花费很大的精力。有人建议新买一批竹子，以弥补选材上的不足。但"废弃物的再利用"不仅是实践可持续理念的一个方法，还要注重完整地执行环保理念的过程，只有这样，才能让践行者感受到自己的行为呈现出来的社会意义。最终所有竹杆材料均来自陈皮村施工后剩下的边角料。

3. 灵活实用的模块化组件。"山寒舍"竹构架采用最典型的人字坡屋顶的形式，整个构架采用36件钢节点和148根竹杆组成，所有的材料均按照生命周期协同理论的构想被设计成模块组件，便于从陈皮村运到一百多公里外的广州琶洲会展中心。为了符合在现场两天内搭建完成的时限要求，所有模块组件又可拆成若干个零部件，到了现场后根据预先编好的序号进行快速组装，也利于展期结束后拆卸打包运回陈皮村。

4. 布展和撤展时没有留下废弃物。在两天的安装期，山寒舍竹构架没有留下施工粉尘和装修垃圾，在展期结束后的三个小时内，竹构架被一件件拆卸下来，所有零部件按编号打包好运走，没有给现场留下一点废弃物。相比同在展馆内展览的企业，大部分均在现场进行大规模装修，现场施工扬起的粉尘弥漫着整个展馆，撤展时也撒满了建筑垃圾。（图5-24）

图5-24 设计周展馆内别的展览企业现场装修与撤展时的建筑垃圾

5. 在陈皮文化体验馆里再利用。山寒舍竹建构在撤展后运回了陈皮村，重新按编号组装起来用在陈皮文化体验馆里。今天，体验馆里的山寒舍屋顶木檩条上挂满了用陈皮制成的柑盏灯，静静地向人们诉说可持续发展的故事。（图5-25）

山寒舍是一个用于商业性质的竹建构，它基本验证了生命周期协同理论的构想：利用建筑废弃物建造的山寒舍在设计周展现了企业的形象，安装、使用和拆卸不给设计周制造污染和垃圾。在结束了一个使命后，它回到新的场地继续发挥商业价值。将来的某天，在竹子生命周期结束后，钢节点被留下，竹杆可随手扔到林间，让其自然降解，成为其他生物的养分。

图 5 – 25　山寒舍分别在设计周（左图）和陈皮文化体验馆的情景（右图）

## 第五节　艺术设计主导的多方联控机制

### 一、机制形成背景

（一）双向校企合作的艺术设计团队

在陈皮村的创建中，来自农林类高校的艺术设计专业团队采取双向校企合作的方式，从项目的立项到落地以及后来的发展一直陪伴了七年的时间。双向校企合作的方式包括两个层面：一是学校与设计企业合作组成团队；二是组成的团队再参与到项目中与实施主体企业合作。双向校企合作有效弥补了院校等机构自身机制在应对市场上的不足，另一方面则提高了设计企业的研究能力和不能长期陪伴项目的短板，特别是在对项目进行理论总结和推广上，双向校企合作起到很好的作用。

（二）多个实践案例后的总结

艺术设计团队在陈皮村工作分三个阶段：一是初期的规划构想；二是创建期设计和对施工的具体指导；三是在发展中参与到企业决策中，发挥企业智库的作用。在广东化州化橘红、阳西荔枝等产业园的融合型农产品市场规划建设中，同样是艺术设计团队在组织着这项工作，从事实证明了艺术设计团队可以胜任这个角色。

（三）新农科要求下艺术设计的作为

进入新时代，新产业、新模式、新业态层出不穷。从 2018 年年底新农科建设的提出[21]到 2019 年新农科建设的全面展开，艺术设计也全力构筑新机制回应时代的新要求。农林院校的艺术设计既是涵融时代新内涵的新艺科，也是新农科格局下的新艺术、新设计学科。在改变农林产业发展格局，重塑国家农业全球竞争力的发展机遇和巨大的变革挑战前，新农科蓄势待发，也迫使新艺术学科认真思考在当中扮演的角色。毫无疑问，新农科下的艺术设计不能袖手旁观，必须在技术与文化发展中整合学科专业的创新与交叉融合，构建协同共生的学科体系，担负新农村建设的美育和文化传播责任，全面参与到艺术设计振兴乡村产业的建设大局中。全方位服务新农村建设既是新农科下艺术设计的作为，也是使命。

下面从艺术设计学科融合与跨学科合作入手，阐述其在创建发展期主导联控的可行性与必要性。

## 二、艺术设计学科融合与跨学科合作

### （一）艺术设计学科

艺术学作为学科门类，是与自然科学、社会科学学科互补共进的人文学科的重要组成成分。而设计学科的确立根源于 20 世纪 90 年代末，国家教育部将原有的"工艺美术"改为"艺术设计"，而在随后的研究生教育专业中增设"设计艺术学"。艺术设计学作为人文科学的重要组成部分，毫无疑问，在学科体系上它是一门多层次、多结构的综合性学科。[22]内涵是按照文化、艺术与科学技术相结合的规律为人类生活而创造物质产品和精神产品的一门科学。学科本质表现为新兴的、交叉与融合属性。

### （二）艺术设计学科内融合与跨学科合作

1. 学科内专业融合。在艺术设计的学科建设中，有很长的一段时间确实存在重技艺轻人文的思想观念，缺乏包容的人文精神，从而阻碍学科的交叉与融合。目前也还存在学科内各专业研究面过于分散的问题，比如，工业设计、广告设计、环境设计专业等，专家学者们展开的工作都是围绕各自所在的专业领域展开，资源共享程度较低和低水平的重复建设，造成艺术设计人才的成长停留在知识结构较为单一、专业面较窄等客观因素。在今天"产业化"迅速扩充与膨胀的背景下，艺术设计学科内部各专业之间不能达到充分的协同与合作，在实践中难以施展拳脚。

在充分认识到问题后，近年来，经过一系列学科系统的规划与建设，并在跨学科合作的推动下，艺术设计学科内各专业间已经开始超越了专业技术的范围进行充分的交流与融合，在产学研中表现出协同与合作。各专业之间的局限被打通，学科大平台正在稳步建设中，有重点有突出地进行学科融合，使艺术设计者得以向设计通才的方向发展。[23]艺术设计作为一种目的性强的创造性行为，其设计思维不仅是各种思维方式的综合，也是各种学科知识的综合应用。从学科成长的角度来看，各种学科知识的综合应用客观上决定了艺术设计中"技术"与"学理"的紧密联系，这里的"学理"既包含基于艺术设计理论的知识，同时也包含了人文社会科学和自然科学更为广泛的人类思想的结晶，因此，学科内的融合有利于形成设计学科的特色和推动自身的发展。

2. 跨学科合作：（1）艺术设计本质表现为交叉与融合属性。经由学科的交叉与融合的探索，人们可以寻求一些解决问题的方式和方法。从艺术设计学科的发展来看，学科的交叉与融合，使得设计、艺术与科学之间建立相互联系的纽带，彼此之间相互交叉、渗透；艺术设计跨学科合作，不仅能够激发设计创造性思维，同时也能使各学科的知识得到综合应用，促进"术"与"学"的紧密结合，从而在设计学科建设和发展中做到"术学并重"，完善学理建构，提升设计学科的品质。[24]（2）跨学科合作利于原始性创新。原始性创新已经成为我国实现创新型国家建设的关键驱动因素。实践证明跨学科合作是实现原始性创新的一条重要途径。艺术设计跨学科的合作，对相邻学科范畴的借用和改造，有利于解决艺术设计学科问题中许多原创性的概念，促进艺术设计学科范畴的内涵、架构以及运动规律的揭示，从而使得艺术设计学科内部的结构获得创新的源泉。同时，跨学科交流让艺术设计者接触到不同的观点，这些概念和观点反过来促进了专业领域的思考。（3）农业领域工作呈现出跨学科合作的特点。随着待解决的问题日益复杂以及解决的目标变得越来越高，参与到合作研究中的研究人员也越来越多。有一些研究致力于解决农业的种植问题，另一些研究则涉及描绘农业精神面貌等激动人心的事情。现在他们都会走到一起，要想把农业种植技术生动有趣地推广出去，就要求助于传媒艺术领域的专家；要顺利进行农业产业的规划研究，农业经济的学者就必须求助于旅游学科领域的同事；如果想进行数字农业控制植物土肥，农学家们就要求助于计算机专家；而艺术设计要研究农业展厅，就要和农史学家合作。关于现代农业产业园的研究，需要庞大的研究团队进行合作，跨学科合作有利于艺术设计学科在农业领域的作为。

跨学科合作还表现在科研工作中的合作不再局限于学术界内部，在陈皮村的艺术设计团队当中的科研人员，不仅在学校内担任教学科研的任务，还长期在企业中兼任设计实践等工作，也因此具有市场化运作项目的能力，这是陈皮村能够顺利开展的重要因素之一。

### 三、艺术设计主导的多方联控机制

尽管上述跨学科合作趋势有诸多好处，但是它们也给研究工作带来了一些挑战。挑战之一在于科研项目的组织运作。在融合型农产品市场的创建发展中，需建立一个艺术设计主导的多方联控机制。

（一）艺术设计主导的多方联控机制的概念

艺术设计主导的多方联控机制，是在以艺术设计为总抓手，担任顶层设计和企业实施的中间层面，不仅将自身学科内部各专业融汇贯通，从品牌策划、视觉环境、产品设计以及多媒体交互艺术等多个专业角度对融合型农产品市场的创建进行专项规划设计，还要结合经济学、关系学、市场营销、政治学等社会学科与环保节能技术、大数据信息化工程等理工类学科对现代农业产业园进行全方位剖析，从艺术设计的思维出发寻求美感与功能性于一体的综合解决案。通过设计使现代农业产业园的建设具备可持续发展的性质。（图 5 - 26）

（二）多方联控的组成

1. 主导团队内部的组织形式。多方联控机制需要强有力的主导团队，双向校企合作是艺术设计主导团队中有效的组合形式。主导团队负责与顶层的沟通，与来自不同学科的专家、技术人员的沟通联系，与企业实施的密切合作等。主导的角色定位由艺术设计团队与实施企业签定的合作协议明确下来。

2. 多方联控的组成形式。多方联控由以下部门（人）组成：（1）当地政府，牵头单位一般由农业农村局担任，具体负责项目顶层设计的执行。（2）实施主体企业。（3）艺术设计团队。（4）不同学科的专家、技术人员和咨询单位。（5）具体执行融合型农产品市场各部分、不同专业的实施单位。

（三）主导团队担任顶层设计和企业实施之间的中间层面

艺术设计主导了顶层设计与企业实施之间的中间协调机制。其主要担任项目规划设计与施工的指导工作，往前端承接与顶层在政策法规等的沟通对接，接受专家的评审和论证；往后端在企业实施中担任好企业的智囊团角色，按合同约定落实规划设计目标，组织不同学科专家、不同专业技术人员共同参与到创建中，在实施后组织评估等工作。艺术设计团队在实施流程中陪伴的时间相对较长。（图 5 - 26）

（四）实施要点

1. 带领团队从精神世界入手寻求原创性的创新。艺术设计将人类的精神世界与物的生产紧密联系在一起。其设计思维不仅是各种思维方式的综合，而且也是各种学科知识的综合应用。以艺术设计主导的多方联控机制,从精神世界入手寻求解决问题的新方式和新方法,用艺术设计阐释材料学、生态学、经济学以及社会学等领域的新问题,探讨、激发原创性的创新点,推动园区的规划与设计进入新境地。

2. 要有更高的相容性。融合型农产品市场创建需要以艺术设计为主导的有机整体,在实际运用中对各领域和不同的组成部分之间的协作要始终保持相容性。反过来,通过交流借鉴与融合创新,进一步扩大艺术设计的学科视野,外延出更为广阔的学域范围,而知识更新和知识领域的扩大又为融合能力提上新的水平。

3. 注重艺术与科学的互补。对艺术的运用,能够确保园区规划设计具有独一无二的艺术表达能力。同时,艺术设计不是仅仅针对环境表面加以美化处理,其涵盖了结构、功能以及造型等不同方面的设计内容。在进行规划设计的过程中,通过联控机制平衡艺术与经营、艺术与科技之间的关系。通过联控机制发挥多学科的融合效力,进一步拓宽园区创建的途径与手段,实现艺术性与科学性完美统一。

(五)艺术设计主导的多方联控机制下陈皮村的建设

1. 以环境设计为引领牵头,组织旅游规划、传媒、视传、动画、产品包装、表演等艺术学科或相近学科内多专业,服务陈皮村从创建到发展的整个过程。(图5-27)典型学科内多专业融合的例子是陈皮村中最引人注目的区域——多媒体展示区是陈皮村文化体验馆,其融合了环境艺术设计、数字媒体艺术设计、视觉传达、多媒体技术等多个艺术设计学科,共同打造沉浸式文化体验区。跨学科合作体现在以艺术设计为联控机制的组织牵头,在数字学、互联网技术、经济管理、公共管理、市场学、中医药(涉及陈皮文化展览中药膳同源等的考证)等不同学科之间的合作。

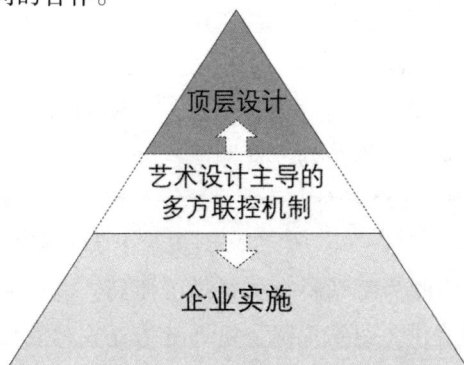

**图5-26 艺术设计主导团队担任顶层设计和企业实施之间的中间层面**

2. 在进行陈皮村项目规划设计的前期，设计者需要从经济、政治、社会、环境等角度切入，组织顶层设计对项目进行前期调研，包括了国家层面的现代农业园的政策、美丽乡村建设政策等，当地政府层面的产业发展措施，社会层面的产业发展情况，新会陈皮的历史文化内涵，新会侨乡文化，新会风情民俗，环境层面的气候环境，园区所在位置的交通布局以及旅游资源等，涉及的部门和学科领域繁多，只有通过联控机制才能有效地调动起来。

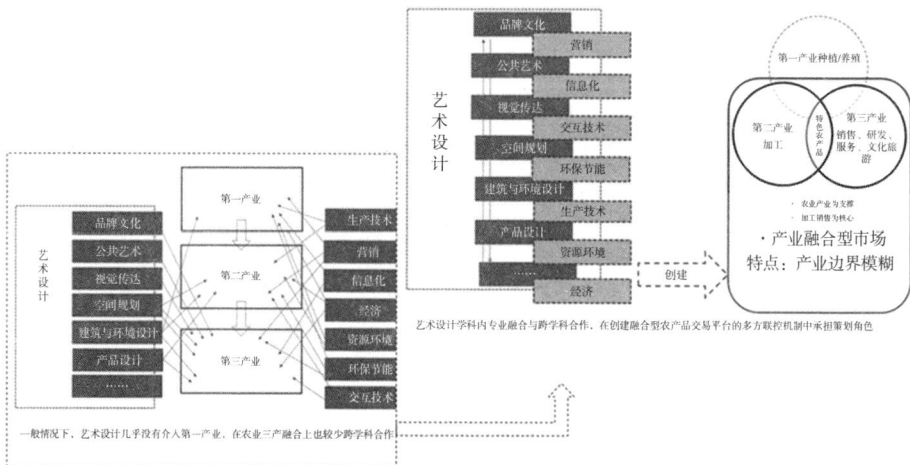

**图 5-27　艺术设计学科内专业融合和跨学科合作**

3. 新会风俗民情和新会陈皮文化需要借助于一定的科学平台才能展示出来。在过程中，不仅涉及自然科学，同时还涉及社会科学。艺术设计者通过多方联控机制，组织人文、农史、数字信息、农业装备、工程技术等方面的专家团队将不同的信息和技术应用到新会陈皮文化体验馆、陈皮银行数字化交易大厅以及标准化仓储中心样板间等的设计和施工中。在陈皮村内，跨学科间的融合及发展，使得设计理念不断革新。

4. 以农林院校作为艺术设计主导多方联控机制的组织后盾。在陈皮村创建中，来自华南农业大学艺术学院的专业团队担任主导角色，并在创建中发挥校企合作的优势。（图 5-28）华南农业大学是一所以农业科学为优势、以生命科学为特色，农、工、文、理、经、管、法、艺术七大学科全面发展的综合型大学。[25]学校的综合实力既为跨学科合作提供了便利，也为艺术设计全方位参与到新会陈皮产业建设提供了组织保障。设计者依托农林院校组建高质量的服务平台，使艺术设计学科资源组织上和服务深度上均可提供全方位服务，为陈皮村的规划设计提供了宽厚的基础和专业的保障。

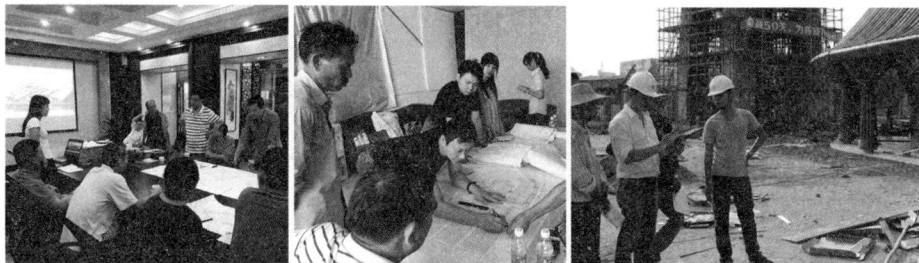

**图 5 – 28 主导团队在陈皮村的工作中**

　　本书作者作为主导团队的首席设计师,从 2013 年项目的立项开始,一直陪伴陈皮村的创建与发展。

# 第六章

# 陈皮村模式的推广与意义

本章节将从地域适应性对陈皮村模式进行评估与总结。

## 第一节　广东农业产业园三产融合发展现状

### 一、广东省现代农业产业园研究综述

自 1999 年，广东省委、省政府批准《珠江三角洲十大农业现代化示范区实施方案》，至 2003 年，珠江三角洲十大农业现代化示范区基本达到了"五高六化"的要求[1]，2019 年广东省形成了国家级、省级、市级现代农业产业园梯次发展格局。[2] 广东省在建设现代农业园区过程中遵循技术创新环境理论和区位理论等指导，无论是数量、质量，还是发展规模上，均排在全国前列，取得了良好的社会和经济效益。[3]

目前对广东省现代农业产业园的研究主要集中在以下方面：1. 建设广东省现代农业产业园政策，包括了申报条件及总体布局等；2. 省级现代农业产业园建设情况，包括了省内各地区现代农业产业园分布情况、主导产业及其发展模式；3. 基于乡村振兴战略的现代农业产业园的规划策略；4. 现代农业产业园中的农产品市场模式。

在广东省现代农业产业园发展模式上，蔡惠钿，吴贤奇等提出了广东省现代农业产业园在农业市场化环境下，形成了成熟的发展模式，包括：政府推动型模式、资源集聚型模式、市场带动型模式以及出口外向型模式[4]。万忠，周灿芳提出广东现代农业示范园区的五种运营模式，突出政府的引导作用[5]。对于现代农业产业园中的农产品市场的研究中，本书作者以新会陈皮村为研究实例，基于三产融合发展，提出产业融合型农产品市场的零起点模式创新设计[6]。除

此之外，贺建平提出广东农产品市场建设必须实施名牌战略，加快农村产业结构调整的步伐，同时以现代科学技术对传统特色农产品加以推陈出新[7]；龙昊提出发展农产品专业市场是完善农业产业链的有效形式[8]；王先庆提出建立流通导向型的"农产品市场和生产预警体系"是广东特色农产品中长期发展的支撑体系和基础条件[9]。对紫金县茶叶现代农业产业园、仁化县现代农业产业园、肇庆市现代农业产业园等实例进行分析：三产融合成为新时代下现代农业产业园的发展方向，紫金县茶叶现代农业产业园已初步形成以龙头企业带动的茶叶加工产业集群，仁化县打造集"生产＋加工＋科技＋品牌＋流通＋休闲旅游"全产业链的环丹特色现代农业产业园[10]；现代农业产业园着力发展特色产业为主导产业，仁化县的长坝沙田柚、丹霞贡柑被认证为国家地理标志保护产品，当地政府围绕这两大特色果业创建现代农业产业园；政府顶层设计保障现代农业产业园建设的有效实施，肇庆市出台《肇庆市市级现代农业产业园认定管理办法（试行）》等政策，健全全市产业园梯次建设体系，加强园区建设监管，加快园区项目落实。

## 二、广东现代农业产业园发展现状

（一）现代农业园的建设成为未来四年发展的方向与重点

从 2017 年以来，农业农村部、财政部联合开展了国家现代农业产业园创建工作，目前已批准创建了 62 个国家现代农业产业园。[11]2020 年农业农村部，提出围绕主导产业初步形成农村一二三产业融合发展的格局，主体多元、业态多样、类型丰富。[12]现代农业园的建设成为未来四年发展的方向与重点，以现代农业园为重点建设内容的"五区一园四平台"成为推进农业供给侧结构性改革的重点。现代农业园是打造现代农业示范的载体、现代农业技术装备集成的载体、新主体"双创"的载体、优势特色农业发展的载体、农村一二三产业融合的载体。目前全国现代农业园发展仍存在很不平衡、缺少资金支持、发展后劲受限、同质化竞争激烈、高新技术人才匮乏等问题，这些问题制约着我国现代农业园的持续及深度发展。

（二）广东现代农业产业园发展情况

1. 总体建设情况。广东省级现代农业产业园申报条件明确要求产业园须有一个特色主导产业或 2—3 个关联度高的特色产业，目前广东已启动实施以丝苗米、优质蔬菜、岭南水果、花卉、南药、茶叶、优质旱粮、食用菌、生猪、家禽、水产、油茶、剑麻等为特色主导产业的产业园建设活动。截止至 2019 年 6

月，广东省已创建 10 个国家级、100 个省政府着手建设的省级现代农业产业园和 55 个市级现代农业产业园，此外，珠三角地区自筹资金建设 19 个省级产业园，主要农业县实现了省级现代农业产业园全覆盖，形成了国家级、省级、市级现代农业产业园梯次发展格局。[11]省级现代农业产业园建设单位 100 家，其中 2018 年和 2019 年各 50 家，均已进入实质性建设。农业县"一县一园"总体布局实现全覆盖、联农带农效应初步显现、产业融合发展新格局逐渐形成。

2. 资金投入及成效。据统计 2018 年，分三批公布了共 50 家省政府着手建设的省级现代农业产业园，第一批至第三批分别为 15 家、25 家和 10 家。省财政投入了 25 亿元，实现建设规划、实施主体、技术团队、补助资金"四个 100% 到位"，拉动各类投资 91.88 亿元。启动建设的产业园农业总产值为 738.8 亿元，主导产业产值达 381.7 亿元；产业园内农业企业数量达到 3299 个，其中国家农业龙头企业 11 个、省农业龙头企业 122 个，产业园主导产业产品销售额 253.2 亿元；品牌数量（含企业自有品牌）2459 个，其中新增品牌 493 个；吸引返乡创业人员数 6930 人，辐射带动 123 万农民就业增收，园内农民收入水平高于当地全县平均水平 24.6%。[12]2019 年广东省共建设 50 个省级产业园，总投入将达 25 亿元。每个产业园政府投入达 5000 万元。2020 年还将再新建 50 个，形成"百园强县、千亿兴农"的农业产业兴旺新格局。产业园通过发展现代农业，有力地促进了省内不发达地区与珠三角地区的差别，破解了广东发展不平衡、城乡差距大的问题，保证了食品安全，保障了城市化发展。有力地促进了乡村振兴战略，推动农村农业的现代化进程。经济效益和社会意义非常明显。[14]

3. 广东省省级现代农业产业园区域发展模式。2018—2019 年，广东省省级现代农业产业园建设布局基本实现一县（市、区）一园的总体布局，除了深圳市、佛山市、珠海市、东莞市、中山市 5 个地级市外，其余地级市均有现代农业产业园。其中梅州、韶关、湛江、清远涉及主导产业共有 59 种，丝苗米产业达 12 个产业园。其次是蔬菜 9 个和茶叶 8 个产业园。在农业市场化环境下，广东省现代农业产业园以市场为导向，凭借园区各经营主体多年不断发展取得的产业基础和生产条件，探索建立了多种成熟的经得住市场考验的发展模式，有：以韶关、湛江徐闻县为代表的政府推动型模式；以江门新会区、湛江徐闻县为代表的产业融合模式；以韶关翁源、湛江农垦为代表的资源集聚型模式；以珠海台创园为代表的科技支撑型模式；以广州从化区、佛山顺德区为代表的市场带动型模式；以梅州梅县区、清远英德市为代表的品牌引领型模式；以惠州惠城区为代表的出口外向型模式。[15]

### 三、对广东部分现代农业产业园调研情况

（一）对广东部分现代农业产业园的调研范围

从 2018 年开始，华南农业大学艺术设计团队对广东的部分现代农业产业园区（含农业公园）进行了现场调研和资料查询，了解产业园三产融合的情况，针对产业园特色农产品的品牌销售、融合型农产品市场的创建以及农业产业文化旅游三个方面进行调研。走访的农业产业园约 24 个，分布在大湾区、粤西、粤北和粤东四个板块（详见表 6－1：已调研的广东省部分现代农业产业园概况表）。

据调查，广东省现代农业产业园普遍具有以下优势：1. 发展特色农产品，种植优势较突出；2. 推进互联网下的网络营销；3. 合作社建设与带动成效明显。

（二）各产业园的农产品特色较明显

根据调研的情况显示，产业园普遍具有明显的农产品特色优势，其中属于国家地理标志产品的有新会柑、新会陈皮、化橘红、春砂仁、长坝沙田柚、丹霞贡柑、高州白糖罂荔枝、徐闻愚公楼菠萝、程村蚝、连平鹰嘴蜜桃；省特优新农产品为"紫金绿茶""紫金红茶"等。部分农产品具有产量较大且市场份额占比高的优势。例如，茂名市沉香现代农业产业园从事沉香加工销售、营销推广企业和个体户、合作社有 1000 多家，年产值接近 30 亿元，占有全国 60% 的市场份额。广东省茂名、阳江、湛江三个地级市的荔枝种植面积和产量，占据了整个广东省的半壁江山。其中，茂名市荔枝种植面积 139 万亩，产量 52.8 万吨，产量占广东的五分之二，全国的四分之一，是世界最大的荔枝生产基地。阳江市的荔枝产量为全省第二，种植面积达 46.46 万亩，占全省种植面积的 11.3%，产量为 9.67 万吨，占全省产量的 7%[16]。博罗龟产业园的国家级养殖示范基地"万龟园"是全球最大的金钱龟种群库，养殖有上万只金钱龟，是目前世界上拥有金钱龟种龟数量最多的研究、养殖基地。

同时，某些特色产品的种植条件要求高，产量小，例如，阳春的春砂仁属珍贵南药，在规模化种植难以突破的情况下如何形成产业聚集，在考察中主体实施企业构想通过高端养生品定位和生态旅游相结合的路径找出持续发展的路子。

（三）对特色农产品的文化宣传意识有所提高

在调研中发现，本以为不受重视的文化与品牌宣传领域，却普遍得到了关注。

所调研的产业园，大多数都有意愿建设农产品展馆、文化体验馆或博览中心，正在规划建设中的占80%以上，有的已建设好。（图6-1）化州化橘红的文化展览建设较早，在2011年，由广东省非物质文化传承人李锋在其公司内设立化州化橘红展览馆，展示有关化橘红的历史文献资料及其古代生产工具。阳春春砂仁博物馆于2016年建成并正式开放，博物馆由企业建设，占地面积500平方米，主要介绍春砂仁的文化、历史及功能功效，收藏了世界上多个砂仁品种，是中国首个以砂仁为展示主题的微型博物馆。新会陈皮博物馆于2013年设立在丽宫陈皮加工厂内；新会陈皮文化体验馆于2015年由陈皮村投资建成；新会陈皮博览中心于2019年竣工，是国家现代农业产业园的创建清单内容。（图6-2）

**图6-1 茂名市沉香文化体验馆（摄于2019年）**

说明：左图为实施主体企业在近年建设的沉香文化体验馆，从室内看仍然是产品展销方式（中图），右图为茂名市沉香省级现代农业产业园新规划的沉香文化体验馆效果图。

**图6-2 新会陈皮博览中心效果图**

（四）与文旅结合情况有所重视

所调研的产业园大多数都有发展文旅的条件基础和计划。例如，鹰嘴蜜桃产业园项目规划总投资额2亿多元，形成"一带一区、二心三体六园"的产业发展规划。其中，"一带一区"包含连平鹰嘴蜜桃产业带及其旅游度假区；"二心三体六园"在涉及交易物流、科研服务、生产防治等领域外，着重建设桃旅综合体以及以艺术摄影为主题的桃园文旅发展。连平县光大种植专业合作社于

2011 年注册成立，是集有机绿色农产品种植、特色养殖、鹰嘴蜜桃种植、销售和旅游休闲接待于一体的农民专业合作社。合作社现有大型桃苗基地 2 个，新开辟的中大型桃园 5 个，约 1000 亩，是上坪知名的旅游观光和桃果生产的重要基地。目前，合作社正投资兴建家庭农场约 300 亩，前期投资 200 万元，届时，将成为上坪镇最大的以桃花桃果为主题的旅游接待区。汕头濠江区金寿生态园和丹樱生态园属省级现代农业公园，以农业观光为主，园内景观丰富，主要产业为特色旅游产业与兰花产业。其中丹樱生态园占地面积 4000 余亩，是目前粤东地区独具魅力的生态自然旅游景区，包括特色餐饮、休闲游乐、民宿等配套元素，成为粤东地区不同年龄层游客经常造访的综合旅游地。

同时，在开展生态旅游与农业产业结合上，大部分项目回报低，效益不明显。

（五）农产品市场的建设并不乐观

产业园中规模化的农产品市场并不多见，总体缺少产地批发或批售结合的农产品市场。新会陈皮产业园现建有陈皮村交易市场，属中型融合型农产品市场；化橘红在申报省级现代农业产业园后，2019 年即规划设计农产品交易市场，按融合型市场的特征建设，同年 5 月动工兴建；鹰嘴蜜桃产业园在"二心三体六园"格局中提出建设连平县特色农产品交易物流中心，但在推进建设的力度上有些乏力。有些产业园建有交易市场，但总体规模不大，融合程度低，招商情况不理想。（图 6-3）与对文化馆建设的重视程度相比，农产品市场建设的情况不容乐观。主要原因是农产品市场资金投入大，建设用地难以落实，建成后的运营水平要求较高，大多数产业园实施主体难以独力承担建设和日后运营的重任。在调研中发现，大多数实施主体企业从事种植或加工行业，他们缺乏服务营销意识，平台搭建能力也有限。此外，政府也难物色到有实力的企业实施市场的创建。目前，园区内农产品小规模集中交易和分散在各加工厂区、种植区交易的情况较多。

**图 6-3 茶叶、荔枝交易市场实景（摄于 2019 年 12 月）**

说明：左边两图为粤东茶叶交易市场，右图为粤西荔枝交易市场

（六）建设用地难的问题未得到有效解决

按省级产业园申报条件，应保障不少于50亩建设用地用于产业园建设，但现实是大量的农业产业园缺少工业和商业用地。政府支持力度大的产业园建设速度较快，如茂名市化橘红省级现代农业产业园展销展示展览及物流集散中心的规划用地为17.25公顷。有些产业园的建设用地未能得到有效的落实，造成聚集效应不突出，业态融合效果不理想，如阳西县程村蚝现代农业产业园建设中，由于在产区附近缺少用地指标，程村蚝体验馆只能放到县城，使得产地、批发市场、体验馆三者分开布局。同时，以旅游观光为主的农业生态园因为用地难的问题，也配套不了吃住购等功能，导致无法满足游客生态休闲的深度需求，达不到园区进一步增收的目的。

（七）实施企业在创建发展中碰到的具体问题

在调研当中，实施主体企业谈到一些具体问题。例如：1. 阳西荔枝西荔王合作社的荔枝产量相当可观，在阳江市范围内数一数二，但目前主要困惑于农产品的附加值太低，且回报周期过长，导致合作社的资金周转困难。目前荔枝产业的加工仓储技术不足，导致荔枝产品难以远销。以农旅的方式带动基地的运转，进行粗略的整体规划，但成效并不明显。荔枝产品的粗加工难以形成完整的产业链，缺少产品展销以及融合特色产业的中心功能区域，且自身品牌意识不强，更是增加了升级转型的难度。作为阳西县的荔枝龙头企业，面临着重大压力。2. 程村蚝产业园项目所在的红光村仅是作为生蚝销售与批发之地，缺乏主体多元、专业高效的市场运作，一些落后且偏远的乡村，其经济水平不足以支持开展乡村旅游，甚至一些道路还未修缮完整，硬件设施缺乏，这些问题一直制约着当地产业旅游的发展。3. 化州市沉香产业园目前遇到的主要问题是品牌营销推广途径单一，缺少推广平台以及合作团队，沉香的品牌影响力不强，沉香产业难以进一步推向市场。4. 茂名高州市龙眼现代农业产业园的主要问题是产业融合度偏低。该园区主要以第一产业为主，龙眼种植面积以及产量发展趋势尚好，但第二产业的深加工现代化水平不高，研发能力不足，缺少市场销售与服务平台。5. 柏塘山茶产业园目前缺乏产品营销体系的建立，资金集中于传统种植和粗加工上，种植和加工的标准化水平较低。实施企业尝试以连锁加盟店的方式进行产品推广，但加盟成本高，开店数量不足，成效不佳。6. 金寿生态园以农旅为主，因规划建设初期的功能设施分布过于分散，缺少功能完善的中心服务，管理团队缺少生力军，难以形成创新思路推进园区升级改造。丹樱生态园由于缺乏建设用地的问题突出，餐饮和住宿配套达不到保障，在旅游旺季时旅行团住宿问题难以解决，造成特色旅游产业的吸引力不足且发展空间缩减。

（八）共性问题

1. 虽然农产品特色鲜明，但产业融合程度不高，农产品市场的建设水平普遍较低。2. 当地支撑园区高品质建设的资源条件不足。大部分产业园管理部门和实施主体缺乏对分散资源的整合能力，更缺少创造资源条件的能力。3. 大部分产业园顶层设计水平经验不足，造成产业园实施清单内容分散，总体规划布局存在缺陷。4. 缺少顶层设计与企业实施的中间层面，在协同发展中感到乏力。经调研发现，90％的实施主体企业缺少与策划、设计等专业团队的长期合作。实施主体企业之间各自为政情况严重，普遍存在于省级、市级产业园的创建中。5. 大部分企业的实施能力不够，企业配套资金实力不强，典型带动的作用不明显。6. 缺少运营团队，从业人员素质不高，家族式管理、用人唯亲情况普遍，创新人才更是稀少。7. 建设用地难成为首要难题，困扰着所调研的产业园。产业园加工、物流、商务等功能区建设需使用建设用地指标进行规划编制，而各县（市、区）普遍存在建设用地指标不足，甚至没有可建设用地，调整土地规划和用地审批的程序复杂且时间长等问题，拖慢了产业园的建设进度。

## 四、广东农业产业园三产融合存在的主要问题与对策

（一）三产融合发展的问题集中在三个方面

1. 三产融合仍处在初级阶段。表现在两种情况上：一种情况是除珠三角地区发展较好之外，多数农业产业园只融合了一二产，对于特色服务类产业的融合程度不高。各地区各产业的龙头企业在辐射带动作用方面相对较弱，往往只是注重农产品的种植，不重视农产品的加工与产品的附加值，特别是深加工产品开发、新品种研发、种子种苗繁育、绿色种植技术等方面的研发技术力量不足，对产业融合以及特色产业等相关模式与理论不清晰，也不注重自身的品牌打造和推广，导致农产品与市场脱节，产品自身的竞争力不足，难以往下带动农业合作社以及产业的发展。另一种情况是盲目追求形式上的"三产融合"，没有抓住主导产业加以重点发展。导致一产种植部分既没有体量和品质，又不能为三产提供体验素材；休闲部分质量不高，远不能同文旅项目同台竞争。这种形式化的"三产融合"，仍然存在增收方式单一，很难形成三产相互融合、相互促进的态势。

2. 实施主体企业典型带动的作用不明显。各类产业园通常都由多个龙头企业共同带动发展，但是仍然没有发展成一个可持续、效率稳定、生命力强的产业。带头企业（包括农民合作社）的资金积累不足、再生产能力弱是当前农业

产业发展面临的普遍问题。各农业园区都是简单化生产经营，虽然主体都是龙头企业、合作社、家庭农场等经营主体，但是经营运作不规范，经营者素质不高，缺乏必要的管理知识。一些园区的经营缺少一个专业的管理与营销团队，加工产品相对传统，管理层思想过于保守，或是缺少品牌营销团队，随着产业规模的不断扩大，农业技术人员也严重短缺，从业人员普遍都以当地村民和打工者为主，多数未受过正规培训；经营者对从业人员的雇佣方面也不够规范，从业人员的利益缺乏保障。

3. 布局分散缺乏合力。许多产业园区长期受以家庭为单位进行经营的传统模式的影响，农业特色产业布局规模小而分散，形不成规模大户，功能设施也普遍过于分散，不能形成一个相对集中且功能完善的中心，客观上制约了三产融合的发展。有些产业园希望通过融合特色文化旅游产业从而带动农产品的经济效益，但是在具体的实施路径上缺少创新元素与创新模式，同时，在旅游体验的系统规划上不能形成多地域的合力建设，导致在空间布局上缺乏深度和广度，花费了资金却达不到预期的效果。在布局分散缺乏合力的问题上，还导致园区配套设施难以统一建设。缺少大规模、功能齐全、辐射力强的农产品交易市场平台以及相关的配套设施，导致一些农产品产地中普遍只有小商小贩上门收购，相关农产品在市场中的价格混乱，产品交易信息不灵，而混乱的市场环境使农户难以分享到产业园区建设的红利，不利于整体产业的发展。由于缺少合力，园区间各主体建设进度也不均衡，导致规模效益始终得不到显现。

表6-1　已调研的广东省部分现代农业产业园概况表

| 序号 | 产业园名称 | 位置 | 规划总面积（百亩） | 级别 | 农产品交易市场建设状况 | 农产品交易市场建设形态 | 是否有农产品展馆 |
|---|---|---|---|---|---|---|---|
| 1 | 江门市新会陈皮国家现代农业产业园 | 广东省江门市新会区 | 6450 | 国家级 | 建设完成 | 集陈皮产业服务平台、特色餐饮、休闲养生、文化旅游于一体的大型特色商业综 | 已建陈皮文化博览中心 |

续表

| 序号 | 产业园名称 | 位置 | 规划总面积（百亩） | 级别 | 农产品交易市场建设状况 | 农产品交易市场建设形态 | 是否有农产品展馆 |
|---|---|---|---|---|---|---|---|
| 2 | 茂名高州市荔枝国家现代农业产业园 | 茂名高州市根子镇、分界镇，涉及茂名市根子、分界、泗水、谢鸡、金山5个镇街以及电白区和茂南区 | 3960 | 国家级 | 交易市场项目的基础设施建设已基本完成 | 结合展示、加工与销售功能的荔枝文化展示、物流本着集散区、物流配送集散区、微商电商专业街与世界荔枝交易集散中心 | 茂名市荔枝国家现代农业产业园子项目（科技创新与展示）——中国荔枝博览馆建设中 |
| 3 | 恩平市丝苗米省现代农业产业园 | 江门恩平市牛江镇、沙湖镇和良西镇等 | 5655 | 省级 | 规划建设中 | 现代农业物流交易中心 | 已有农业展馆 |
| 4 | 湛江市雷州市菠萝省级现代农业产业园 | 湛江市雷州市龙门镇、雷高镇、覃斗镇、英利镇和调风镇 | 1248 | 省级 | 规划建设中 | 物流仓储中心 | 建设中 |
| 5 | 阳江市阳春市春砂仁省级现代农业产业园 | 阳江市阳春市春城街道春湾镇、合水镇 | 12330 | 省级 | 规划中 | 融合农产品交易、文化展示、休闲旅游三大功能的建设形态 | 已有展览馆新展馆在规划中 |

| 序号 | 产业园名称 | 位置 | 规划总面积（百亩） | 级别 | 农产品交易市场建设状况 | 农产品交易市场建设形态 | 是否有农产品展馆 |
|---|---|---|---|---|---|---|---|
| 6 | 广州市从化区花卉省级现代农业产业园 | 广州从化区 | 150.4 | 省级 | 规划中 | 花艺展示馆、花卉交易馆、衍生品交易馆和精品花市形态 | 规划中 |
| 7 | 江门市台山市鳗鱼省级现代农业产业园 | 江门台山市斗山镇、端芬镇、广海镇、冲蒌镇4个镇 | 10419 | 省级 | 规划建设中 | 鳗鱼仓储物流基地 | 无 |
| 8 | 开平市家禽省级现代农业产业园 | 开平市中南部 | 6080 | 省级 | 未建设 | 无 | 无 |
| 9 | 阳江市阳西县荔枝省级现代农业产业园 | 位于广东省阳江市阳西县儒洞镇 | 172.8 | 省级 | 规划建设中 | 融合农产品交易、文化展示、休闲旅游三大功能的建设形态 | 建设中 |
| 10 | 茂名市沉香省级现代农业产业园 | 广省茂名市电白区观珠镇大榕树 | 12 | 省级 | 规划建设中 | 沉香原料交易市场 | 建设中 |
| 11 | 茂名高州市龙眼省级现代农业产业园 | 位于高州市沙田镇 | 1620 | 省级 | 规划建设中 | 融合农产品展示、体验、销售为一体的建设形态 | 建设中 |

| 序号 | 产业园名称 | 位置 | 规划总面积（百亩） | 级别 | 农产品交易市场建设状况 | 农产品交易市场建设形态 | 是否有农产品展馆 |
|---|---|---|---|---|---|---|---|
| 12 | 韶关市仁化县柑橘省级现代农业产业园 | 广东省韶关市仁化县 | 1210 | 省级 | 规划建设中 | 农产品加工物流区 | 计划建设中 |
| 13 | 河源市紫金县茶叶省级现代农业产业园 | 广东省河源市紫金县 | 15792 | 省级 | 规划建设中 | 交易物流中心 | 计划建设中 |
| 14 | 茂名化州市化橘红省级现代农业产业园 | 化州市官桥镇 | 12798 | 省级 | 规划建设中 | 融合农产品交易、文化展示、休闲旅游三大功能的建设形态 | 建设中 |
| 15 | 河源市连平县鹰嘴蜜桃省级现代农业产业园 | 河源市连平县上坪镇 | 600 | 省级 | 规划建设中 | 物流园与交易中心 | 无 |
| 16 | 惠州市博罗县柏塘山茶产业园 | 广东省惠州市博罗县柏塘镇 | 3.1 | 市级 | 已建设 | 商铺型小规模市场 | 无 |
| 17 | 惠州市博罗龟产业园 | 广东惠州市博罗杨侨镇 | 3.1 | 市级 | 未规划 | 无 | 建设完成龟文化展馆 |
| 18 | 恩平市簕菜产业园 | 恩平市恩城街道和大槐镇 | 4275 | 高级 | 未规划 | 无 | 无 |
| 19 | 阳江市阳西县程村耗产业园 | 广东省阳西县程村镇东红光村 | 400 | 市级 | 规划中 | 专业批发市场 | 规划中 |

续表

| 序号 | 产业园名称 | 位置 | 规划总面积（百亩） | 级别 | 农产品交易市场建设状况 | 农产品交易市场建设形态 | 是否有农产品展馆 |
|---|---|---|---|---|---|---|---|
| 20 | 广东裕茂农业开发有限公司 | 开平市赤水镇白石塘村与台山交界处 | 23 | 省级 | 未规划 | 无 | 无 |
| 21 | 汕头市濠江区丹樱生态旅游区 | 广东省汕头市濠江区河浦大道中段 | 40 | 省级 | 未规划 | 无 | 已规划，但未落实建设场地 |
| 22 | 汕头市濠江区金寿生态园 | 汕头市濠江区南阳路 | 10 | 省级 | 未规划 | 无 | 无 |
| 23 | 汕头市澳士兰牧场公司 | 广东省汕头市濠江区河浦燎原村 | 10 | 无 | 未规划 | 无 | 计划中 |
| 24 | 台山神秘果基地 | 江门台山三合镇 | 12 | 正在申请市级 | 未规划 | 无 | 计划中 |

（二）共建复合型平台是关键

针对上述问题，解决的方法有很多。但本书作者认为，目前农业产业园应尽快化劣为优，激发潜能，整合政府与企业的资源，发挥顶层设计与企业实施的合力作用，共建一个紧密连结养殖与加工、销售服务和休闲旅游的多业融合发展平台，通过产业联动、技术渗透、设计创新和资源要素跨界配置等方式，将农产品加工销售、休闲农业和特色文化旅游三大功能融合。通过建设融合型农产品市场的方式，往下能够带动农产品的相关种植，扩大农产品产业的加工基础，往上强化农产品的品牌优势，带动农产品的销售市场规模，再通过特色旅游产业进行传播与推广，带动整体产业的融合与发展。

## 第二节 陈皮村经验的早期推广与理论形成

### 一、陈皮村经验的早期推广

（一）早期的经验推广以竹建筑为主

2015—2017 年这段时间，即还未进入国家级产业园创建名录之前，陈皮村的竹建筑首先引起社会关注。普通参观者到陈皮村后被陈皮村的环境所吸引，不断通过朋友圈分享，专业人士感兴趣的是农业项目可以采用乡土材料的方式达到意想不到的效果，希望在自己的项目中得到运用。2015 年陈皮村获得国家特色旅游景观名村和国家特色文化产业项目，陈皮村的设计者从竹建筑的角度撰写了论文和开展专业讲座进行交流，把陈皮村竹建筑的经验向外推广。陈皮村早期的推广以竹建筑在农业商业项目中应用为主，首先应用在从化西塘万农龟养殖园项目中。

（二）从化西塘万农龟博园的应用与总结

1. 项目背景：2015 年年底，广州从化区提出实施"美丽小镇"的发展战略，总面积约 4000 亩的西塘童话小镇逐步成型。童话小镇由万农龟博园、农耕田缘农场、白云苗圃等三家都市型农业企业作为主体实施建设，发展旅游、动漫、生态等产业，以商业运营的方式促进经济发展。

2. 项目定位：从化西塘万农养殖场是集龟鳖养殖、度假、休闲的生态养殖园。设计中根据陆龟类的生活习性，建设名贵养殖区、龟文化展览馆、龟孵化室等功能。其中名龟养殖区要建设养殖棚，如果采用一般钢结构棚的形式可以达到简易快捷的目的，也满足使用上的要求，但形象效果较差。借鉴陈皮村竹建筑的经验，先建设简易的铁皮房，再采用当地的竹子对铁皮房进行装饰，建成一个特色鲜明的养殖大厅。（图 6 - 4）另根据陈皮村的经验，在养殖场内设计了一个小型的龟知识普及长廊，供到访的游客参观。

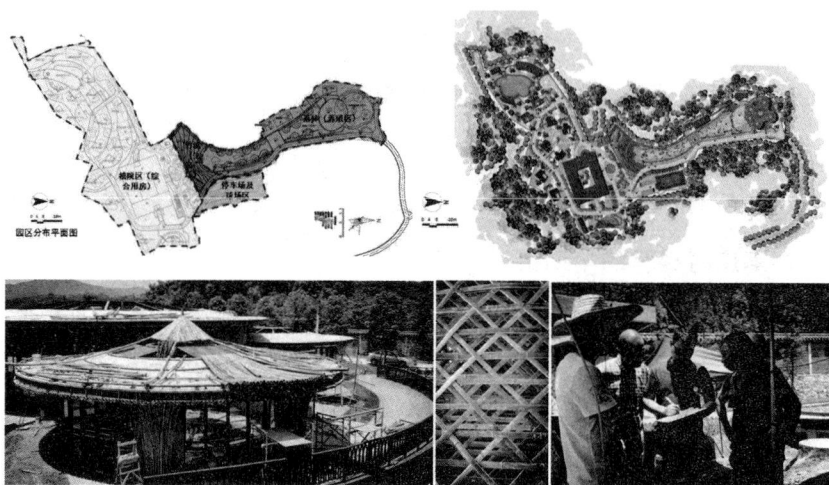

图6-4　从化西塘万农龟博园建设过程

3. 项目建设情况：项目从2015年年底开始规划设计，2016年实施完成，到了2018年整体发展情况良好，营业收入约1800万元。目前，项目通过结合西塘童话小镇建设整合生态旅游资源，拉动西塘的经济，让农民增加收入，未来的发展可带动从化地区更多农场向高端农产品流通领域转型。和陈皮村当时的预期一样，竹建筑与童话小镇的自然文化气息相呼应，它的效果吸引了到童话小镇休闲参观的人。陈皮村经验在龟养殖园的应用得到经营者的肯定。（图6-5）

图 6 – 5　从化西塘万农养殖场实景

## 二、陈皮村效应和陈皮村模式的理论形成

### （一）陈皮村效应

让陈皮村发生效应的契机是申请创建国家级现代农业产业园的成功，在此之后，陈皮村快速进入了全国同行的视野，开始产生影响力。2019 年上半年，先后到陈皮村考察的有广东省省委书记、国家农业农村部部长、香港特别行政区行政长官等领导，三产融合理论指导下的陈皮村实践已经成为一种有效的范例，受到国家层面的充分肯定，并向全国的产业园进行推介。地域性的影响体现出深度和广度，在广东的许多县市相关部门被组织到陈皮村学习，许多农业产业项目的创建者到陈皮村参观，陈皮村取得系列的成果被推介和借鉴，这些现象构成了陈皮村效应。

### （二）陈皮村模式的形成

1. 有一种情况值得注意，大多数产业园创建者到陈皮村参观学习后，看到的是陈皮村的表象，回去之后，原来的项目该怎么做的还是怎么做。因为照搬陈皮村的做法显然无法在不同的条件下实现。陈皮村的创建过程本身就是一个基于现状条件而灵活创新的例子，生搬硬套的做法很难达到好的效果。即使是专程过来考察的经营者、学者和设计师也只能从某些角度进行了研究，加上没有长时间的观察和调研，缺乏充足的素材，研究也多在表层现象，在某种程度上难以形成陈皮村的系统理论。陈皮村的经营者没有意识去系统总结陈皮村的经验，也缺少利益驱动去形成理论进行宣传。当地政府相关部门更是没有人力和动力去针对陈皮村进行系统的总结和推介。种种因素，让陈皮村的效应没能在更多产业园建设中产生应有的社会和经济效益。

2. 在这样的背景下，艺术设计团队发挥了理论研究的作用。团队的主要成员来自高校，这也是由农林院校艺术设计学科主导校企合作的优势。一般情况下，策划设计企业没有时间和精力去深度研究自己的案例并作系统的理论建构，由主导陈皮村的校企合作团队进行理论的总结是再好不过的。通过一个阶段的论文发表和科研课题研究，陈皮村模式理论逐渐清晰化。同时，随着陈皮村的发展，各种效益逐渐明显起来，通过长期观察可以验证陈皮村模式中各种措施机制所起的作用。只有深挖陈皮村的整个构理到实现的过程细节，将之连贯起来进行分析和研究，在现有三产融合理论的指导下进行总结，才能构建一套理论方法供大家借鉴参考，这套理论方法称为"陈皮村模式"。

（三）陈皮村模式的理论建构

1. 陈皮村三产融合理论实践和理论创新共十个理论要点。包括：顶层设计与企业实施理论、蜂巢结构模型理论、双向媒介理论、阶梯式思维模式、可持续发展理论、钻石创建理论与实践、圈层三要素发展理论与实践、零起点创建理论与实践、生命周期协同发展理论、艺术设计主导的多方联控机制。陈皮村模式的理论系统分别从思维层面、组织层面、策略方法以及传播反馈四个层面进行规划考虑和实际应用。陈皮村模式中的每个理论都有其侧重点或是涉及多个层面，例如：顶层设计与企业实施理论既是思维层面的也是组织层面的；可持续发展理论在思维层面、组织层面以及策略方法这三个层面上都起到了指导作用，但其主要侧重于策略方法层面，为项目的实施落地提供具体可行的设计理念与手法。（图6-6）

2. 陈皮村模式形成可循环持续推进的理论系统，在此系统下合理地进行新项目的规划设计与建设。而基于理论系统下阶梯式思维模式和双向媒介理论共同组成的传播反馈机制，新项目可通过评价工具进行反馈，推进陈皮村模式的改进与创新。陈皮村模式通过上一项目的实践，推进理论系统的更新迭代，以指导下一轮新项目的创建。

3. 反馈机制中评价工具并非是统一的，而是根据每个理论或是几个层面下的理论，选择不同的针对性工具。例如：瑞士伯尼尔应用科学大学从社会性、经济性以及环境性三大模块展开，建立起针对可持续发展理论的建筑评价表与玫瑰图；从社会问题与顶层驱动两大方面切入，形成顶层设计应用于社会领域的评估系统；针对于蜂巢结构模型理论，采用元素、关系、结构、系统四个层次组成的地域建筑适应性评估系统；综合思维层面与策略方法的理论导向下，形成政绩与自然生态环境相耦合的产业园区绩效评估体系。这些评估方法有待进一步的整理。

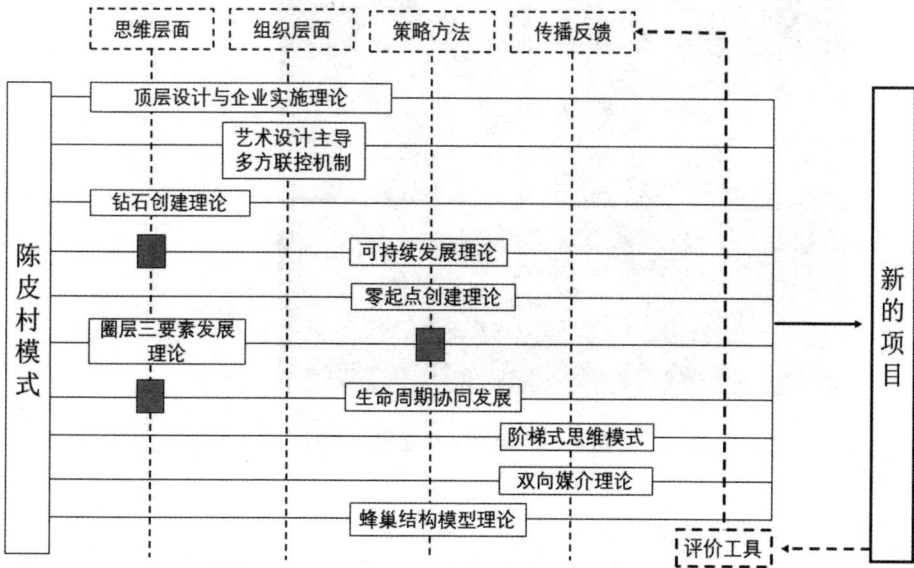

图6-6　陈皮村模式理论系统图

从图6-6中可以看出，陈皮村模式中的每个理论都有其侧重点或是涉及多个层面，横向与纵向交集的方形灰点表示理论涉及该层面的内容。

## 第三节　陈皮村模式在域内的推广应用

### 一、陈皮村模式在域内的应用

（一）陈皮村效应最先影响同行和带动同行

陈皮村模式初步成形后，首先应用在同一品类和同在一个区域内的新项目——丽宫陈皮精深加工园的"陈皮古道",说明陈皮村效应最先影响了同行和带动同行进行升级和创新。(图6-7)和前面的万农龟养殖场的经验应用不一样,"陈皮古道"项目是在陈皮村模式理论指导下进行规划设计与建设。陈皮古道与陈皮村同在新会陈皮文化推广圈内,而且陈皮古道也是新会陈皮现代农业产业园丽宫陈皮精深加工园中的融合型陈皮交易市场,两者如何避免恶意竞争?下面从交易市场的聚集效应进行分析。

图6-7　两个项目在同一圈内

（二）交易市场的聚集效应

关于新会陈皮交易市场的聚集效应,在前面的第三章第三节中"对发展中的问题关注"有所分析。谈到陈皮村某些位置的商铺在2019年租金大幅增长的情况,反映新会陈皮产业总体发展向好的态势,产业增收后市场流通促进交易量的扩大,商业开始朝规模化发展并向产地中心聚集,加上陈皮村品牌效应和市场专业化程度增强,农户和企业开始向有发展前景的产地交易市场聚集。从与义乌小商品批发市场的对比来看,目前新会陈皮产业的交易市场仍然属小规模状态,应加大交易市场在量和空间上的建设。另一方面,陈皮村的交易板块在发展中受空间场地的局限,交易市场的进一步发展将会受到很大影响。一个陈皮村已经满足不了市场的刚性需求。丽宫精深加工园正好利用闲置的工业楼房改造成交易市场,说明了市场机制在起作用。新会陈皮产业的发展为市场聚集提供了助力,只有顺着新会陈皮产业发展的大形势才能在产业发展中得到回报,在这一点上,有实力的经营者参与交易市场的开发建设,共同做大市场的总量，对陈皮村是有好处的。

## 二、丽宫陈皮精深加工园陈皮古道策划创建

### （一）丽宫陈皮精深加工园陈皮古道规划概述

1. 现状条件。丽宫新会陈皮现代农业产业园位于新会柑核心产区——天马种植区，规划占地 300 亩，建筑面积约 20 万平方米，由多幢三层高的建筑组成加工仓储群。（图 6 - 8）作为产业园茶枝柑深加工孵化器建设的第一步，丽宫陈皮产业园一期向新会陈皮加工生产企业提供展厅、办公、生产和仓储场地。项目对面为著名景点"新会小鸟天堂"。

图 6 - 8　围绕生态种植区布局的三产融合交易平台

2. 规划设计。整合园区一期及二期的多个功能区域形成融合型农产品市场，在空间功能布局上包括：陈皮古道田园风貌区、陈皮古村落区、品牌交易中心展销区、陈皮餐饮区、新会陈皮和柑普茶文化博物馆区等专业区域。其规划理

念是将种苗繁育、柑橘种植、陈皮加工、文化休闲的功能集于一体，形成一条概念上的商贸文化"道路"，通过不同的时空表现来展示新会陈皮的文化魅力。在机构业态的规划上，设置茶枝柑深加工孵化器、新会陈皮研究院、质量检验检测中心、酿化中心、品牌交易中心、新会陈皮文化博物馆、新会陈皮养生馆以及陈皮主题餐厅、大师工坊、古法储存体验馆等机构。在陈皮古道上，设置多个体验节点，让游人可以品鉴地道新会柑、新会陈皮；可以在陈皮和柑普茶文化博物馆区内，通过实物、声光影像等，领略陈皮千年灿烂文化；可以在陈皮餐饮区品尝正宗的新会陈皮家宴，通过开放式厨房，亲览陈皮宴每道菜肴的整个制作过程；可以通过开放式的工业走廊，参观到陈皮古法仓储、柑普茶、陈皮糕点等各种陈皮产品的工业化生产工序。丽宫陈皮古道是三产融合下工业旅游的新亮点。

3. 建设情况。项目分两期建设，一期设计面积为 15000 平方米，2019 年 9 月 19 日，丽宫新会陈皮现代农业产业园"陈皮古道"开业庆典隆重举行。（图 6-9）同年 11 月在陈皮古道广场迎接第五界中国新会陈皮文化节开幕式。二期设计面积为 70000 平方米。设计将院落的布局、岭南的建筑风格与户外柑橘种植科普园相结合，深入研究了"体验、互动、生态、科普"的商业内核，大胆尝试打造江门首个情景体验式商业街。

图 6-9　陈皮古道建筑主立面从设计到竣工过程

（三）丽宫陈皮精深加工园陈皮古道的理论运用

1. 发挥艺术设计主导的作用。在陈皮古道项目中，由艺术设计团队担任主导角色，负责从项目定位到主题立意，设计到施工指导整个流程的工作。（1）陈皮古道与陈皮村属同品类同一区域和同一类型的项目，团队从区域总体发展层面出发，让两者在同类中求异。丽宫侨宝陈皮加工企业在 1997 年开始从事陈皮生产和加工，其创始人区柏余先生是农业农村部推介的全国农村创新创业优秀带头人典型案例。作为陈皮行业的深耕者，其一直坚持陈皮的古法储存，并创新探索在工厂大规模生产下陈皮古法储存工艺。丽宫陈皮仓储区可存放超1000吨陈皮，配套安装恒温恒湿设备、仓存管理系统和监控系统，提供二十四小时陈皮管家式服务，从超大容量"新会陈皮酿化中心"选果、开皮、晾晒、检测、存储护理等各个方面落到实处。在仓储中心顶层天棚建设5000平方米的新会陈皮生晒玻璃棚，使陈皮生晒过程便利和卫生，免受二次污染。因此项目以陈皮历史渊源为立意，拉开了与陈皮村的定位。（2）基于这种坚持地道陈皮的理念，策划团队将"陈皮古道"的定位区别于陈皮村的"新法"而强调其"古法"，为专注"道地新会陈皮"的新会柑农打造专门的展示和销售平台。陈皮古道进驻的商家都是新会本地的柑农、种植户，其自产自销的经营特色从源头上确保了消费者买到的都是正宗的新会陈皮产品。

让陈皮村和陈皮古道两者既是同类合力又各自特色鲜明，避免完全模仿照搬带来的恶性竞争，主导团队发挥了联控协调的作用。

2. 运用理论快速实现三产融合空间格局。在陈皮村模式理论的指导下，从规划开始即快速整合项目场地功能分散的现状，拟定三产融合的规划方案。（1）整合资源，围绕生态种植区规划 U 型布局的三产融合空间格局。以 GAP 种植示范区建设生态休闲园；以加工仓储建设成道地陈皮古法参观区，以食品加工厂为陈皮精深加工区，以陈皮交易为综合服务区，包括古道商铺、文化博览馆、会务、餐饮、办公、客栈的业态功能。（2）采用"前店后厂"的商业模式。U 型布局的主立面是品牌交易中心大楼，重要景观区的首层是新会柑、新会陈皮展销区。二层为陈皮家宴餐厅，是一家提供地道的陈皮美食主题餐厅。三层为新会陈皮博物馆。客户除了在门店挑选陈皮，还可以直接去存储、生产车间观看制作过程，挑选更多优质的新会陈皮。（3）合理设置体验新会陈皮全产业链条示范新模式。陈皮古道将产业园第一、二期工程项目的"陈皮品牌荟""陈皮养生馆"和"陈皮博物馆""千吨级陈皮仓储"以及加工生产车间等项目连接在一起，这条参观体验路线长达 500 米，且分布在不同的建筑和不同的楼层上。路线的参观既要合理又要有体验感，在规划上采用垂直电梯和空中连廊贯通，将文化展示、产品研发、加工生产、品质控制、观光购物、品尝膳食以及产品加工等体验合理形成路线，展现具有三产融合特征的新会陈皮大健康产业示范。通过参观"陈皮古道"可全面了解新会柑、新会陈皮的加工链条等情况。在规划设计上将生产、加工车间透明化、可视化。游客通过透明车间，可以参观产业园内二十多家新会陈皮加工企业的生产情况，包括新会柑茶、陈皮糕点、陈皮加工车间，以及产品溯源包装车间、小罐茶包装车间、袋泡茶车间等。在"以游带购"工业旅游1.0模式的基础上，陈皮古道将食品开发、生产销售、文化旅游产业融入到新型工业化中，增加了体验、互动等元素，带领新会陈皮工业旅游、文化旅游步入2.0时代。

3. "零起点"创建模式。（1）利用现状功能性厂房和新搭建钢结构厂房作为改建基础，运用零起点创建理论将本身不具有旅游资源优势的场地建成特色化的融合型农产品市场，打造以"陈皮古道"为主题、集现代工业和旅游观光为一体的新会陈皮文化产业基地。（2）以枯木营造古色古香的交易环境。将收购的枯木大量应用在"陈皮古道"里，向外界全面展示古道的传奇故事，诉说着陈皮起源。（图6-10）（3）采用内建筑装饰打造古道街区，其中以"一站、两阁、三街、四巷"为古道风韵街市布局，体现新会传统古街道的风俗民情、新会陈皮历史文化和侨乡情怀的融和。（图6-11）（4）受到陈皮村模式的启发，升级了陈皮文化博物馆。馆内设置陈皮展示区、多媒体展示区、企业展示区、陈皮制作工艺区、侨宝展厅、仓储参观区、匠人工坊等多区域板块，以多种展示方式向游人全面介绍新会陈皮过去、现在发展状况及未来的趋势。

图6-10　利用枯木营造室内乡土气息景观

图6-11　陈皮古道室内商业街景设计图

**（四）新环境条件下的创新突破**

陈皮村模式理论的特点是具有适应性和开放性，适应性是适用不同条件；

开放性体现在不因循守旧,以创新的思维寻求解决方法。和陈皮村空间布局呈平面展开不一样,丽宫的建筑功能布局是既平面展开又垂直分布,在建筑空间上比陈皮村要复杂得多,所以丽宫"前店后厂"的布局要适应新的环境和要求。(1)利用空中廊桥突破空间障碍。在乡村商业还未形成强需求时,在二层布置商铺会出现大量商铺空置情况。因此,方案把商铺的布置严格控制在多幢建筑的首层,二、三层不考虑交易的商铺。这样一来,不同的业态功能布置在同一栋楼的竖向空间中,当与另一栋楼的功能进行交流时,就会出现动线组织上的难题。例如,在其中的一幢"前店"功能的建筑里,商铺全部规划在首层,第一时间起到迎客的功能,二层设置餐饮,三层设置展馆。但是,加工、古法仓储等又在另外一幢三层建筑里,这样一来,人们从首层商店到了三层的展馆后又要重新乘电梯下来到一层,再过去隔壁的楼层参观古法仓储,参观路线既不合理,重复的线路让观众的体验感也不高。而且从商业楼到隔壁的古法仓储参观还会与道路的车行道有交集,不利于交通的组织。针对这一问题,规划设计大胆提出利用空中廊桥突破空间障碍。在方案中采用跨街的空中廊桥,将两幢建筑在空中联通,既将参观路线理顺,又解决了交通问题。(图6-12、图6-13)(2)新型"前店后厂"商业模式。六十多户新会柑种植户和新会陈皮企业在"陈皮古道"开设了门店,同时还在园区内设置了存储和生产车间,加上种植园的溯源技术,让每个品牌都能完整地向顾客展示道地新会陈皮的产业链。这一点有别于陈皮村的招商模式,陈皮村是市场管理者投资和运营加工和仓储,陈皮古道是提供硬件设施给商家,让商家经营加工和仓储。陈皮古道实现了商家的"前店后厂"商业模式。

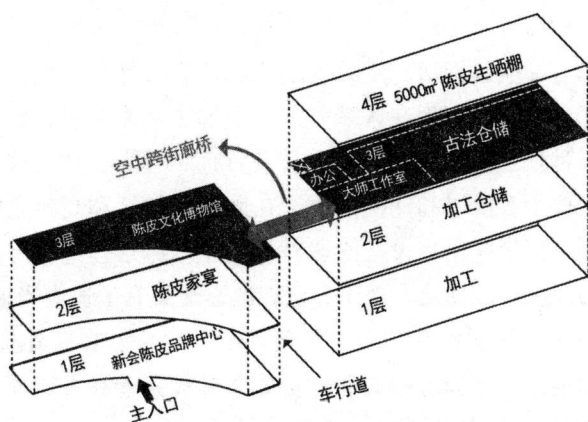

**图6-12 空中廊桥设计图**

**图6-13　空中廊桥实景图**

## 第四节　陈皮村模式向域外推广与应用

### 一、陈皮村模式向域外推广的初探

（一）走出去的推广

域外指两个意思：一是不同品类的农产业；二是新会陈皮村所在的区域以外。陈皮村向外的影响有三种方式：第一种是以陈皮村为中心呈半径的波浪状影响，越靠近中心影响越密切，然后逐层递减；第二种是虹吸，可以吸引专门的人士和企业慕名而来，表现在区域外的产业园主动来参观，希望能借鉴陈皮村的经验；第三种是主动走出去进行宣传和推广，寻求合作，这是最有效的方式。在模式的推广中有浅层和深度两类，在阳西程村蚝和高州龙眼产业园的推广是浅层的运用，理论应用到设计阶段就停止了。尽管理论没有得到进一步应用，但为模式的深度推广摸清了规律，让理论逐渐具有了适应当地条件的特性。深度推广应用在化州化橘红和阳西荔枝产业园项目中。在向外推广的两年里，主要集中在粤西地区，这和粤西农业产业化基础较完善和发展潜力大有关。到目前为止，陈皮村模式应用还是在广东的区域范围内。

（二）程村蚝文化博览馆规划设计

1. 项目现状。（1）程村蚝产于广东省阳西县程村地区，主要是在程村镇管辖下的濠山、根竹山、红木山三个村。程村蚝特点是体大，味道鲜甜，色泽光洁。2005 年，程村蚝获国家地理标志保护产品。程村蚝场养蚝大概有五百多年历史，不但制作蚝豉，还制作蚝油、蚝味生抽等多个品种，产品远销国内及香港、澳门地区。截至 2016 年，程村镇养蚝海域面积 4 万亩，产鲜蚝 5.5 万吨，总产值达 3.27 亿元，纯收入达 4560 多万元。全镇养蚝从业人员 9000 多人[17]；（2）程村蚝项目基地位于程村镇东红光村，毗邻渔港，村边有数千亩一望无际的原生态红树林，单片面积居广东省首位，在旅游观光开发的现状条件上，比陈皮村有优势。当地现代养殖业的发展属初级阶段，功能分布零散无序，业态质量不高，可供观光的渔村生产风貌并不出彩，这种现状与红树林生态景观显得有点格格不入；（3）项目用地约 50 亩，呈 L 形夹在村道与村落之间。入口处是村里廉政广场的建设用地（约 20 亩）。场地最大的问题是地块难以展开规划布局，土地利用率不高。（图 6 – 14）

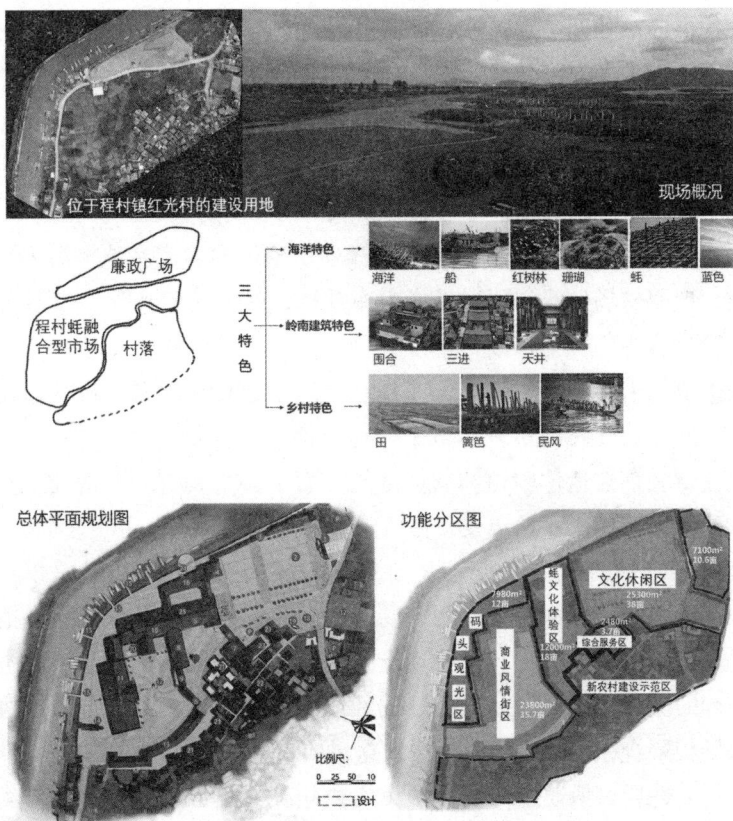

蚝文化博览中心主立面方案

图6-14 程村蚝文化博览馆规划设计方案

2. 陈皮村模式下程村蚝项目的规划要点。（1）在产业园建设中，阳西县政府希望先按市级产业园级别建设，进而申报2020年广东省现代农业产业园，并在省级基础上申报国家级。第一步是选址建设程村蚝文化博览馆。（2）"前店中厂后养殖"的整体空间格局。借鉴传统三进式建筑的布局，规划前庭（廉政文化广场）、后院（红树林和水产养殖区，蚝生产观光区）、三进（包括博览中心、管理中心、沿海码头商业中心、餐饮风情街、交易大厅等功能建筑）、两天井（两个小广场）、左右青云巷（两条道路）。渔民的生产基地在海上，渔村在海边而建，把旧村场生活空间建设成美丽乡村，展示蚝乡风情。（3）建设小型初深加工产品为主的交易市场，中型原材料批发市场另择场地建设。（4）在场地的建设上依然采用零起点模式，在现状场地上建设钢结构厂房，通过采用当地的土砖、蚝壳墙（岭南传统建筑中一种独特的建造方式）营造特色建筑，室内采用内建筑装饰建造体验馆和餐饮空间。（5）融合海洋、岭南建筑和程村当地乡土文化三大特色化元素建设文化博览馆主立面。（图6-14）

3. 程村蚝项目的创新点。（1）在陈皮村模式上探讨新定位：以产业、生态、人居、传承四个方面定义项目，从第一、二、三产业融合发展，把新农村人居环境建设与程村蚝文化、程村蚝产业等结合在一起，达到经济效益与社会效益相协调的美好愿景。（2）融合不同性质的场地内容：一是与当地村委建设的廉政广场相融合，廉政广场属村里的党建项目，程村蚝项目是一个商业项目，两者不属同一性质，但通过协调后两个地块相互共享，达到促进各自优势的目的；二是这种共享的理念还用在对毗邻的旧村落进行改造，将之融入程村蚝项目的统一规划中，而不是用围墙将旧村落与产业隔离。（图6-15）

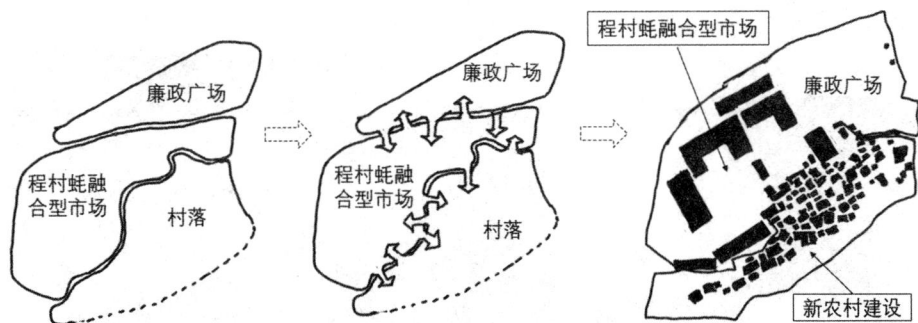

图 6 - 15　融合不同性质的场地

4. 应用总结

本次项目没有按方案实现出来，原因有：一是原场地用地狭窄，不利于日后的发展，后来把文化博览馆调整到县城里与其他文化馆集中建设。在程村的场地上失去了建设程村蚝文化馆这一核心内容，因此，也放弃了在这里建设交易市场的计划。二是缺少多方联控机制，艺术设计团队没能在此项目中担任主导角色，自始至终没有一个中间层面协调用地和方案的推演。三是程村蚝产业三产融合的基础还很薄弱，产地聚集效应的条件还未产生，没能在发展历史中形成相对成熟的传统交易市场集散地，所以在新建市场选址上会举旗不定。四是缺乏合适的实施企业，这也是一个重要原因。

把不同性质内容的三个事物融合与共享是陈皮村理论在程村蚝项目应用中的创新点，尽管后来这个项目因为要改址到县城建设而搁置，"融合不同性质的建设内容"的新构思在化橘红项目中体现出来。（图 6 - 15）

（三）高州龙眼产业园沙田镇展销体验区

1. 项目条件概述。（1）高州龙眼省级现代农业产业园由若干个实施企业担起创建工作。其中种植面积较大的龙头企业是桑马农业。企业有意愿发展特色产业，希望通过建设沙田镇的龙眼加工及展销基地带动农业旅游，进而促进龙眼产业的发展。（2）考察中发现企业创建清单内容众多，但较分散，企业有意愿利用现状条件把加工与展销一起建设。（3）项目选址沙田镇龙眼基地，基地南部为龙眼种植园，现状地貌较为平坦，有数栋钢结构厂房建筑，靠道路边的铁皮厂房在龙眼交易期作为交易市场功能，平时用于停放车辆。（4）在与企业洽谈时，该基地正在筹备建设中，基地经营者已找设计师做了加工和仓储的初步方案，但并没涉及展销功能。

2. 针对现状进行优化的规划设计方案。（1）定位：建成集农产品加工、产品展销于一体的中心。（2）采用前店后厂布局方式。（3）采用零起点创建理

论。（图6-16）

图6-16　高州龙眼产业园沙田镇展销体验区规划图

3. 项目搁置。由于缺乏资金等问题，项目的新方案没有实施。分析项目搁置的原因：该项目属于企业基地内的一个项目，企业自身没有具备建设交易市场的条件和实力；没有顶层设计与企业实施的组织机制保障，纯粹由企业进行顶层思考和落地，存在较多不稳定因素；在一定程度上反映出以种植和粗加工为主营业务的实施企业在创建思路和资金实力上的制约。

### 二、陈皮村模式地域性的深度运用

陈皮村模式深度运用在两个省级项目上，一是化州化橘红省级现代农业产业园的融合型农产品市场，二是阳西县荔枝省级现代农业产业园的融合型农产品市场。前者是投资者主动建设融农产品交易、展示展销、加工仓储的农产品市场，后者是艺术设计团队通过介绍陈皮村模式，引导顶层设计将文化博览中心选址在荔枝产地和加工区，在与实施企业的紧密陪伴过程中，协调政府投入建设的博览中心与企业投入建设的仓储物流中心融为一起，同时通过对建立市场的可行性分析，说服企业利用大面积空地建设露天批发市场，三者形成紧凑有效的融合型市场空间格局。在两个项目中，均发挥了艺术设计主导的多方联控机制的作用，同时，艺术设计团队在顶层设计与企业实施中起到中间层面的作用。陈皮村模式的理论在项目中应用，也在运用中得到充实。

### 三、化橘红现代农业产业园融合型农产品市场的规划与创建

（一）项目概述

1. 项目背景。化橘红为广东化州市特有的地道中药材，属国家地理标志保护产品，而化州是全国化橘红唯一的原产地。化州市化橘红省级现代农业产业园于 2018 年已列入广东省重点项目。[18]该产业园计划总投资 1.5 亿元，其中申请省级财政资金 5000 万元，企业自筹资金 10000 万元，用于建设以下内容：（1）化橘红产业种植基地提升；（2）化橘红产业加工核心园区、化橘红产品展销展示博览及物流集散中心建设工程；（3）化橘红产业综合服务、化橘红产业科技研发与信息支撑建设工程。[19][20]陈皮村模式理论主要应用在化橘红产品展销展示博览及物流集散中心、化橘红产业综合服务项目的创建上。项目计划利用产业园部分资金和社会投资资金约 1.8 亿元进行建设。

2. 位置和现场条件。项目位于化州市石湾街道办广垦（茂名）国家农业公园南侧，规划用地 258.8 亩，用地总体自西向东呈缓坡状，地块中心部位有低洼水体，西区有小山丘，南北两侧地势大致平坦，场地北边有 20 米高的霹雷针。（图 6－17）

3. 项目定位。融"产业人文、秀丽乡村、生态休闲、旅游度假、康体养生"于一体，探索新农村振兴建设中产业与人居相融合的发展模式。以现代农业产业园展销展示及物流集散中心为产业聚集，融合农产品交易、文化展示、休闲旅游三大功能，建设以标准化种植、精深加工、品牌市场、文化休闲旅游、产业配套等五大体系的示范园。该项目对加快化橘红省级现代农业产业园建设，促进"三农"乡村旅游和农业观光产业快速发展，实现乡村产业振兴有着重要的意义。

图 6－17　化橘红省级现代农业产业园用地现状照片（摄于 2019 年）

4. 方案概述。规划总体分为三个功能区，分别为：（1）化橘红产业博览及文化体验休闲形成的核心区；（2）种植展示区；（3）养生综合商住区。项目规

划建设成化橘红现代商贸物流园和化橘红综合服务平台，包括展示交易、综合集配、标准化仓储、分级包装、检验检测、信息发布、电子结算和信息系统等功能，进而带动化橘红生产基地、加工基地、产品交易展示等一二三产融合发展。

5. 建设情况。2019 年 11 月，化橘红产品展销展示博览及物流集散中心项目进入工程建设阶段。

（二）以融合型农产品市场为建设核心

1. 融合三大功能。融合型农产品市场是化橘红项目的本质属性，整个园区总体功能分为三个板块：（1）化橘红产业交易博览中心以及文化体验休闲街形成的核心板块；（2）以标准化种植的展示板块；（3）养生综合商住板块。形成"'橘'星拱照，七星伴月"的空间格局，在融合陈皮村模式中的农产品交易、加工仓储和文化休闲旅游三大功能的基础上，规划开发人居环境的新功能。（图6－18）

2. 以文化主题规划体验区。以"橘红情缘""水乡风情""满园橘色"三大主题规划设计体验区：（1）以"橘红情缘"为产业人文核心区域，该区域包括化橘红交易中心、化橘红产业园服务中心以及化橘红文化博览中心，是直接接触市场的窗口，形成多业态经营模式。（2）"水乡风情"为主题打造印象化州民俗风情街，是综合购物、特色餐饮、乡土民宿三位一体的化橘红文化体验区，提供化州本土特色美食服务并营造乡村生活气息的住宿体验环境。（3）以"满园橘色"为主题建设智慧农业区域，是化橘红种植示范园区、深加工研发中心以及产学研基地，开展农业产业科技创新和农业生产、加工、流通等方面的信息化处理，推动农业能源管理及节能环保产业项目的持续发展。

图 6－18 整体规划分析图

3. "前店后厂"商业模式。"橘红情缘"和"水乡风情"两个主题体验区形成多元化的对外开放市场，属于"店面"区域；"满园橘色"属于后部分的"工厂"区域，打造了化橘红种植与生产基地，为"前店"直接提供部分原料与产品，形成化橘红产业"种植—加工—销售"一体化的格局。借鉴丽宫陈皮古道的做法，将部分生产、加工及研发区域设计为参观路线，通过透明可视化的展示，增加大众与化橘红产业链的体验互动元素，把化橘红的研发、加工、贸易、休闲养生和文化旅游有机整合起来。化橘红"前店后厂"模式的特点体现在五个连续促进环节上：以农带产→以产带商→以商促贸→以贸促游→以游携居，这是融合型农产品市场新的形式特征。

4. "零起点"创建模式。以大型新建钢结构厂房为核心区域的建筑形态，通过对当地民俗风情以及产业文化的元素提取，进行场地的创意设计，包括：（1）采用当地红砖材料建设商铺主立面；（2）利用现状的避雷针建设艺术标志塔；（3）采用内建筑装饰建设印象化州民俗风情街；（4）利用现场原有的山和水的格局，建设化橘红古村落场景，把化州人文历史、乡土文化、化橘红产业文化、绿色生态等资源结合在一起，增加旅游的吸引力。（图6-19）

**图6-19 化橘红古村落和交易市场设计效果图**

（三）融合新型小镇的建设

1. 借鉴了阳西程村蚝项目中整合三个不同性质区域的经验，项目将场地内零散分布的村宅安置在项目东边新地块，与旁边的自然村一起统筹规划，按集约化思路建设乡村人居环境；以融合型农产品市场为中心辐射格局，周边进行生态人居环境建设，深度推动新农村建设。

2. 分期实施产业发展到人居建设的规划前景。在本规划设计中分为三期进行开发，开发周期5年，以化橘红为核心产业，以生态文化为切入口建设三产融合生态小城镇。一期（2019年）为三产融合型农产品市场。二期（2020—2021年）为生态人居建设区，包括建设生态人居综合商住区以及新农村建设示范区。三期（2021年后）规划建设化橘红产业小镇。

3. 创建以农村产业融合为拉动力的化橘红产业小镇，实现"产业＋贸易＋旅游＋美丽乡村"融合发展的目标。以特色生态项目与生态景观资源赋能新型小城镇建设，促进生态人居环境的形成。以标准体系建设和文化体系建设，将化橘红种植、生产、销售的全过程纳入到新型小城镇建设中，弘扬化橘红文化，塑造化橘红特色品牌，以多维度视角探索新型小镇乡村特色化道路。

（四）发挥艺术设计主导的多方联控机制作用

1. 协调平衡政府的期望与企业实施的收益。

2. 通过主导和联控协调了建设用地的指标位置，根据建设用地后的调整程序落实了建设的先后实施区域，与土储部门充分沟通，了解到土地储备情况，争取了53.3亩的备用建设土地用于后期开发和新农村建设。（图6－20）

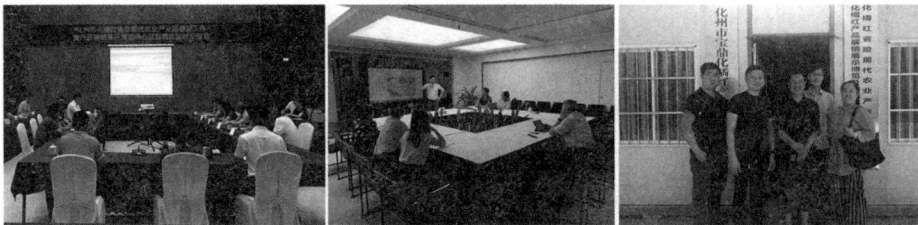

图6－20　与多方联控的协调会（摄于2019年）

## 四、阳西荔枝现代农业产业园融合型农产品市场规划与创建

（一）项目概述

1. 项目背景。2019年阳西县成功申请创建荔枝省级现代农业产业园，开始按建设清单推动项目实施。产业园位于广东省阳西县儒洞镇，面积1.72万亩，以阳西西荔王合作社1.3万亩的荔枝种植基地为基础，规划建设阳西荔枝现代

农业产业园三产融合示范园。

2. 位置和现场条件。阳西荔枝西荔王三产融合示范园占地面积 1650 亩，场地像东西走向的树叶形状，通往沙扒镇滨海旅游区的主干道从树叶中间贯穿，将园区分成南北两片。场地总体地形平坦，已种有大面积的果树和花卉。

3. 设计定位。以种植为主的综合生态体验区为基础，打造融"农业种植、科普展示、生态休闲、旅游观光、销售交易"于一体的融合型农产品市场。包括三大功能区：一是荔枝文化展示及体验区，主要有文化广场、荔枝文化博览中心、数字农业展馆、餐饮配套、交易中心、加工仓储区；二是综合管理服务区，包括管委会、旅客中心、检测中心等；三是生态种植示范和农耕文化体验区，有荔枝龙眼 GAP 种植示范园、热带水果种植园、果树育种大棚、花卉种植等。

4. 方案概述。规划设计以五大细分主题进行体验功能分区，包括：（1）以产业经营和人文体验为主的"荔缘情深"主题区；（2）以花海休闲体验为主的"阳西风情"主题区；（3）以生态梯田观光为主的"田间乐事"主题区；（4）以岭南佳果培育为主的"农趣佳园"主题区；（5）以荔枝种植生产为主的"满园荔色"主题区。以荔枝交易市场、荔枝文化博览中心、特色餐饮服务区、特色商业街区和仓储加工中心为园区对外服务的主体部分，在此基础上形成"一核两带"的空间格局。（图 6 - 21）

图 6 - 21　西荔王三产融合示范园区位分析与实地现场

5. 建设情况。2019 年 11 月，西荔王三产融合示范园的仓储加工中心已开展土建工程的建设；花海已建设完成。

(二) 艺术设计主导的联控机制发挥关键作用

1. 联控机制成员包括：双向校企合作的艺术设计团队、国家荔枝龙眼体系岗位专家、数字农业专家、县政府负责产业园的领导、农业农村局等部门（特别是涉及土地储备和规划的部门）和实施主体企业（合作社）。

2. 艺术设计主导的联控机制在文化博览中心的选址方案上起协调把控作用，保障选址最优。在选址方案上，一开始就有三种观点：一是选在县城城区，和程村蚝等文化馆规划在一起，有利于基础设施统一建设，也有利于多个不同主题展馆在同一空间范围向观众开放，方便参观，但离产地有近二十公里的距离；二是选址在示范园最西端，离种植园有一公里的距离，理由是这里已建有一个混凝土框架结构的建筑，建设快，但空间较小，不能同时布置仓储物流中心等功能的建设；三是放在园区的中央，与种植园、仓储加工中心和交易市场紧密在一起，但这里没有建设用地，需要调整土地规划。（图 6 - 21）三者相比，放在园区的中央，与种植园、仓储加工中心和交易市场紧密在一起的做法有利于长远的发展，但涉及用地的调整是一个艰巨的工作，特别是在部分领导倾向方案一的情况下，艺术设计主导联控机制做了大量分析和沟通工作，保障了顶层设计的决策方向不出现偏差。

3. 艺术设计团队密切与政府相关部门协调建设用地上的位置和面积，在建设用地的红线不断调整后，及时针对变化提出应对方案，供顶层设计进行推敲和决策，让融合型农产品市场的规划构想没有受到用地的调整而改变。过程中要协调县领导、相关部门与实施主体企业，既要保障调整所需的时间不能太长，又要保证用地落实到规划目标位置上。

4. 艺术设计团队有步骤引导企业建设交易市场，形成融合型农产品市场的格局。当地政府从一开始就没有建设产地批发市场的想法，而实施企业是农民合作社，没有为产业发展搭建服务平台的意识，更没有建设交易市场的经验，注意力基本放在种植技术和仓储加工上。因此，在创建清单上就没有交易市场（或交易中心）的建设。艺术设计团队在介入项目时，上述情况已成为事实。经过调研发现，每年荔枝丰收时收购商都会在园区大片空地上进行批发交易，这片空间在 2019 年也成为荔枝文化节的临时交易广场，事实上这里已经具有交易市场的雏形。团队在设计文化博览中心时有意识将这块空间预留出来，作为日后的交易广场功能。很多时候，乡镇企业的决策机制并不具有现代企业在决策上的稳定性，它们负责人的决策往往有随机性和反复性，负责人的眼界仍然会受地域的影响。例如，陈皮村所在的区域是在粤港澳大湾区范围内，决策者就会从长远的视角审视项目的投资和规划。在阳西等相对欠发达的地区，仍然会有地域的差异。如果在设计过程中过多地向乡镇企业负责人强调某种他们不感兴趣的事，则会适得其反。所以团队一方面在设计上为将来市场的建设留有余地，另一方面还要有耐心地做好引导工作。

（三）以一产为体验素材创建融合型农产品市场

1. 以"果蔬生产和休闲观光农业并驱发展"的思路为规划理念，建设融合型农产品市场。（1）利用园区本身的自然资源优势，依托一万多亩园区内果蔬种植园以及水域环绕之势，以农促游，融入采摘、科普教育、旅游度假、文化养生等多种元素，建设粤西首家三产融合与农业景观旅游相融合的农产品市场。（2）通过艺术设计主导联控机制将文化博览中心选址在种植基地上，与企业建设的仓储物流中心紧邻，利用原有的空地，在设计上将三大功能区域整合，形成融合型农产品市场。（3）以近千亩花海和岭南佳果种植园丰富观光旅游资源，保持并增加了整个园区的可观性，避免了荔枝产业因为淡旺季节的客观原因而导致园区收入大幅削减的问题。

2. 从"前店后厂"到"左店右厂，一核两带"的空间格局。陈皮村"前店后厂"商业模式，让"后厂"得以从"前店"的经营状况及时获得市场反馈，洞察市场的新动向新需求。在西荔王项目中，遵循因地制宜的原则，借鉴陈皮村前店后厂模式，在呈长条状的基地上采用"左店右厂"分布方式，形成"一核两带"的空间格局。（图6-22）现状的场地被主干道从中间贯穿，分成两片狭长的地块。经过方案反复对比，"左店右厂"更有利于店和厂两者的交通组织，也有利于向过往的车流全面展示门店和工厂形成的产业形象。左店右厂结合在一起形成核心区，核心区的东面以花海为主景观形成观光休闲带，与店相邻；另一带是GAP荔枝种植示范带，和厂相邻，整体形成"一心两带"的产业布局。（图6-22）在体验度上，"左店"注意情景式体验空间的塑造，从建筑结构到室内陈设上，结合当地生产、生活、生态三大方面的文化特征，重现阳西当地特色的民俗风情，运用荔枝的抽象化形态语言，给予更具体更直观的产业视觉感受。

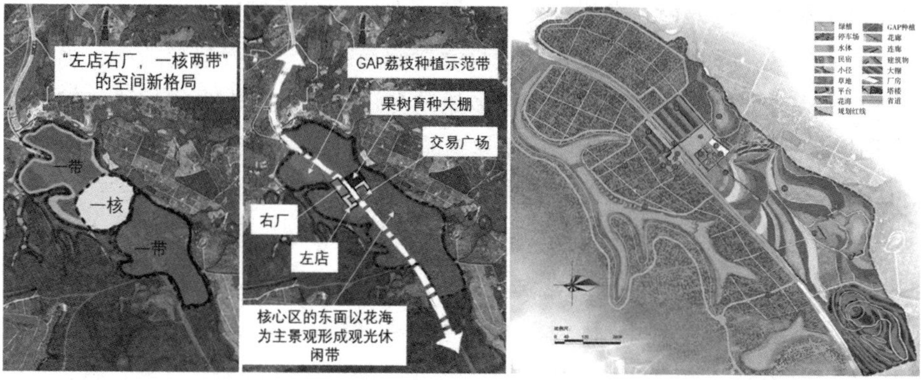

图6-22　西荔王三产融合示范园整体规划方案

（四）"零起点"创建模式

1. 在规划设计上阳西荔枝文化博览中心采用新建钢结构厂房作为建筑形态，借鉴陈皮村模式的零起点创建理论，在功能性厂房上进行创建。厂房本身不具有人文景观旅游资源优势，设计者借助园区"先天"的生态优势，采用内建筑装饰手法，塑造"后天"的人文旅游景观，与"先天"景观相得益彰。

2. 借鉴陈皮村低成本建造竹建筑的模式，采用岭南传统乡土材料——竹材——建设荔枝文化博览中心主体建筑，以乡土文化和荔枝产业文化相结合的特色化语言塑造园区形象，成为旅游观光的吸引点。（图6-23）同时，营造大面织花海景观和农业生态资源景观相融合的空间表达，形成"大地艺术"的强烈视觉效果。

图6-23　西荔王三产融合示范园建筑立面效果图

（五）在农产品文化展馆中融入数字农业展示平台

1. 数字农业的概念在1997年由美国科学院、工程院两院士正式提出。指在地学空间和信息技术支撑下的集约化和信息化的农业技术。[21]数字农业是将信息作为农业生产要素，用现代信息技术对农业对象、环境和全过程进行可视化表达、数字化设计、信息化管理的现代农业。数字农业实现信息技术与农业各个环节的有效融合，对改造传统农业，转变农业生产方式具有重要意义。到2020年，数字农业的潜在市场规模有望由2015年的138亿美元增长至268亿美元，年复合增长率达14.24%。[22]

2. 阳西作为广东省的数字农业示范区和示范县肩负着树立标杆和示范的功能。在阳西数字农业产业园的布局中，以数字化赋能阳西荔枝农业产业园的创建，从四大方面入手：一是打造数字农业物流体系；二是打造数字"农业乡镇"；三是深化"区块链+农业"；四是打造数字农业展馆，为全省数字农业发展探索可复制可推广的成功经验。

3. 规划设计将阳西荔枝数字展馆融入阳西荔枝文化博览中心内，使数字展馆成为农业文化展馆中一个新的功能板块，增加观众对现代农业的认识。在阳西荔枝文化博览中心结合数字平台、数字农业云等技术手段打造的农业展馆，既提升了数字展馆的艺术性，又为特色农产品文化展馆（或博览中心）增加科技的含量，也为融合型农产品市场在农业科技与创新展示上提供新的探索。（图6-24）

图6-24 阳西荔枝文化博览中心效果图

## 第五节 陈皮村模式应用总结

### 一、陈皮村模式应用的情况

（一）应用的总体情况

1. 应用与成效。2018—2019 年，陈皮村模式理论应用在三个产业园项目中，涉及项目创建的投资金额达 2.5 亿元。推广工作按时间依次由浅层向深度拓展，从应用的近缘逐渐走向不同品类和不同地域，基本呈递进关系，说明模式有较强的指导性和适应性。（图 6-25）陈皮村模式形成前的 2015 年，以竹建筑的营造经验在农业养殖项目中应用；在 2017—2018 年理论形成时，首先在同品类同区域内的丽宫"陈皮古道"项目中全面运用，项目总投资约 5000 万元，完成一期工程后受到业主和市场的好评，首期 50 个陈皮商铺全部招商完成。新升级的陈皮文化博物馆每天接待来访的游客。同时期，陈皮村的理论向第二波次推广，走出了新会区域。在化橘红项目中推广实施。化橘红与新会陈皮同属南药，也是国家地理标志产品，该项目总投资约 1.6 亿元，从项目已经开展的情况来看，基本按照陈皮村模式进行实施。第三波是应用在荔枝产业园上，荔枝与新会柑属完全不同的品类，也不在一个区域上。项目总投资约 5000 万元

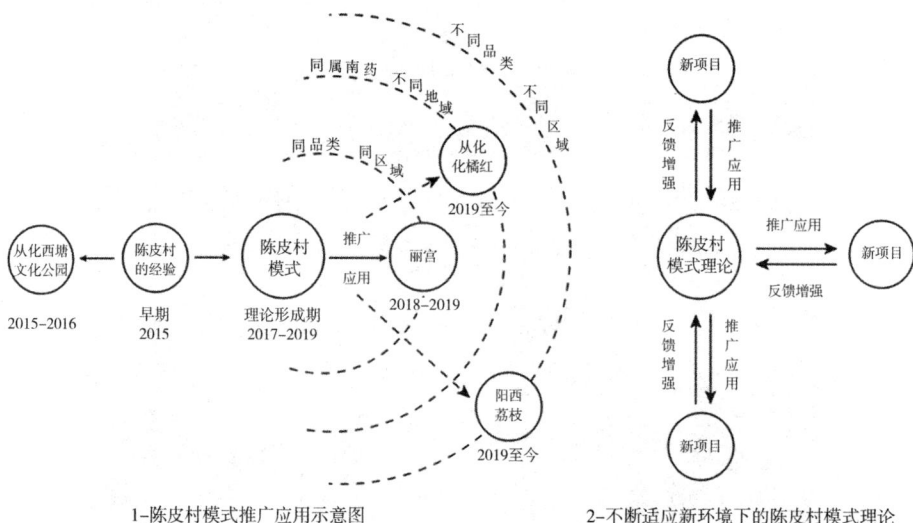

1-陈皮村模式推广应用示意图　　　　2-不断适应新环境下的陈皮村模式理论

**图 6-25　陈皮村模式推广应用示意图**

人民币，目前正在规划设计中，部分项目内容已动工。上述应用的案例都有融合型交易市场的特征。也有个别项目在推广中做了方案，最终没有得到应用。

2. 向外大量推广的可行性和必要性。（1）模式基于产业园共性的问题提出创新性解决方案。这些共性问题在广东大多数产业园存在，如用地难、成本高、缺乏特色等问题，这些问题成为产业园进一步发展的阻碍；（2）通过在域内和区域外案例实践，所取得的成效是良好的，这一点在实际应用中得到了验证；（3）单从广东省的产业园建设数量来看，2018—2020年约150个省级产业园，以省补助资金和配套资金计算，涉及的建设投资资金达百亿以上。在这些产业园中，有必要建设交易市场且达到建设条件的达一半以上。模式的推广应用在一定程度上提升资金的使用效率。

3. 碰到的主要问题和改进。在推广中错过了最佳时机。往往洽谈推广的产业园已经成功申报了创建名录，建设清单已经论证完成，并经评审通过。在这种情况下，即使产业园有需要建设融合型农产品市场，实施企业认同陈皮村模式，也不可能利用扶持资金进行建设了。在接下来的推广中，应有针对性地选择符合条件的产业园，在其有意向申请创建前介入，了解产业情况，参与产业园申报工作。在这时期可以对项目和建设内容进行充分的论证和沟通，确定建设内容和目标，更有效地为产业园服务。例如，阳西程村蚝产业园在2019年由政府主导孵化，准备2020年申请省级现代农业产业园，未来还要申请国家级。这种特色鲜明、政府支持、有一定产业基础的项目在推广中应重点关注。

（二）陈皮村模式应用的特点

1. 基于创新理念开展陈皮村模式实践。（1）创建方法的创新，通过低成本创建模式，解决当下现代农业产业园场地建设桎梏的关键性问题。（2）商业模式创新，实现产业链的高质量发展。（3）紧扣特色产业的空间创新，体现乡村特色和形象识别性。（4）思维方式上的革新，把生态文明建设和产业文化建设协调统一，实现项目的可持续发展。

2. 紧扣特色文化开展陈皮村模式实践。（1）紧扣乡村文化特色，把握乡村特色产业的资源环节和市场需求的内在规律，开展陈皮村模式的实践应用。（2）深挖乡村地域特色，运用好零起点创建模式。（3）深挖乡村业态特色，运用好产业整合模式。（4）深挖乡村时代特色，运用好文化融和模式。（5）把握乡村商业特色，运用好商业创新模式。

3. 陈皮村模式的"非教条式"指导。（1）陈皮村模式的"非教条性"指导，是基于从实际出发，用发展的眼光对待成功的经验，实现理论创新，以具有实质性意义的理论指导社会实践。（2）充分调动广大设计者与社会各方面的积极性、主动性和创造性，不断推动三产融合理论下的现代农业产业园的实践创新，为新模式的理论探索奠定坚实基础。（3）立足时代要求，紧扣美丽乡村建设，不断推进现代农业产业园的实践创新，是陈皮村模式得以灵活运用的鲜活源泉。（4）陈皮村模式是一个动态的过程。这不仅体现在它一次连续思考"是什么""为什么""怎么做"的过程，而且体现在这种运行的多次性和连续性上。陈皮村模式的价值在于为更广阔环境下进行不断的实践演绎。（5）提供不断进行质与量重组的实践方法论。在实践中比较原来环境中的实践活动与现在即将演绎的对象两者在质与量上的差别，如果只是量上的差别，则可用原有的陈皮村模式，并注意因地制宜的改变；如果是质上的不同，就要创造性地对陈皮村模式进行重新归纳。陈皮村模式本身就是一个不断演绎、不断归纳、不断进行质量重组的发展过程。

（三）陈皮村模式不足之处与改善的方向

1. 不足之处。（1）模式理论对于市场营销和市场管理方面涉及不够深入；（2）理论模式主要针对农产品交易市场创建和早期发展阶段，还缺少深度发展的理论部分；（3）实践应用的案例都由同一团队主导，缺少由不同的人或团队操作的验证；（4）模式理论仍处在市场导入期，实践应用的案例还缺少量的积累和足够的发展观察期；（5）模式自身缺少推广的策略，推广的方式较单一。

2. 改善。（1）加强跨学科合作，对陈皮村产业经济和市场营销进行深入研究和模式总结；（2）在模式中完善推广的方法和措施，探讨从顶层设计入手进行范式推荐的渠道，通过举办多层面的培训班和经验推介会，加大宣传力度和探讨推广新手段新方式；（3）实事求是，不遗余力地运用并进一步开发这个模型，才能使陈皮村模式始终保持旺盛的生命力。

## 二、基于地域适应性的陈皮村模式应用评估

陈皮村模式推广要有更大的经济和社会效应，必须要走出本土，在更广的地域应用，因此，关于在多元的地域文化中保持陈皮村模式"原型"与"现行"对立统一的探讨变得非常重要。

（一）陈皮村模式不是"狭隘的地域主义"

陈皮村模式在本区域外的推广要避免"水土不服"的问题，需要有系统性的观念，理性地进行适应性分析与梳理，以"元素、关系、结构、系统"的多层次对地域性进行多元适应，即适应传统地域文化、地域环境和地域经济状况等。在新时代背景下，陈皮村模式下基于地域适应性的农业产业园规划设计已

经不再是"狭隘的地域主义",它应该是综合开放的,是地域性、时代性和文化性的高度统一。

(二)陈皮村模式在多元地域中保持"原型"与"现行"的对立统一

1."适应"具备一个重要的属性,即体内跟体外的双向互动性,体现系统整体的协调关系。适应性是一个动态过程,它不会固化成一种模式,而一种理论的大量应用又要有一定的范式,呈现出一个新的适应性使命。这是动态发展的辩证过程。基于此,适应不是带有某种价值预判的目的性结果,而是一种客观的、过程性、系统性行为。

2.根据上述理论,从地域适应性对陈皮村模式进行评估,应该关注建筑环境、乡村环境与农业经济业态三者构成的系统中各个要素之间的协调关系,即适应与适度。"适应"是目标,对象是历史文脉及所处环境,园区规划设计能够和乡村环境中的复杂因素对应。"适度"则是策略,是基于现实的综合条件、基于发展的远望,做出合乎"度"的取舍。

3.在多元化背景中保持"模式原型"与"规划现行"的对立统一。这需要广义理性①分析[23][24],并以"地域适应性"为主要判断依据。陈皮村模式是借鉴地域传统文化和相关科学艺术,并理性系统地进行分析与梳理,在保有乡村特色文化的同时"适应"现代的审美情趣加以运用。借鉴是深层次的、全面的,适应时空发展的。随后基于地域适应性的理性进行规划设计的判断与取舍,使园区规划与当地农业发展有效融合,使园区设计与当地环境有机统一。陈皮村模式下的园区规划设计更需要"理"与"情"的对立统一,传统与现代的对立统一,既关照地域整体环境与文化,又顺应时代性。

表6-2 基于"地域适应性"对陈皮村模式的判断

| 类别 | 传统地域性建筑 | 广义理性<br>(广义地域性建筑) | 陈皮村模式下的<br>现代农业产业园建筑 |
|---|---|---|---|
| 设计方法 | 经验主义的方法 | 分析、综合、判断 | "模式原型"与"规划现行"的结合 |
| 设计原型 | 生存与民俗功能 | 物质、人文精神 | "理"与"情"的对立统一 |
| 功能特点 | 多元含混的功能 | 多元功能的综合化 | 侧重性的多元功能一体化 |
| 价值取向 | 价值体系的多元化 | 价值体系的可持续性 | 价值体系的动态发展 |

---

① "广义理性"具有两层含义:(1)在传统理性的基础上使之深化,利用更多的可用因素使理性更合理,在发展中满足人的情感;(2)在广度方面,使传统的理性向多元拓展,不仅是在一些具体手法,而且在思想、生物物理、心理、哲学等方面均需加以拓展。

（三）地域适应性评估从四个层次对陈皮村模式的应用进行总结

四个层次为系统、结构、关系和元素。

1. 基于乡村环境系统的整体把握对陈皮村模式进行评估。在陈皮村模式中，地域环境的整体把握对园区的规划设计起着控制性作用并具备主题决定性。将园区本身介入当地环境，既可以是保留与发展原有环境系统，也可以创新性复合多重系统。陈皮村模式基于对地域各异的乡村环境系统的认知，采取不同方式进行表达：一是就园区规划用地而讲，在陈皮村模式下创建的项目，均保留了原有厂房的架构或保留原有场地的空间划分，这都是延续原有环境系统的特点；二是就园区的主营农产品而讲，在陈皮村模式下的园区规划都是以极具地域性特征的乡村特色农产品为中心点，围绕其进行业态的多元化与产业的融合化，如化州的国家地理标志产品——化橘红——是拥有源远流长的种植培育历史和文化底蕴，具有地域独特性特征。这是对原有农业经济环境的保留与发展；三是就园区的建材选择而讲，在陈皮村模式下的园区建筑都运用到岭南传统的乡土建造，同时，针对所处的地域文化又对乡土建造做出不同设计和处理，如在陈皮村中采用的是大体量竹建筑群进行创建，将侨乡碉楼的中西合璧的建筑符号加以现代化处理，搭建出飞鸟屋檐、大辫子柱等创新结构，而在橘红镇的规划设计中则是将竹材与大体量的红砖建筑结合，增添自然柔和之感。这都是通过挖掘地域环境的共通性，把握地域文化特征，设计出创新性复合环境系统。

2. 陈皮村模式对于乡村地域环境的结构给予尊重与保留。结构是系统的特性，是系统中关系的发生机理。在地域适应性评估中，对结构的关注和表现除了具体有形的建筑表象，更在于地域文化中人们社会心理和社会文化的认同模式，这是对环境系统更为本质的把握。陈皮村模式对于乡村地域环境的真实结构给予尊重与保留，这一原则强烈地体现在园区规划设计与传统地域环境的对话中。以阳西荔枝省级现代农业产业园为例，在融合型农产品市场规划设计中紧扣园区所在的儒洞镇整体环境结构的突出领域，展开空间的拓展和布局。场地兼具"山、海、泉、林、湖"的得天独厚自然环境以及蔬菜和热带水果的生产环境，是当地人对儒洞镇的乡土印象。荔枝是阳西的特色，山水是儒洞的印象，从物形到心理，使得场所感和地域认同感十分强烈，让游客真切感受到阳西荔枝风情。这是陈皮村模式根据地域的特性对乡村环境系统结构的把握，从乡村地域特色的本质出发进行园区的规划设计，使环境中的结构特征清晰可辨。

3. 陈皮村模式中对于"关系"的把握与处理进行评估。乡村整体环境系统中穿插着复杂的关系，有可见关系，诸如地理气候、城市肌理、空间尺度等，也有无形的关系，诸如人的心理、空间行为、审美意识等。陈皮村模式下的现代农业产业园的创建，需要规划设计者正确厘清乡村地域环境中的复杂应对关系，以适度的方法解决其中的矛盾和问题，以重组的方法巧用其中的关联与衔接。关系有两类，一是各主体之间、学科专业之间的关系，在陈皮村模式理论中通过艺术设计主导的多方联控机制进行有效的协调；二是功能、业态、文化与空间之间的关系，通过把握和谐与冲突的"度"，让关系产生适度的异化带来新的结构关系，进而衍生创新点。新会丽宫"陈皮古道"将第二产业与第三产业相融合，将原本只有生产功能的加工仓储车间赋予了新的角色——工业体验旅游，让游客真正地融入新会陈皮第二产业的环境当中，加深对新会陈皮的了解。这是在陈皮村模式下对"陈皮古道"中二、三产业的功能与体验进行整合，从市场需求对游客的产业体验心理、旅游空间行为等进行分析，从而处理好园区整体环境系统中复杂的关系。

4. 从元素传承的角度对陈皮村模式进行评估。元素作为乡村环境系统中的基本单元，是环境认知的基础，可以理解为自然环境气候、形式、空间、技术、材料、装饰等基本构成，也包含社会人文要素。元素是陈皮村模式下园区规划设计中的重要依据，如对产业分布的推敲，功能区融合的考量，形式语言的运用，建筑体量的控制，材料与工艺的再现等，这是园区得以融入乡土环境、获得地域认同感的基础。在陈皮村模式下的化州化橘红园区规划设计中，根据乡村新型城镇的社会构成进行各空间划分与塑造，在"橘红镇"的概念性构想中复刻出带有化州乡土特色的社会功能与乡镇形态。另一方面，元素的传承并非固守形式，而是根据时空的发展特性加以创新。与陈皮村采用浅黄色调的竹材来表达陈皮温和的品性一样，在化橘红园区建筑选材上选用红砖表达化橘红色泽，饱和度较高的暖色调红砖也是对化橘红药性特征进行形式语言的提炼，这是对化橘红的基本元素进行抽象与合理演绎，以现代的设计手法对化橘红的传统元素进行创新性表达。大体量的红砖建筑群成了橘红镇的一个景观亮点，成了独特的乡土旅游资源，是在陈皮村模式下对于地域元素运用的创造力与设计能力的体现。

### 三、陈皮村模式推广的意义

#### （一）地域性意义

1. 有利于新会陈皮产业建设经验与品牌向外推广。新会陈皮村作为五园中的三产融合示范区，其本身在产业园中就具有引领与定标作用，在整个行业中更是示范作用。陈皮村作为对外展示的窗口与平台，模式理论的推广加快了新会陈皮文化品牌的传播，极大促进了新会陈皮特色产品的社会认知度。同时，在模式推广的过程中，收集反馈的意见反过来充实到新会陈皮产业发展中，使建设再一步提升。

2. 有利于提升广东现代农业产业园建设的整体水平。（1）近几年，广东已创建和计划创建的产业园将超过150家以上，由于区域发展程度不平衡等因素，大量产业园的发展仍然停留在传统的思路和观念上，普遍存在重一二产而三产乏力的局面，由于品牌度低和市场销售不足等原因而大大降低产业发展的可持续性，严重影响广东产业园发展的整体质量，也大大降低资金使用对乡村振兴的带动作用；（2）因此，在岭南地域内发展较成熟、成效显著的产业园有必要总结出适用性强的模式，供各个产业园参考和借鉴。新会陈皮现代农业产业园是国家级产业园，其创建前的发展轨迹同大多数产业园情况有所相似，具有一定的代表性。陈皮村作为新会陈皮国家级现代农业产业园融合型农产品市场的典型模式，其先进性和标杆性符合作为典型案例的条件；（3）陈皮村模式理论从实践中产生，有现实样板可供参观研学，有系统理论和措施方法支撑，经多个项目的实践应用证明具有可复制性和可操作性。对目前广东产业园的现状条件和发展中碰到的共性问题针对性强，贴近大多数创建者的实际情况和操作水平，有利于初期阶段实施主体的参照借鉴。特别对于相对落后地区，不仅可以在陈皮村模式上找答案，还可以在陈皮村模式方法理论指导下找出创新性对策；（4）推动基于地域性创建方法的应用和讨论，有利于形成广东现代农业产业园百花齐放的创新局面，形成三产融合发展的"广东模式"，向全国进行推广。陈皮村模式的推广应用为广东现代农业产业园的整体水平提升提供了有力的理论支撑。

（二）全局性的推广意义

1. 回归特色农产品市场的建设本质。（1）尽管我国乡村农业经济不断开辟出休闲农业、创意农业、生态农业、"互联网＋"农业等多种新形式，但农产品交易市场仍是重要的核心内容，产业园建设与发展最终要回归到推广销售的本质上；（2）陈皮村摆脱单一产业的发展模式，有别于传统的交易市场只有销售功能的导向，打造以陈皮产业为核心的三产融合发展平台，并成功创建了产业融合型特色农产品市场，为新型农产品市场提供可借鉴的创新模式。

2. 推动乡村文化形成开放性特质并自我完善。（1）农村特色农产品或优势农产品的特色化发展实施受限于过高的经济成本；（2）乡村的特色化建设充斥着大量城市文化和景观，探讨形式趋向城市化的审美导向；（3）陈皮村模式把乡村特色作为融合型农产品市场中"六观一体"的黏合剂，在乡村特色低成本创建策略的实践中表现出卓越性。围绕乡村特色进行多元文化融合，使乡村特色的强烈识别性体验与时代特征相结合。陈皮村模式采用蒙太奇内建筑设计，大量载入乡村特色的典型场景，体现乡村生活生产风貌和产业文化主题，以多维时空感受引起乡村的思考与共鸣。利用现代多媒体表现手法展现乡村特色与特色产品的文化精神和产品属性。一系列的创新运用，让乡村特色脱离狭隘的土气和低俗，体现出奋发向上的内涵和生态属性，以及多元开放的时代创新精神；（4）陈皮村模式的推广实现了乡村振兴中的产业创新，推动乡村特色产业建设与乡村文化传承，构建乡村产业兴旺、乡风文明和生态宜居的生产生活环境，让乡村的人热爱本土，城市的人喜欢乡村。

3. 陈皮村模式的推广为"三产融合"理论的创新做出贡献。陈皮村模式是一个不断演绎、归纳、质量重组的发展过程，设计者在陈皮村模式下创建现代农业产业园，在实践→认识→再实践→再认识的过程中总结深化三产融合理论，每次再运用到现代农业产业园创建中，都为三产融合理论与实践带来迭代启发。陈皮村模式创新性将信息产业与二、三产业紧密协同发展，推动农业生产要素与优势产业向园区集中，推进农业产业化与多功能化经营，以新业态新模式的推广应用加快三产融合的进程。

4. 陈皮村模式的推广有利于在农业产业园中实现国家可持续发展战略。乡村的生态系统相较于城市更敏感，也更脆弱，而大规模的产业发展建设势必会加重对土地环境的承载压力，陈皮村模式以可持续发展理论为指导原则，兼顾发展和环境保护两者的平衡，顾及产业经济发展对当地人的公平性，通过实践总结了系列有效的措施方法，它的推广有利于在农业产业园中实现国家可持续发展的战略落地，有利于借助产业园案例的实践向村镇级部门、农户、企业宣传可持续发展理念，促进生态环保观在乡村的形成。

（三）有利于艺术设计学科在乡村振兴中发挥更大的作为

推广有利于社会各界了解陈皮村模式中艺术设计的作为，重新认识艺术设计学科在农业领域的作用。

1. 以新机制回应时代的新要求，构筑艺术设计主导的多方联控机制。在农业经济转向市场主导的新要求下，以艺术设计为总抓手并承担起策划角色，整合营销、技术、信息等各学科优势，以极具感染力的环境设计占据市场先机。

2. 搭建高校平台全方位服务新农业建设。陈皮村模式以农林院校作为艺术设计主导机制的组织后盾并构建校企合作的优势平台，助推跨学科合作下艺术设计深度参与产业建设，为农业产业发展路径的规划提供夯实的学科基础和专业服务。

3. 以艺术设计实现场地的高质量利用。陈皮村模式从艺术设计入手将原本并不具备优势资源的厂房建筑或用地建成具有文化特色景观场所，低成本实现对场地的高质量利用。

4. 塑造乡村农业产业形象。艺术设计者对农业产业的"文化神韵"的把握与运用，经由乡村特色的"视觉符号"传递至消费者，使其心理方面因文化熏陶而得到享受，精神方面因体验到乡村生活气息而愉悦，形成对乡村农业产业的具体形象认知。

5. 助力农业产业发展新格局。相较于以往"以农业论农业"的方式，陈皮村模式中以艺术设计为主导的创建方式具有一定的开拓性。艺术设计以人文性的特征挖掘当地特色农业并将其带向多元化发展。在产业与文化中推进各业态的交叉融合与创新，助力一二三产业协同发展的格局构建。

# 附　录

## 附录1　第一批国家级现代农业产业园一览表

| 序号 | 项目 | 产业 | 产业情况 | 资料来源 |
|---|---|---|---|---|
| 1 | 四川省眉山市东坡区现代农业产业园 | 泡菜 | 产业园耕地总面积 35.34 万亩，位于眉山城区岷江东岸。已建成泡菜原料生产基地 14 万亩，良种覆盖率达 98%，获"三品一标"产品认证 119 个。园区以泡菜加工为龙头，实现原料基地、龙头企业、博览展销、文化旅游一体发展，2016 年园区综合产值突破 90 亿元。 | 四川新闻网、搜狐网 |
| 2 | 浙江省慈溪市现代农业产业园 | 优质粮食、精品蔬菜 | 产业园毗邻杭州湾跨海大桥，覆盖慈溪市现代农业开发区等 5 镇区，总面积 15.5 万亩。园区已基本形成优质粮食（4 万亩）和精品蔬果（9.1 万亩）两大主导产业。 | 中国日报网、人民网 |
| 3 | 黑龙江省五常市现代农业产业园 | ★水稻 | 产业园总面积 40 万亩园区，是水稻生产核心区。集水稻智能浸种催芽、智能大棚育秧、科技农业展示、农机化服务于一体。园内数字农业示范园 5 万亩，已实现绿色水稻种植全覆盖和有机水稻种植面积 20 万亩，建设了以欧帝风情度假村、田美小镇等为主的休闲农业示范基地 50 多个。 | 黑龙江政府网、搜狐网 |

续表

| 序号 | 项目 | 产业 | 产业情况 | 资料来源 |
|---|---|---|---|---|
| 4 | 黑龙江省庆安县现代农业产业园 | ★水稻 | 产业园总规划面积 266.7 平方公里，位于庆安县优质水稻生产区。庆安县经国家认证的绿色、无公害食品基地面积 221 万亩，占耕地总面积的 77.5%。建设水稻生产基地 30 万亩，其中高标准农田达到 67%。2016 年水稻种植加工产值 29.1 亿元，占产业园总产值的 72.2%；二、三产业产值占产业园总产值的 79.9%。国家认证的绿色产品已达 67 个，有机产品 9 个。 | 黑龙江省东禾庆安大米现代农业产业园汇报、和讯网 |
| 5 | 江苏省泗阳县现代农业产业园 | 桃果 | 产业园规划面积为 12.8 万亩，涉及人口 7.8 万。目前入驻企业已经达到 49 个，入园项目协议投资额达 16.4 亿元。其中工厂化食用菌企业 9 家，设施蔬菜基地 11 家，农副产品加工及农业休闲观光等企业 10 家，引进了夏之光莴笋、玉菇甜瓜等优质新品种 120 余个，年客生产食用菌 80 万吨，各种蔬菜瓜果 10 万吨。园区有市级龙头企业 4 家、县级龙头企业 5 家。 | 社员网农业产业园、腾讯网 |
| 6 | 浙江省诸暨市现代农业产业园 | 珍珠、精品果业 | 产业园总面积 33.75 万亩，其中产业面积 10 万亩。珍珠、香榧、果蔬、茶叶、绍兴鸭、红高粱等特色产业发展迅速，并形成集聚集群、产业化发展经营格局，龙头带动明显。 | 社员网农业产业园、网易新闻网 |

| 序号 | 项目 | 产业 | 产业情况 | 资料来源 |
|---|---|---|---|---|
| 7 | 山东省金乡县现代农业产业园 | ★大蒜 | 产业园总面积15万亩，位于金乡县城西至城南。规划布局"一心、双轴、四区"，构建包括绿色优质大蒜种植业、大蒜特色产品加工业、现代农产品物流业、农业休闲旅游业和战略性新兴产业等五大产业为一体的大蒜产业簇群。大蒜标准化种植面积达到3.6万亩，产量4.2万吨，带动金乡及周边地区种植大蒜200余万亩。两处大蒜交易市场被评定为"农业部定点市场"，年交易额180亿元以上。 | 中国农业规划网、社员网农业产业园 |
| 8 | 江西省信丰县现代农业产业园 | 脐橙 | 产业园覆盖该县6个乡镇，总面积606平方公里，主导产业脐橙种植面积15.64万亩，年产值达47亿元。产业园以中国赣南脐橙产业园为核心，将整体空间布局规划为"一心两带三区五园"，打造成集产业、文化、旅游"三位一体"，生产、生活、生态"三大融合"的赣南脐橙特色小镇，成为优质脐橙集散基地、赣南脐橙"三品一标"认证示范基地、全国休闲农业与乡村旅游示范镇。 | 信丰网络党支部、商务部新农村商网 |
| 9 | 湖北省潜江市现代农业产业园 | ★小龙虾优质淡水产品 | 产业园总面积590.8平方公里。围绕虾－稻产业，产业园将构建科技创新与综合商务区（核心区），产业集聚、产城融合发展区（示范区），绿色高效虾稻共作标准化种养基地（辐射区）的总体布局。施行"虾稻共作"模式，建成标准化虾稻基地70多万亩。2018年，亩产小龙虾约200公斤，优质稻谷约600公斤，亩均纯收入突破4000元，高达到8000元。 | 湖北省人民政府网站 |

| 序号 | 项目 | 产业 | 产业情况 | 资料来源 |
|---|---|---|---|---|
| 10 | 贵州省水城县现代农业产业园 | ★ 猕猴桃<br>★ 茶叶 | 产业园规划总面积443.29平方公里,位于六盘水市腹地。涵盖3个园区、11个市场、5个研发中心,生产、加工、物流、研发、示范、服务功能齐全。园区涉及猕猴桃和茶叶两个主导产业的生产、加工、销售、科研、技术服务等领域。在地热河谷地带建成猕猴桃产业基地10.3万亩,在海拔1300米以上的山区种植茶叶3.2万亩。 | 社员网农业产业园、多彩贵州网 |
| 11 | 广西壮族自治区横县现代农业产业园 | ★ 茉莉花(茶) | 横县是"中国茉莉之乡",茉莉花、茉莉花茶产量占全国80%以上,是世界最大的茉莉花和茉莉花茶生产加工基地;2016年中国品牌价值评价信息权威发布:"横县茉莉花(茶)"区域品牌价值为180.53亿元,是广西最具价值的农产品品牌,并成功入选中国茶叶类地理标志产品品牌榜;产业园2016年产业园内主导产业年产值达31.9亿元,占产业园总产值的90%以上。 | 广西日报、搜狐网 |

注:表中"★"为国家地理标志保护产品;农业部和财政部通过联合评审在2017年6月公布了第一批11个国家现代农业产业园创建名单。

## 附录 2 第二批国家级现代农业产业园一览表

| 序号 | 项目 | 产业 | 产业情况 | 资料来源 |
|---|---|---|---|---|
| 1 | 安徽省宿州市埇桥区现代农业产业园 | 粮食、畜禽 | 产业园建设规划总面积 11.8 万亩，涉及灰古镇、顺河乡等 11 个行政村，覆盖总户数和人口总数分别为 10617 户，44420 人。园区内分为农业科技研发区、现代物流与信息化服务区和农业双创试验区、标准化农业生产区、种养一体化示范区、农副产品加工区、农业休闲观光区七大功能区。 | 社员网农业产业园、宿州市埇桥区人民政府 |
| 2 | 重庆市潼南区现代农业产业园 | ★柠檬 | 产业园总面积 480 平方公里，位于潼南区，涉及小渡镇、塘坝镇等 6 个镇区域的 111 个行政村（社区），包括小渡皂角村、塘坝半街村等，涉及人口 32.32 万人，其中劳动力 17.37 万人。预测到 2025 年，园区总产值农业产值约实现 40 亿元，加工产值约 200 亿元，加工与生产比值达到 5：1。 | 中国农业规划网、重庆广播电视集团 |
| 3 | 宁夏回族自治区贺兰县现代农业产业园 | 草食畜牧业、优质水稻、蔬菜 | 产业园规划占地面积 34.2 万亩，覆盖全县 4 个乡（镇）36 个行政村，涉及农户 2.48 万户 8.72 万人。涵盖了农业园区、农产品物流市场、研发中心、电商物流园、农产品加工园，生产、加工、物流、研发、示范、服务功能齐全，布局统筹合理，是贺兰县现代农业核心区域。 | 中国农业规划网、银川市人民政府门户网站 |
| 4 | 湖南省靖州县现代农业产业园 | 杨梅、茯苓 | 产业园总面积 1.3 万公顷，地处靖州县中心，搭建"产、供、销、贸、工、农"一体的特色产业体系。2018 年，园区实现生产总值 116.49 亿元，建成杨梅基地 4733 公顷，茯苓种植基地 2800 公顷，主导产业综合产值达到 94.75 亿元。 | 中国农业规划网、湖南农业 |

续表

| 序号 | 项目 | 产业 | 产业情况 | 资料来源 |
|---|---|---|---|---|
| 5 | 陕西省洛川县现代农业产业园 | 苹果 | 产业园总占地面积 13 平方公里，包括苹果标准化生产示范、交易仓储、物流配送、产业加工、科技研发、金融服务等 10 大功能区。洛川苹果种植面积达 50 万亩，占耕地总面积的 80%，全县农民 95% 的收入来自苹果产业，60% 的果农户年收入超过 10 万元。 | 社员网农业产业园，陕西新闻网 |
| 6 | 吉林省集安市现代农业产业园 | 人参 | 产业园规划面积 43.65 万亩，范围覆盖集安市 7 个乡镇，总体呈现"一核、一心、七基地"布局。集安人参现代农业产业园是全国人参种植基地面积最大、精深加工能力最强程度最高、林下山参交易规模最大、人参创新成果最丰富的产业园。 | 集安市政府 |
| 7 | 湖南省宁乡县现代农业产业园 | 生猪产业、水稻产业 | 产业园覆盖大成桥、双凫铺、老粮仓、流沙河 4 个乡镇和 1 个国家级农业科技园，总面积 426.54 平方公里，农业人口 21.03 万人。产业园功能定位为特色现代农业的先行区和试验场、农业农村发展的新动能和增长极、城乡一体化发展的过渡带和融合剂。 | 中国农业规划网、长安晚报 |
| 8 | 贵州省湄潭县现代农业产业园 | 茶 | 产业园总规划面积 411 平方公里，涉及兴隆镇、湄江街道办事处和永兴镇。产业园以茶产业为主导产业，茶园面积 20 万亩。按良种繁育及高新技术示范区、有机食品生产示范区、优质茶叶生产示范区、茶叶全程机采机收示范区、农产品加工区、农产品贸易及综合服务区、休闲养生观光度假区 7 个分区进行规划。 | 中国农业规划网、多彩贵州网 |

| 序号 | 项目 | 产业 | 产业情况 | 资料来源 |
|---|---|---|---|---|
| 9 | 山东省栖霞市现代农业产业园 | 苹果 | 产业园总面积132.4平方公里，空间布局为"两片四园"，即划分为南北两片区，南片包括官道镇等4个镇，北片包括松山街道与臧家庄镇2个镇街。建设16.6万亩苹果标准化种植园、1.7万亩现代苹果精品展示园、2600亩苹果加工与物流园及8000亩农旅结合与文化创意园产业园。 | 中国农业规划网、齐鲁网 |
| 10 | 内蒙古自治区扎赉特旗现代农业产业园 | ★水稻甜叶菊 | 产业园占地60万亩，位于兴安盟扎赉特旗。打造集智慧农业、科普教育、社会化服务和产权交易"四大平台"。建成"两菊两稻"生态景观基地20万亩；建成稻渔、稻鸭共养基地5万亩；绿色有机数字化生产示范基地10万亩；适度规模经营率达到71%，园区综合产值达到67亿元。 | 中国农业规划网、内蒙古新闻网 |
| 11 | 广东农垦湛江垦区现代农业产业园 | 热带及亚热带作物 | 主要规划为"一园、一区、两基地"："一园"，即热作农业科技园，面积9678亩；"一区"，农产品加工物流及展贸区，面积1090亩；"两基地"——甘蔗高产高糖高抗示范基地和循环农业示范基地，面积14.45万亩。 | 广东农垦、湛江农垦信息网 |
| 12 | 四川省峨眉山市现代农业产业园 | ★峨眉山茶 | 产业园幅员面积260平方公里，紧临峨眉山景区，涵盖双福、高桥、普兴、黄湾等16个乡镇，涉及133个行政村，具有茶叶及茶产品生产、加工、物流、研发、示范、服务六大功能。 | 社员网农业产业园、乐山市人民政府 |

续表

| 序号 | 项目 | 产业 | 产业情况 | 资料来源 |
|---|---|---|---|---|
| 13 | 广东省江门市新会区现代农业产业园 | ★陈皮 | 产业园区域面积64.5万亩，涵盖圭峰会城、三江镇和双水镇。以会城、三江、双水和经济开发区一带为主产区，以新会陈皮村等企业为龙头，园区集聚与新会陈皮相关的生产、加工、研发、经销、物流、旅游等经营主体680多家，培育出健康食品板块、三产融合板块、精深加工板块、绿色种植板块、品牌传承板块等，形成集种苗繁育、陈皮种植、陈皮加工、文化休闲等于一体的陈皮现代产业集群，2016年全产业价值50亿元。 | 江门广播电视台、广东省农业农村厅 |
| 14 | 黑龙江省宁安市现代农业产业园 | 蔬菜 | 产业园作为宁安市国家级现代农业产业园的重要节点，计划总投资2500万元，占地面积58000平方米，成为宁安市地标性现代化园区。园区大力发展蔬菜种植，棚室总量超过4万，且覆盖了现代农业展示馆，彩虹温室，露地蔬菜品种展示等功能区。 | 牡丹江市政府网站 |
| 15 | 河南省正阳县现代农业产业园 | ★花生 | 产业园圈定熊寨、兰青、真阳、慎水、傅寨、新阮店的23个村，总面积150平方公里，耕地面积17万亩。培育"四个基地"：花生标准化生产基地、花生食品精深加工基地、农村一二三产业融合发展基地、花生全程机械化示范基地；建设"六个中心"：良种繁育中心、花生制品加工中心、检验检测中心、研发与双创孵化中心、电商物流中心、花生文化展览中心。 | 中国农业规划网、中国网 |

| 序号 | 项目 | 产业 | 产业情况 | 资料来源 |
|---|---|---|---|---|
| 16 | 河北省邯郸市滏东现代农业产业园 | 绿色有机蔬菜、禽蛋 | 产业园面积达 100 平方公里，涵盖姚寨乡、小西堡乡、南沿村镇两乡一镇 68 个行政村。入驻 48 家农业产业化龙头企业，其中国家级 2 家、省级 11 家，主导产业生产、加工、物流、研发、示范、服务等相互融合，实现了全产业链开发。产业园财政投入累计达到 4.6 亿元，园内建成 180 公里路网、50 公里水网、2.7 万亩林网、96 公里电网和 7.1 万亩高标准农田。 | 中国农业规划网 |
| 17 | 福建省安溪县现代农业产业园 | 茶叶 | 园区总面积 1154.52 平方公里，覆盖龙涓乡等七个茶叶名乡镇，其中茶园 23.62 万亩，占全县茶园面积的 40%。园区涉茶总产值超 90 亿元，占全县涉茶总产值的 61.25%；茶叶种植和产品加工年产值 56.18 亿元，占园区总产值的 62%。至 2020 年，实现园区年产值 120 亿元。 | 安溪县人民政府 |
| 18 | 海南省陵水县现代农业产业园 | 圣女果、芒果 | 产业园总面积 725.06 平方公里，规划创建范围为英州、光坡、椰林、本号、隆广、提蒙 6 个乡镇，以陵水现代农业示范基地为核心基地。 | 中国农业规划网 |
| 19 | 江苏省无锡市锡山区现代农业产业园 | 优质稻米、精细蔬菜 | 产业园形成"三片环一心"的产业结构及"三片七园"空间布局。规划围绕两大基础产业："优质稻米""精细蔬菜"；四大特色产业："翠竹茶叶""特种水产""景观苗木"和"时令果品"。乡村振兴七大现代农业园区：高科技农业示范园（台湾农民创业园）、太湖水稻示范园、斗山农业生态园、精细蔬菜及食用生物特色农业园、红豆杉高科技产业园、绿羊花卉苗木园以及鹅湖渔业休闲示范园，总用地约 92.427 平方公里。 | 中国农业规划网、中国江苏网 |

续表

| 序号 | 项目 | 产业 | 产业情况 | 资料来源 |
|---|---|---|---|---|
| 20 | 四川省蒲江县现代农业产业园 | 柑橘、猕猴桃 | 产业园总面积450.73平方公里，占全县幅员面积的77%，覆盖1街道5镇2乡，涉及108个村（社区），总人口23.36万元，农业人口17.96万人。园区主导产业为柑橘、猕猴桃，总面积25万亩，占三大产业面积的89.3%，其中柑橘面积18.5万亩，投产面积16万亩；猕猴桃面积6.5万亩，投产面积5万亩。 | 中国农业规划网、成都市发展和改革委员会 |
| 21 | 广西壮族自治区来宾市现代农业产业园 | 甘蔗 | 来宾素有"中国糖都"之称，园区重点发展甘蔗产业，积极培育健康食品加工业、休闲农业与金融服务业等新兴产业。甘蔗种植面积稳定在220万亩以上，原产量约1200万吨，年产糖100万吨以上，总产值突破100亿元，位居全国领先水平。 | 人民网 |
| 22 | 安徽省和县现代农业产业园 | 优质蔬菜瓜果 | 产业园总面积6.42万亩，按"一城、五区、两基地"空间布局，即绿色食品科技城，绿色食品加工区、农产品物流集散区、创意农业区、蔬菜种植创新创业孵化区、设施蔬菜标准化生产示范区、蔬菜规模化生产基地、畜禽标准化养殖基地。 | 中国农业规划网、徽网 |
| 23 | 青海省都兰县现代农业产业园 | ★枸杞 | 产业园占地面积达16980公顷，位于都兰县西北部宗加镇，包含宗加镇诺木洪、乌图、哈西娃3个村和诺木洪农场。产业园涵盖枸杞生产、枸杞产品加工、枸杞产品物流、科技研发、有机枸杞种植示范、休闲观光、农业综合开发七大功能区。产业园枸杞种植10606.7公顷，枸杞干果产量达2.58万吨，枸杞产业总产值达27.79亿元，占总产值的79%。 | 中国农业规划网、都兰网 |

| 序号 | 项目 | 产业 | 产业情况 | 资料来源 |
|---|---|---|---|---|
| 24 | 陕西省杨凌示范区现代农业产业园 | 果蔬 | 产业园占地面积8.3万亩，位于杨凌示范区西北部。园区按照"现代农业看杨凌"的定位和"高产、优质、高效、生态、安全"的要求，突出"科学化、商品化、集约化、产业化"的现代农业特征，布局建设"一轴一心八园"。 | 中国农业规划网、凤凰网 |
| 25 | 北京市房山区现代农业产业园 | 果蔬、花卉 | 产业园规划总面积3.89万亩，覆盖良乡镇全域，其中农用地面积2.5万亩（耕地面积1.5万亩），16个行政村、总人口2.1万人。园区将逐步建设成以康养园艺产品为主题的国家级都市现代农业产业园。 | 房山区政府信息网 |
| 26 | 甘肃省临洮县现代农业产业园 | 蔬菜 | 产业园规划区核心面积32平方公里，位于临洮县北部，主要涉及太石、新添、辛店3个乡镇的25个行政村，辐射带动周边3个乡镇的75个行政村。园区按照集聚农业产业要素的国家级现代农业产业园和现代农业生产核心区、加工仓储物流区、休闲观光体验区的"一园、三区"的整体规划布局建设。 | 中国农业规划网、临洮党政网 |
| 27 | 山西省太谷县现代农业产业园 | 蔬菜、生猪、红枣 | 产业园总占地面积300平方公里，涉及2镇6乡，95个行政村，通过聚焦蔬菜、生猪、红枣三大主导产业，构建"一核、一区、两基地"的空间布局。 | 中华人民共和国农业部 |
| 28 | 广东省徐闻县现代农业产业园 | ★菠萝 | 产业园总面积为778平方公里，位于湛江徐闻县中东部。建成我国最大的菠萝交易市场——曲界菠萝批发市场，每年旺季（3—6月）平均日交易量高达3000吨。产业园内菠萝面积达23.8万亩，占全县菠萝种植面积的90%以上。产业园内初步形成菠萝产业集群，建成愚公楼菠萝特色景观旅游村等特色休闲农业集群。 | 中国农业规划网 |

| 序号 | 项目 | 产业 | 产业情况 | 资料来源 |
|---|---|---|---|---|
| 29 | 云南省普洱市思茅区现代农业产业园 | ★普洱茶 | 产业园茶园面积 12.02 万亩，形成茶叶种植基地规模化、生产加工园区化、市场营销品牌化、科技示范引领、茶旅互动融合的发展新格局。大力发展有机茶，有机茶园达 2.94 万亩，构建"普洱思茅有机茶产业联盟"，打造"思茅有机茶"公共品牌。2018 年园区主导产业综合产值达 61 亿元，占总产值的 60% 以上。 | 社员网农业产业园、人民网 |
| 30 | 山东省潍坊市寒亭区现代农业产业园 | 潍县萝卜、寒亭西瓜 | 产业园建设面积 90.7 平方公里，是潍坊综试区核心区的重要组成部分和重点项目集聚平台，产业园主要发展潍县萝卜和寒亭西瓜两大主导产业，乡村振兴产业园总体按照"一核、两基地、三中心、四平台"的结构进行布局建设。 | 寒亭区政府门户网站 |

　　注：表中"★"为国家地理标志保护产品；农业部和财政部通过联合评审在 2017 年 9 月公布了第二批 30 个国家现代农业产业园创建名单。

## 附录3　第三批国家级现代农业产业园一览表

| 序号 | 项目 | 产业 | 产业情况 | 资料来源 |
|---|---|---|---|---|
| 1 | 陕西省眉县现代农业产业园 | 猕猴桃 | 产业园总规划面积54.18万亩，范围为秦岭山下以北、渭河以南，东至周至界、西至岐山界，涵盖7个镇（街办）70个行政村和猕猴桃产业园加工物流区，空间布局为"一区、一带、多园"，计划总投资29.77亿元。 | 中国农业规划网 |
| 2 | 广东省茂名市现代农业产业园 | ★荔枝 | 产业园内有10.6万亩荔枝、13万人口。园区规划建设项目共25个，总投资约3.27亿元。园区以荔枝产业为核心，全力打造集科研、生产、加工、电商物流、旅游观光、综合服务为一体的产业集群。 | 中国农业规划网 |
| 3 | 新疆生产建设兵团阿拉尔市现代农业产业园 | 红枣 | 产业园总规划面积161万亩，总人口4.2万人，红枣种植面积13.6万亩，红枣产业年产值44.3亿元，占产业园总产值的59%。 | 中国农业规划网、兵团日报 |
| 4 | 辽宁省盘锦市大洼区现代农业产业园 | ★盘锦大米 ★河蟹 | 产业园标准化种植面积高达93万亩，稻蟹养殖面积45万亩，占全区稻米种植的48.4%。大洼区从有机稻米、河蟹养殖两大主导产业出发，科学规划出"六区一中心"的总体布局。 | 盘锦市农业农村局 |

续表

| 序号 | 项目 | 产业 | 产业情况 | 资料来源 |
|---|---|---|---|---|
| 5 | 黑龙江农垦宝泉岭垦区现代农业产业园 | 三色食品（即猪肉类、玉米大豆食品、鸡肉类及乳酒制品） | 产业园占地面积419.3平方公里，总耕地面积37.2万亩，涵盖宝泉岭和共青2个农场，以种植大豆、小麦、水稻、玉米及经济作物为主，内有加工企业95家，规模畜禽养殖场50个。 | 中国农业规划网、东北网 |
| 6 | 河北省石家庄市鹿泉区现代农业产业园 | 奶业 | 着力打造"有边界，无围墙"的现代农业产业园，在高质量发展上发力，以发展高质量的强筋麦为主，培育农业农村经济发展新动能塑造新引擎；在创新惠农机制上发力，以奶业为特色主导，农业产业化龙头企业发展带动农民融入农业现代化开辟新途径。 | 中国农业规划网、石家庄农业农村信息网 |
| 7 | 山西省万荣县现代农业产业园 | ★苹果 | 苹果是万荣创建国家现代农业产业园的第一主导产业，种植面积达35.9万亩，年产量38.2万吨，年产值15.3亿元，苹果收入占到全县农民收入的60%以上。目前已经形成了"一轴六区"的现代农业产业规划布局。 | 中国农业规划网、人民网 |
| 8 | 广西壮族自治区柳州市柳南区现代农业产业园 | 螺蛳粉 | 产业园包括太阳村、洛满和流山3个镇，总面积72.9万亩，其中耕地20.4万亩，林地37.6万亩，具备生产、加工、科技、物流、服务、示范等功能。已形成一区（科技创新与加工流通区）一镇（螺蛳粉特色小镇）多基地（螺蛳粉原材料种养基地）的总体格局。 | 中国农业规划网、广西日报数字报刊 |

续表

| 序号 | 项目 | 产业 | 产业情况 | 资料来源 |
|---|---|---|---|---|
| 9 | 福建省平和县现代农业产业园 | 琯溪蜜柚、白芽奇兰、台湾青枣 | 该产业园主要包括霞寨镇等6个乡镇，面积1010.62平方公里。产业园以琯溪蜜柚、白芽奇兰和台湾青枣为三大主导产业，融种植基地、生产、加工、销售、科研、休闲及文化传播为一体，辐射带动了交通运输、餐饮旅游、体育休闲、农业休闲等相关产业的发展。 | 中国农业规划网、福建省科技厅 |
| 10 | 山东省泰安市泰山区现代农业产业园 | 泰山茶、生态奶业 | 产业园涉及泰山区省庄镇、邱家店镇、上高街道部分区域，园区规划面积12万亩。2017年园区总产值46.51亿元，主导产业产值30.7亿元，占产业园总产值的66%。 | 中国农业规划网、齐鲁网 |
| 11 | 贵州省修文县现代农业产业园 | ★猕猴桃 | 产业园按照"两核驱动、三区支撑、多园辐射"的发展布局，覆盖谷堡镇、龙场镇、扎佐镇、洒坪镇4个镇32个行政村，区域面积315平方公里（47.3万亩），主导产业为猕猴桃，种植面积10.2万亩。 | 贵阳网 |
| 12 | 重庆市涪陵区现代农业产业园 | 榨菜、中药材 | 产业园将以江北街道、百胜镇、珍溪镇3个乡镇（街道）为核心，以榨菜产业为主导，按照"一线、三区、多板块"空间布局，2017年涪陵青菜头种植面积达72万亩，总产量达159.6万吨，居全国第一。 | 重庆市涪陵区人民政府 |

| 序号 | 项目 | 产业 | 产业情况 | 资料来源 |
|---|---|---|---|---|
| 13 | 江西省樟树市现代农业产业园 | 中药材、果蔬、花卉苗木、休闲观光农业 | 产业园位于樟树市阁山镇孙家村，规划面积15000亩，总投资6亿元，重点建设以创意、研发、展示、生产为主的农业科技示范板块和以观光、休闲、度假为主的旅游休闲体验板块，打造江西乃至全国一流的现代农业生态旅游示范园区。 | 社员网农业产业园、中国江西网 |
| 14 | 甘肃省定西市安定区现代农业产业园 | 雪榕食用菌 | 产业园按照"一心三区"规划布局，推动引进农产品种植加工销售企业，加快雪榕食用菌产业园建设，建设一批冷链保鲜项目。培育升级主导产业，建成规模化、标准化高原夏菜示范基地、工厂化育苗中心。 | 中国农业规划网、中华人民共和国农业部 |
| 15 | 湖南省安化县现代农业产业园 | ★安化黑茶 | 安化黑茶是安化县传统优势特色产业，产业园规划总面积58.5平方公里，涉及6个乡镇39个行政村，其中核心区12平方公里。已规划成生产、加工、物流、研发、示范、服务六大功能板块。园区现有安化黑茶加工企业52家，厂房总面积10.3万m2，年加工能力达8万吨。2017年，产业园综合产值达107.2亿元，其中黑茶相关产业75亿元。 | 中国农业规划网、中国黑茶产业门户 |
| 16 | 云南省芒市现代农业产业园 | 咖啡 | 产业园主要规划建设风平和遮放两个特色片区。建设标准化咖啡种植基地和初加工生产基地，打造优势特色产业引领区；建设现代技术与装备集成区；建设一二三产业融合发展区；建设新型经营主体创业创新孵化区；建立物联网体系平台，建设现代农业示范核心区；打造"园区＋新型经营主体＋贫困户"的产业扶贫综合体。 | 中国农业规划网、德宏州人民政府 |

| 序号 | 项目 | 产业 | 产业情况 | 资料来源 |
|---|---|---|---|---|
| 17 | 浙江省湖州市吴兴区现代农业产业园 | 优质粮食、特色水产 | 吴兴区全力整合南太湖高新区国家现代农业综合开发现代农业园区、八里店南片国家现代农业示范区75平方公里区域，打造符合江南水乡特色的农业"两山"转化样本。2017年，吴兴区农业总产值32.14亿元，农民人均收入增至2.99万元。 | 吴兴区人民政府 |
| 18 | 四川省苍溪县现代农业产业园 | ★苍溪红心猕猴桃中药材健康养殖 | 产业园集中连片发展苍溪红心猕猴桃等特色产业39.5万亩。2018年，全县园区综合产值达60.66亿元，苍溪推动红心猕猴桃、中药材、健康养殖"三大百亿产业"绿色化、优质化、特色化和品牌化。目前，苍溪已建成万亩以上现代产村融合园18个，千亩以上产村融合园66个。 | 四川新闻网 |
| 19 | 安徽省金寨县现代农业产业园 | 茶叶、中药材、蔬菜、有机米、猕猴桃、板栗、毛竹和生态养殖 | 产业园规划总面积21.23万亩，涉及1园2镇17个村，按照"一心四区三基地"进行空间布局和开发建设，形成以茶叶、中药材、蔬菜、有机米、猕猴桃、板栗、毛竹和生态养殖等8大特色产业为支撑的特色农业发展体系。 | 金寨县人民政府 |
| 20 | 河南省温县现代农业产业园 | 优质小麦、四大怀药 | 产业园涉及4个乡镇2个街道76个行政村，占地面积145.22平方公里，为"一园两心四区"功能布局。温县是太极拳发源地、黄河以北第一个亩产吨粮县、小麦亩产千斤县、小麦种子基地县和四大怀药主产区、焦作"优质小麦之都"核心区。 | 大河网 |

| 序号 | 项目 | 产业 | 产业情况 | 资料来源 |
|------|------|------|----------|----------|
| 21 | 西藏自治区白朗县现代农业产业园 | 有机青稞、有机设施园艺 | 产业园总面积2489平方千米，位于白朗县北部四乡镇的年楚河流域沿岸两侧。按照质量兴农、绿色兴农、效益惠农的方向，围绕打造升级"珠峰有机"与"五彩天域、有机白朗"现代农业产业体系，聚焦有机青稞与有机设施园艺两大主导产业。 | 人民网 |

注：表中"★"为国家地理标志保护产品；农业部和财政部通过联合评审在2018年公布了第三批21个国家现代农业产业园创建名单。

# 参考文献

第一章 现代农业园与三产融合

［1］朱洪峰，韩慧君. 以色列农业在中国：走近北京中以示范农场［M］. 江苏：江苏科学技术出版社，2000.

［2］蒋和平. 中国现代农业建设成就与模式［J］. 农业展望，2007（2）：35 - 39.

［3］中华人民共和国农业农村部. 农业部关于创建国家现代农业示范区的意见［A/OL］. 中华人民共和国农业农村部，2009 - 11 - 20.

［4］中华人民共和国农业农村部. 农业部 财政部发布2017 年重点强农惠农政策［R/OL］. 中华人民共和国农业农村部，2017 - 03 - 23.

［5］中华人民共和国农业农村部. 农业部关于创建国家现代农业示范区的意见［A/OL］. 中华人民共和国农业农村部，2009 - 11 - 20.

［6］中华人民共和国农业农村部. 农业务农村部办公厅 财政部办公厅关于开展国家现代农业产业园创建绩效评价和认定工作通知［EB/OL］. 中国城乡规划网，2018 - 11 - 27.

［7］广东省农业农村厅. 关于印发《2019 - 2020 年全省现代农业产业园建设工作方案》的通知［EB/OL］. 广东省农业农村厅，2018 - 11 - 30.

［8］ROSENBERGN N. Technological Change in the Machine Tool Industry, 1840 - 1910［J］. The Journal of Economic History, 1963, 23：414 - 446.

［9］GAINES B R. The Learning Curves: Underlying Convergence［J］. Technological Forecasting and Social Change, 1998（1）：7 - 34.

［10］FAI F, TUNZELMANN V N. Industry - specific Competencies and Converging Technological Systems: Evidence from Patents［J］. Structural Change and Economic Dynamics, 2001（2）：141 - 170.

［11］LIND J. Convergence: History of Term Usage and Lessons for Firm Strategies［R］. Stockholm School of Economics, Center for Information and Communications Research, 2004.

［12］YOFFIE D B. Introduction: Chess and Competing in the Age of Digital Convergence［C］// YOFFIE D B（ed.）. Competing in the Age of Digital Convergence. Boston, MA: Harvard Business School Press, 1997.

［13］植草益. 信息通讯业的产业融合［J］. 中国工业经济, 2001（2）: 24 - 27.

［14］厉无畏. 产业发展的趋势研判与理性思考［J］. 中国工业经济, 2002（4）: 5 - 11.

［15］周振华. 信息化进程中的产业融合研究［J］. 经济学动态, 2002（6）: 12 - 14.

［16］—［17］马健. 产业融合论［M］. 南京: 南京大学出版社, 2006.

［18］聂子龙, 李浩. 产业融合中的企业战略思考［J］. 软科学, 2003（2）: 80 - 83.

［19］胡汉辉, 邢华. 产业融合理论以及对我国发展信息产业的启示［J］. 中国工业经济, 2003（2）: 23 - 29.

［20］胡永佳. 产业融合的经济学分析［M］. 北京: 中国经济出版社, 2008.

［21］European Commission. Green Paper on the Convergence of Telecommunications, Media and Information Technology Sectors, and the Implications for Regulation［R］. 1997.

［22］LEI, D. T. Industry Evolution and Competence Development: the Imperatives of Technological Convergence［J］. International Journal of Technology Management, 2000, 19（7 - 8）: 726.

［23］张磊. 产业融合与互联网管制［M］. 上海: 上海财经大学出版社, 2001.

［24］于刃刚, 李玉红, 于大海, 等. 产业融合论［M］. 北京: 人民出版社, 2006.

［25］陈柳钦. 产业融合的发展动因、演进方式及其效应分析［J］. 西华大学学报（哲学社会科学版）, 2007（4）: 69 - 73.

［26］ALFONSO G, SALVATORE T. Does Technological Convergence Imply Convergence in Markets? Evidence from the Electronics Industry［J］. Research Policy, 1998: 445 - 463.

［27］何立胜, 李世新. 产业融合与产业竞争力相关研究［J］. 商丘师范学院学报, 2005（3）: 81 - 84.

［28］RICHARD H. Convergence and Regulation［R］. Melbourne: TIO Conference, 2003：3.

[29] 胡金星. 产业融合的内在机制研究——基于自组织理论的视角 [D].
上海：复旦大学, 2007.

[30] 王惠芬, 赖旭辉, 郑江波. 产业融合机制下商业模式发展的新趋势分
析 [J]. 科技管理研究, 2010, 30 (14)：137 - 139.

[31] MALHOTRA A. Firm Strategy in Converging Industries：an Investigation of
U S Commercial Bank responses to US Commercial Investmentbanking Convergence
[D]. Doctorial thesis of Maryland University, 2001.

[32] BRORING S. Innovation Strategies in Converging Industries：a Resource -
based Perspective [R]. Research Paper, University of Muenster, Institute of Busi-
ness Administration, 2003.

[33] HACKLER K, JOPLING E. Technology Convergence Driving Business
Model Collision [R]. Teleconference Presentation, Gartner Group. 2003.

[34] HACKLIN, F. Management of Convergence in Innovation - Strategies and
Capabilities for Value Creation Beyond Blurring Industry Boundaries [M]. Heidelberg：
Physica - Verlag. 2008.

[35] PENNINGS J M, PURANNAMP. Market Convergence and Firm Strategy：
New Directions for Theory and Research [R]. ECIS Conference, The Future of Inno-
vation Studies, Eindhoven, The Netherlands, 2001.

[36] 梁伟军. 我国现代农业发展的路径分析：一个产业融合理论的解释框
架 [J]. 求实, 2010 (3)：69 - 73.

[37] 中华人民共和国中央人民政府. 财政部公布 2016 年农村一二三产业融
合发展试点实施情况 [A/OL]. 中华政府网. 2016 - 12 - 08.

[38] 魏后凯. 新时期中国城镇化转型的方向 [J]. 中国发展观察, 2014
(7)：4 - 7.

[39] 刘刚. 产业融合驱动下天津市农产品流通模式创新研究 [C] //天津
市社会科学界联合会. "四个全面"·创新发展·天津机遇——天津市社会科
学界第十一届学术年会优秀论文集（中）. 天津市社会科学界联合会：天津市
社会科学界联合会, 2015：413 - 418.

[40] 袁芳, 于少康, 张春杰, 等. 水土保持科技示范园生态景观规划初探
[J]. 水利规划与设计, 2015 (12)：14 - 16, 38.

[41] 史书强, 袁立新, 侯守贵, 等. 基于产业融合导向的辽宁灯塔农业产
业园区规划建设 [J]. 辽宁农业科学, 2018 (3)：55 - 57.

［42］吴素素.“互联网＋”背景下农村三产业融合发展模式分析［J］. 当代经济，2018（21）：80－81.

［43］张恒，瞿继文，王广和. 雄安新区周边地区田园综合体规划设计——以河北省任丘市尚书村田园综合体规划为例［J］. 林业与生态科学，2019，34（1）：44－49.

［44］—［45］南方农村报社. 农业农村部部长韩长赋调研新会陈皮国家现代农业产业园［CP/OL］. 南方农村报，2019－04－21.

［46］—［47］曹宪周. 国内外农产品加工业现状及发展趋势［C］//中国机械工程学会包装与食品工程分会. 中国机械工程学会包装与食品工程分会2010年学术年会论文集. 中国机械工程学会包装与食品工程分会：中国机械工程学会，2010：509－513.

［48］内蒙古自治农牧业厅. 农业高质量发展的关键在于产业融合［A/OL］. 内蒙古自治农牧业厅. 2018－09－03.

［49］农业部农产品加工局. 农村一二三产业融合发展呈现多种方式［EB/OL］. 中华人民共和国农业部，2016－01－08.

［50］张进伟. 基于产业融合的传统农业与乡村旅游互动发展模式［J］. 农业济，2016（2）：101－102.

［51］夏英. 农村产业融合发展的路径和对策分析［EB/OL］. 中国农业科学院农业经济发展研究院，2017－03－31.

**第二章 新会陈皮国家现代农业产业园三产融合空间布局**

［1］宋叶，张斌，梅全喜，等. 陈皮、广陈皮、新会陈皮的考证［J］. 中药材，2019，42（2）：453－458.

［2］江门市新会陈皮村市场股份有限公司. 新会陈皮产业发展史［R/OL］. 新浪博客，2014－09－18.

［3］何卓坚. 解放前新会陈皮的经营概况［M］//新会县政协文史资料工作组. 新会文史资料选辑. 新会：新会县政协文史资料工作组，1983.

［4］中研普华财经. 2014年新会陈皮全行业年产值约8亿元［R/OL］. 中国行业研究网，2015－01－12.

［5］中国质量报. 数据显示：新会陈皮产业年产值超50亿元［R/OL］. 中国质量新闻网，2017－05－25.

［6］曾艳，陈金涛，方凯，等. 广东新会陈皮产业现状、问题及发展对策［J］. 南方农村，2015，31（6）：39－43.

［7］江门市农业农村部. 第二批国家现代农业产业园名单公布新会区现代

农业产业园入选 [R/OL].江门新闻网，2019 – 04 – 19.

[8] 黄锐楼.推进创建100个省现代农业产业园工作 新会区新会陈皮国家现代农业产业园创建经验 [R/OL].新会区人民政府信息网，2018 – 04 – 23.

[9] 江门日报.精深加工让新会陈皮产业增值 [R/OL].江门新闻网，2019 – 10 – 21.

[10] 毛晓红.名牌战略与农业产业化发展 [J].浙江经济，1999 (11)：58.

[11] 周静，周虹，张德成.农业产业化经营中市场营销策略探讨 [J].沈阳农业大学学报（社会科学版），2001 (3)：173 – 175，240.

[12] 李德立.中国农业产业化经营的品牌战略研究 [D].哈尔滨：东北林业大学，2006.

[13] 刘洁，王丹璇，方凯，等.江门市新会陈皮产业化发展现状及对策研究 [J].南方农村，2016，32 (4)：17 – 19.

[14] 亚太茶叶.新会陈皮村村长的"低调"与"高调" [EB/OL].新浪网，2018 – 04 – 11.

**第三章 产业融合型特色农产品市场的陈皮村模式**

[1] [日] 小林康平，福井清一，浅见淳之，等.体制转换中的农产品流通体系——批发市场机制的国际对比研究 [M].菅沼圭辅，王志刚，周燕，译.北京：中国农业出版社，1998.

[2] 中国农业农村部市场与信息化司.中国农产品批发市场发展总报告 [R/OL].中华人民共和国农业农村部，2011 – 06 – 06.

[3] 李敏.我国农产品交易市场发展现状及存在问题 [R/OL].国家统计局 贸易外经司，2001 – 11 – 15.

[4] 360百科.专业市场 [DB/OL].360百科，2018 – 07 – 30.

[5] 韩喜艳.中国农产品批发市场建设与发展战略问题的思考 [D].天津：天津财经学院，2005.

[6] 上海头条.大虹桥将要走向全世界？嘉定这次可能也要"上天"了 [CP/OL].搜狐网，2018 – 05 – 20.

[7] 贾生华，刘清华.拍卖交易与我国农产品批发市场交易方式创新 [J].中国农村经济，2001 (2)：63 – 67.

[8] 王雅楠.对云南花卉产业的分析以斗南花卉市场为例 [J].商，2016 (31)：285 – 287.

[9] 袁惠爱，黄珍琦.义乌小商品出口贸易的现状分析与发展对策研究

[J].现代商业,2017(7):79-81.

[10]—[11]郭志聪,李琴.义乌小商品市场经济发展现状及SWOT分析[J].纳税,2017(9):106.

[12]朱雅芬,邵瑜.小商品上网 大市场延伸——义乌"中国小商品数字城"印象[J].信息化建设,2004(5):20-23.

[13]马增俊.农产品批发市场的发展模式及定位[J].中国市场,2010(17):19-20.

[14]吴杰康,任震,李其智,等.批发市场和零售市场的模式与定价[J].中国电力,2002(1):41-44.

[15]王德章.中国零售业态发展与零售市场管理[J].商业研究,2002(2):84-87.

[16]李泽华.我国农村专业市场的生成发育与未来发展[J].北京商学院学报,2001(2):15-19.

[17]李扬.日本鲜活农产品批发市场的动作机制与管理[J].世界农业,1999(6):16-18.

[18]新会陈皮村.陈皮村官方定位:新会陈皮村是以新会陈皮"种植、收储、鉴定、研发"为核心,集陈皮交易、特色餐饮、休闲养生、文化旅游于一体的我国首个大型特色农产品商业文化综合体[CP/OL].新会陈皮村官网,2014.

[19]江门市新会区人民政府.新会陈皮入选全国乡村产业振兴典型案例[CP/OL].搜狐网,2019-07-16.

[20]羊城晚报.广州首家茶叶银行在南方茶叶市场揭开面纱[J].中国茶叶,2013(1):28.

[21]洪继东.金融携手茶业深度融合共同发展[N].成都日报,2013-03-18.

[22]中华人民共和国商务部.关于进一步加强农产品市场体系建设的指导意见[R/OL].中华人民共和国商务部,2014.

**第四章新会陈皮村三产融合理论实践**

[1]马增俊.农产品批发市场的发展模式及定位[J].中国市场,2010(17):19-20.

[2]付俊红,张淑荣.一二三产业融合型农产品发展模式研究——以天津七里海河蟹为例[J].天津经济,2016(9):23-27.

[3]新会陈皮协会.陈皮协会2011年种植户信息调查登记汇总[CP/OL].

新会陈皮协会，2011 - 10 - 14.

[4] 张司飞. 中国农产品品牌营销的现状与对策 [J]. 武汉理工大学学报（社会科学版），2008（3）：341 - 345.

[5] 张国雄. 广东五邑侨乡的海外移民运动 [J]. 华侨华人历史研究，1998（3）：43 - 48.

[6] 冯纪忠."空间原理"（建筑空间组合设计原理）述要 [J]. 同济大学学报（自然科学版），1978（2）：1 - 9.

[7] 中华人民共和国商务部. 关于进一步加强农产品市场体系建设的指导意见 [R/OL]. 中华人民共和国商务部，2014.

[8] 百度百科. 供给侧 [DB/OL]. 百度百科，2018 - 07 - 30.

[9] 王冬. 关于乡土建筑建造技术研究的若干问题 [J]. 华中建筑，2003（04）：52 - 54.

### 第五章 新会陈皮村的理论创新与实践

[1] 翁克瑞. 农产品国际竞争力的影响因素分析——波特钻石模型的实证分析与检验. [D]. 武汉：华中农业大学，2004.

[2] 广东省农业农村厅. 广东省现代农业产业园财政资金管理规定（试行）[EB/OL]. 广东省农业农村厅官网，2018 - 12 - 06.

[3] [美] 约瑟夫·派恩，[美] 詹姆斯·H. 吉尔摩. 体验经济 [M]. 毕崇毅，译. 北京：机械工业出版社，2016.

[4] 司马迁. 孙子吴起列传 [M] // 史记选. 洪弥云，译. 北京：外文出版社，2014.

[5] 赵晔. 阖闾内传 [M] // 吴越春秋. 钱笠，译. 江苏：江苏人民出版社，2012.

[6] 杨磊，冯娴慧. 酒店景观对酒店品牌传播的影响研究：以广州居民对白天鹅宾馆"故乡水"认知意象为例 [J]. 旅游纵览（下半月），2014（2）：130 - 131.

[7] 正午文化. 设计·外婆家专属设计师用"不安分"解读江南味道 [CP/OL]. 新浪网，2019 - 06 - 04.

[8] 吴宗建. 产业融合型农产品市场的零起点模式创新设计——以陈皮村为例 [J]. 装饰，2017（4）：87 - 89.

[9] 艺术百科. 蒙太奇 [DB/OL]. 百科百度，2018 - 07 - 30.

[10] 赵丹. 建筑中的蒙太奇现象 [D]. 北京：中央美术学院，2010.

[11] 周诗岩. 建筑物与象——远程在场的影像逻辑 [M]. 南京：东南大

学出版社，2007.

　　[12] 百科百度. 文和友 [DB/OL]. 百科百度，2018 - 07 - 30.

　　[13] 吴宗建. 缓慢设计：可持续发展设计的本土实践与思考 [M]. 广州：暨南大学出版社，2017.

　　[14] 徐汉明，盛晓春. 家庭治疗——理论基础与实践 [M]. 北京：人民卫生出版社，2010.

　　[15] ENIS B M，RAYMOND L G，PRELL A E. Extending the product life cycle [J]. Business Horizons，1977 (3)：46 - 56.

　　[16] 诸大建：循环经济"从摇篮到摇篮" [CP/OL]. 同济大学新闻网. 2015 - 12 - 10.

　　[17] [美] 威廉·麦克唐纳，[德] 迈克尔·布朗嘉特. 从摇篮到摇篮 [M]. 中美可持续发展中心，译. 上海：同济大学出版社，2005：70.

　　[18] 聂祚仁，刘宇，孙博学，等. 材料生命周期工程与材料生态设计的研究进展 [J]. 中国材料进展，2016，35 (3)：161 - 170，204.

　　[19] 魏广龙，崔云飞，马睿. 建筑材料生命周期中环境状况的评价与研究 [J]. 建筑与文化，2016 (9)：156 - 157.

　　[20] 林秀珍，施友云，余肖红. 竹制室内装饰材料形式初步探究 [J]. 教育教学论坛，2015 (43)：60 - 61.

　　[21] 李哲. 新时代云南省本科教育工作会议在云南大学召开 [CP/OL]. 云南大学新闻网，2018 - 11 - 20.

　　[22] 冷先平. 论艺术设计的学科交叉与融合 [J]. 艺术与设计 (理论)，2013，2 (Z1)：144 - 146.

　　[23] 刘以光. 综合性大学艺术学科的建设与发展 [J]. 中国高教研究，1993 (6)：57 - 60.

　　[24] 谢和平. 综合性大学的学科交叉融合与新跨越 [J]. 中国大学教学，2004 (9)：4 - 6.

　　[25] 华南农业大学. 华南农业大学学校概况 [CP/OL]. 华南农业大学官方网站，2019 - 12 - 16.

**第六章 陈皮村模式的推广与意义**

　　[1] 广东省农业厅，广东省农业科学院. 珠江三角洲农业现代化建设——总结篇 [R]. 广州：广东省农业厅，2004.

　　[2] 广东多措并举建设现代农业产业园 [R/OL]. 广东省农业农村厅，2020 - 01 - 03.

［3］广东省农业厅，广东省农业科学院．广东省东西两翼和粤北地区农业现代化示范区建设（之二）［R］．广州：广东省农业厅，2006.

［4］蔡惠钿，吴贤奇，田立，等．广东现代农业产业园现状和联农带农机制创新研究［J］．农村经济与科技，2019，30（20）：206－207，121.

［5］万忠，周灿芳．广东现代农业示范园区的五种运营模式［J］．江西农业，2014（10）：22－24.

［6］吴宗建．产业融合型农产品市场的零起点模式创新设计——以陈皮村为例［J］．装饰，2017（4）：87－89.

［7］贺建平．广东农产品市场体系建设与优化研究［J］．仲恺农业技术学院学报，2001（4）：47－51.

［8］龙昊．浅议农产品专业市场在农民增收中的作用——基于广东湛江霞山水产品交易市场的调查［J］．中国市场，2019（3）：77－78.

［9］王先庆．基于流通导向型的农产品市场与生产预警体系构建研究——以广东柑橘产业的可持续发展为例［J］．广东科技，2009（11）：79－80.

［10］凌彩金，黄伟东，王捷才．紫金县茶叶现代农业产业园［J］．广东茶业，2019（4）：46－47.

［11］发展计划司．对十三届全国人大一次会议第5498号建议的答复［R/OL］．中国人民共和国农业农村部官网，2018－10－11.

［12］农业农村部计划财务司．农业农村部办公厅 财政部办公厅关于做好2020年农业产业强镇建设工作的通知［R/OL］．中国人民共和国农业农村部官网，2020－02－18.

［13］广东省人民政府办公厅．广东省人民政府办公厅印发关于支持升级现代农业产业园建设政策措施的通知［CP/OL］．广东省人民政府门户网站，2019－09－09.

［14］广东省农业农村厅．全省现代农业产业园建设推进工作视频会议召开推动现代农业产业园建设取得实实在在的成效［CP/OL］．广东省农业农村厅官网，2020－01－03.

［15］蔡惠钿，吴贤奇，田立，等．广东现代农业产业园现状和联农带农机制创新研究［J］．农村经济与科技，2019，30（20）：206－207，121.

［16］齐琪琪，徐泽喜，齐文娥．广东省荔枝产业发展状况研究［J］．食品界，2017（10）：40－42.

［17］阳西县旅游和外事侨务局．程村蚝简介［CP/OL］．阳西县人民政府官方网站，2017－11－27.

[18] 化州市农业农村局. 化州市农业产业化发展"十三五"规划 [R/OL]. 茂名市人民政府, 2018 – 10 – 16.

[19] 投资与重点项目处. 广东省发展改革委关于下达广东省 2018 年重点建设项目计划的通知 [CP/OL]. 广东省发展和改革委员会官网, 2018 – 03 – 21.

[20] 广东省农业厅. 关于下达 2018 年第一批省级现代农业产业园建设计划的通知 [CP/OL]. 广东省农业农村厅官网, 2018 – 07 – 18.

[21] 周清波, 吴文斌, 宋茜. 数字农业研究现状和发展趋势分析 [J]. 中国农业信息, 2018, 30 (1): 1 – 9.

[22] 华为 X – Labs 实验室. 联网农场——智慧农业市场评估报告 [R/OL]. 华为官方网站, 2017 – 06 – 12.

[23] 王绍森. 广义理性在当代建筑中的存在 [J]. 时代建筑, 19944 (4): 1 – 7.

[24] 王绍森. 广义理性分析、综合、判断——合肥亚明艺术馆设计 [J]. 建筑学报, 1998 (2): 27 – 30.

# 后　记

两年前，开始对新会陈皮村的创建模式进行梳理。

尽管陪伴了陈皮村的发展已有七年的时间，当中也写了一些文章，但在系统阐述陈皮村模式理论时，仍然感到乏力，最大的困惑是对整个新会陈皮产业的发展历程还缺少认识和可靠的材料。直到 2019 年，受新会陈皮产业园的委托，担任文化博览中心的展览设计工作，得以系统全面地了解新会陈皮产业从早期发展到成功创建国家现代农业产业园的整个发展历程，基本掌握了新会陈皮产业一二三产融合的概况。这让我能够站在全局的视野对陈皮村进行理论总结，重拾写作的信心。

如果把新会陈皮产业园看作一棵苗壮成长的柑树，陈皮村就是其中一个沉甸甸的果实，研究这个果实必然要了解柑树的土壤、气候、根系、叶脉以及其他的果实，这样的研究才会有前因后果，避免陷于片断化。因此，书中尽量把陈皮村产业的背景阐述清晰，希望让借鉴者了解事情的来龙去脉，形成客观连贯的认识。同时，对整个产业园的建设有了全貌的了解，才能深刻理解好产业融合型农产品市场在现代农业产业园发展中起到的关键作用。

本书能够顺利完成，要感谢新会陈皮村董事长吴国荣先生，是他敏捷的思维和企业家的实干才有了本书研究的对象，他毫无保留地分享经验和心得让陈皮村模式得以充实。

校企合作的艺术设计团队在陈皮村的创建中扮演主导角色，在协调机制中发挥重要作用。感谢华南农业大学刘少群博士在服务乡村产业上的指导。七年来，山田组设计院的刘津院长带领设计团队一起参与了陈皮村的创建和日后运营中的升级改造设计。感谢他们为书中提供了设计图纸和图片素材。

此外，华南农业大学艺术学院的研究生团队广泛走访和调研了广东省部分现代农业产业园，甘雄文、黄倩同学参与到陈皮村模式的推广应用实践中，练绮琪、甘雄文、徐佳芙、吴曦等同学为研究查找了大量的资料，整理绘制了部分图表。特别是练绮琪同学为本书的研究提供了启发性的建议。

本书最后在疫情防控期间整理完成，感谢家人对写作工作的默默支持。

吴宗建

2020 年 3 月